Grenzüberschreitende Sitzverlegung von Kapitalgesellschaften

Europäische Hochschulschriften

Publications Universitaires Européennes
European University Studies

Reihe II
Rechtswissenschaft

Série II Series II
Droit
Law

Bd./Vol. 3048

PETER LANG
Frankfurt am Main · Berlin · Bern · Bruxelles · New York · Oxford · Wien

Georg Abraham Frowein

Grenzüberschreitende Sitzverlegung von Kapitalgesellschaften

Sachrecht, Kollisionsrecht, Reform

PETER LANG
Europäischer Verlag der Wissenschaften

Die Deutsche Bibliothek - CIP-Einheitsaufnahme

Frowein, Georg Abraham:

Grenzüberschreitende Sitzverlegung von Kapitalgesellschaften : Sachrecht, Kollisionsrecht, Reform / Georg Abraham Frowein. - Frankfurt am Main ; Berlin ; Bern ; Bruxelles ; New York ; Oxford ; Wien : Lang, 2001
(Europäische Hochschulschriften : Reihe 2, Rechtswissenschaft ; Bd. 3048)
Zugl.: Heidelberg, Univ., Diss., 2000
ISBN 3-631-37047-4

D 16
ISSN 0531-7312
ISBN 3-631-37047-4

Meinen Eltern

Vorwort

Die vorliegende Abhandlung wurde zu Ende des Jahres 1999 abgeschlossen und im Sommersemester 2000 von der juristischen Fakultät der Ruprecht-Karls-Universität in Heidelberg als Dissertation angenommen. Rechtsprechung und Literatur, die bis zum Juli 2000 erschienen ist, konnte für die Drucklegung nur noch teilweise aufgenommen werden.

Ich möchte an dieser Stelle meinem Doktorvater Herrn Prof. Hommelhoff herzlich danken. Er hat das Thema der vorliegenden Arbeit vorgeschlagen und entscheidend gefördert. Herrn Prof. Kronke danke ich für die zügige Anfertigung des Zweitgutachtens.

Ganz besonders möchte ich mich bei meinen Eltern bedanken, die mir meine Ausbildung ermöglicht haben und mich auch bei der Erstellung dieser Arbeit immer unterstützt haben. Ihnen ist diese Arbeit gewidmet.

Frankfurt am Main, im September 2000

Georg Abraham Frowein

Inhaltsverzeichnis

Einleitung

§ 1 Problemstellung

Verlegt eine Kapitalgesellschaft ihren Sitz innerhalb der Bundesrepublik, so hat dies auf ihre rechtliche Identität und Rechtsfähigkeit keinen Einfluß. § 13 h HGB verlangt die Anmeldung der Verlegung bei dem Registergericht des bisherigen Satzungssitzes[1]. Im Fall der innerstaatlichen Sitzverlegung einer Aktiengesellschaft regelt § 45 AktG ergänzend die handelsregisterliche Behandlung, um die Verfahren der beteiligten Registergerichte aufeinander abzustimmen[2]. Werden Satzungs- und (oder) Verwaltungssitz dagegen grenzüberschreitend verlegt, fehlen ausdrückliche Bestimmungen im deutschen Gesellschafts- oder Kollisionsrecht.

Die vorliegende Arbeit untersucht Möglichkeiten und Grenzen dieses Umstrukturierungsvorgangs innerhalb und außerhalb des Europäischen Binnenmarktes[3]. Im wesentlichen stehen drei Fragen zur Beantwortung. Erstens: Unter welchen Voraussetzungen ist es Kapitalgesellschaften nach derzeitigem Recht möglich, eine grenzüberschreitende Verlegung des Verwaltungs- und (oder) des Satzungssitzes zu vollziehen? Zweitens: Garantiert das europäische Gemeinschaftsrecht einen Anspruch auf identitätswahrende Sitzverlegung, bzw. wenn ja: wie ist ein bestehender gemeinschaftsrechtlicher Rechtsanwendungsbefehl zur Herstellung der grenzüberschreitenden Migrationsfreiheit innerstaatlich umzusetzen? Schließlich: Sollte die Problematik der grenzüberschreitenden Sitzverlegung innerhalb der Europäischen Gemeinschaft harmonisiert werden und wie sollte eine solche Regelung aussehen?

a. Die erste Frage ist der deutschen Rechtsprechung und Literatur nicht neu. *Lutter* bezeichnet sie als eine "offene Wunde des Internationalen Gesellschaftsrechts" und zwar als "Folge von dogmatischen Positionen,

---

1 Vgl. dazu: *Baumbach/Hopt,* HGB, § 13h Rn. 1ff.

2 *Hüffer,* AktG, § 45 Rn. 1.

3 Nach Art. 7 a des EG-Vertrages sollte bis zum 1.1.1993 der Einheitliche Binnenmarkt verwirklicht sein, d.h. ein "Raum ohne Binnengrenzen, in dem der freie Verkehr von Waren, Personen und Dienstleistungen gemäß den Bestimmungen dieses Vertrages gewährleistet ist".

die sich nur noch als Glaubenskrieg bezeichnen lassen"[4]. Damit wird auf den immer noch schwelenden Streit um den richtigen Anknüpfungspunkt im Internationalen Gesellschaftsrecht[5] angespielt. Die herrschende Auffassung in Deutschland knüpft weiterhin allseitig an den Verwaltungssitz an und versagt bei einem Auseinanderfallen von eingetragenem Satzungssitz und Verwaltungssitz Kapitalgesellschaften (mangels konstitutiver Eintragung im Handelsregister nach der kollisionsrechtlich für anwendbar erklärten Rechtsordnung) die Anerkennung[6]. Ziel ist es, durch das Damoklesschwert der Nichtanerkennung Gesellschaften präventiv die Möglichkeit der Ausnutzung von Regelungsgefällen zwischen verschiedenen Staaten ohne erhebliche Transaktionskosten zu nehmen, um eine mit der Bezeichnung '*Delaware-Effekt*" umschriebene Deregulierung ordnungsrechtlicher Schutzmechanismen durch einen Wettbewerb der Inkorporationsorte von vornherein nicht zur Entstehung kommen zu lassen[7]. Ein direkter Systemwettbewerb soll im Gesellschaftsrecht kein sachgerechter Maßstab für Gesetzgeber und Rechtsanwendung sein[8]. Vor allem die anglo-

---

4 *Lutter*, ZGR 1992, 435 (448).

5 Der Begriff "Internationales Gesellschaftsrecht" wird hier synonym mit dem Begriff "Gesellschaftskollisionrecht" gebraucht. Regelungsmaterie ist die Zuweisung von Rechtsverhältnissen zu bestimmten Rechtsordnungen. Vgl. dazu ausführlich: *Staudinger- Großfeld,* Internationales Gesellschaftsrecht, Rn. 1 ff; Münchener Kommentar- *Ebenroth,* Nach Art. 10 EGBGB, Rn. 1 ff.; *Behrens- Behrens,* Die Gesellschaft mit beschränkter Haftung im internationalen und europäischen Recht, IPR 1; *Lüderitz,* Internationales Privatrecht, Rn. 9; *Wiedemann,* Gesellschaftsrecht, S. 777. Abzugrenzen sind davon fremdenrechtliche Vorschriften über die rechtliche Behandlung ausländischer Gesellschaften, deren Anwendung die Maßgeblichkeit inländischen Rechts bereits voraussetzt, dazu: *Wiedemann,* Gesellschaftsrecht, S. 826.

6 Zum Beispiel: OLG Hamm, ZIP 1997, 1696 (1697); Münchener Kommentar- *Ebenroth,* Nach Art. 10 EGBGB, Rn. 222; *Staudinger- Großfeld,* Internationales Gesellschaftsrecht, Rn. 33-72; *Ebenroth/Auer,* JZ 1993, 374 (375); *Ebke,* WuB II c, § 3 GmbHG 1.92, S. 1294; *Thode,* EWiR, § 3 GmbHG 1/1992, 785 (786); *Susanne Schmidt,* DWiR 1992, 448 (449); *Schlemmer-Schulte,* EWS 1992, 333 (335), alle mit weiteren Nachweisen.

7 Zuletzt: BGH, BB 2000, 1106 (1107).

8 *Großfeld,* RabelsZ 31 (1967), 1; *Großfeld,* Europäisches Unternehmensrecht, S. 45; *Kaligin,* DB 1985, 1449; *Schmitthoff,* in: The Harmonization of European Company Law, 3 (9): "If it may be said without giving offense to our friends in the U.S.A., the Community cannot tolerate the existence of a Delaware in ist territory"; vgl. auch *Cath,* 6 Y.B. EuR. L. 246 (260), 1986; *Blackburn,* 3 Geo.Mason Ind.L.Rev. 1, (96), 1994, *Stith,* 79 Geo.L.J. 1581 (1612), 1991; *Hirte,* AG 1991, 166 (167); *Timmermanns,* RabelsZ 48 (1984), 1 (14); *Wiedemann,* Gesellschafts-

amerikanische Rechtstradition knüpft dagegen bekanntlich an den Inkorporationsort an, und ermöglicht Gesellschaften damit die Verlagerung der Unternehmensverwaltung in andere Staaten ohne eine Veränderung des auf die Gesellschaft anwendbaren Rechts.

Vor dem Hintergrund dieser kollisionrechtlichen "questio famosa"[9] geriet die rein sachrechtlich zu entscheidende Frage, ob eine juristische Person aus deutscher Sicht identitätswahrend einen Statutenwechsel mit Verwaltungssitz und Satzungssitz als "grenzüberschreitende Umgründung" vollziehen kann, zu oft in den Hintergrund. Das zeigt sich vor allem in der Rechtsprechung: Während der BGH in der Vergangenheit eine recht rege Rechtsprechung zu der Frage der Anknüpfung juristischer Personen entfaltet hat, die inzwischen wohl als gefestigt bezeichnet werden kann[10], fehlen entsprechende Judikate zu der sachrechtlichen Zulässigkeit einer grenzüberschreitenden Verlegung von Verwaltungs- und Satzungssitz. Von den Obergerichten wird die Zulässigkeit pauschal mit der Anwendung der kollisionsrechtlichen Sitztheorie verneint[11]. Die gesellschaftsrechtliche Literatur hat das Thema bislang nur vereinzelt aufgegriffen, ohne daß sich ein einheitlicher Meinungsstand herausgebildet hat[12]. Dabei stellt sich das Problem des Qualitätsverlusts nationaler Rechtsordnungen bei der gleichzeitigen grenzüberschreitenden Verlegung von Verwaltungs- und Satzungssitz grundlegend anders als die (häufig als mißbräuchlich angesehene) Inanspruchnahme nationaler Gesellschaftsrechte durch eine Dissoziierung des Verwaltungssitzes vom Satzungssitz. Das Unternehmen ordnet sich in diesem Fall mit der Wahl einer neuen ausländischen Gesellschaftsform vollständig in den neu gewählten Wirtschaftstandort ein. Die "Umgründung" stellt lediglich eine Facette der für Neugründungen ohnehin vor-

---

recht, S. 783; dagegen allerdings: *Kötz,* RabelsZ 50 (1986), 1 (12); *Kübler,* KritV 1994, 79 (84).

9 *Großfeld,* RabelsZ 31 (1967), 1.

10 Zum Beispiel: BGHZ 53, 383 (385); BGHZ 97, 269 (272); BGH WM 1979, 692 (693).

11 BayObLGZ 1992, 842; OLG Hamm, ZIP 1997, 1969 mit Anm. Neye.

12 Ablehnend: *Staudinger- Großfeld,* Internationales Gesellschaftsrecht, Rn. 557; *ders.,* in: *Fischer* (Hrsg.), Grenzüberschreitende Aktivitäten deutscher Unternehmen und EU-Recht, S. 1 (7); *Dötsch,* DB 1989, 2296; dafür: *Behrens,* RIW 1986, 590; *ders.,* ZGR 1994, 1; *Kruse,* Sitzverlegungen von Kapitalgesellschaften innerhalb der EG; ansatzweise auch: *Kreutzer,* Die grenzüberschreitende Mobilität von Gesellschaften im Gemeinsamen Markt.

handenen allgemeinen Standortkonkurrenz dar[13]. Eine Konkurrenz der Gesetzgeber stellt sich nur insoweit, als Staaten mit der Gesamtheit ihrer Rechtsordnung um die Ansässigkeit von Unternehmen werben[14].

Bereits an dieser Stelle wird deutlich, daß es sich bei der grenzüberschreitenden Sitzverlegung um zwei unterschiedliche Problemkreise handelt: Einerseits geht es um die Frage, ob eine Verlagerung eines Unternehmensteils (der Hauptverwaltung) zu einem Wechsel des auf die Gesellschaft anwendbaren Rechts führt, andererseits um das Problem, ob sich die Gesellschaft als Organisationseinheit in die Zielrechtsform eines anderen Staates umgründen kann. Die vorliegende Arbeit wird sich vorrangig um eine Beantwortung der zweiten Frage bemühen und untersuchen, ob eine gleichzeitige Sitzverlegung von Verwaltungs- und Satzungssitz aus der Sicht des deutschen Gesellschaftsrechts de lege lata zulässig und - wenn ja - wie gesellschaftsrechtlich Wegzug und Zuzug von Kapitalgesellschaften durchzuführen sind. Angesichts der vielen offenen Fragen, die bereits im deutschen Recht bestehen, konzentriert sich die Arbeit auf die inländische Gesellschaftsrechtsordnung.

Die Interessen der Unternehmensträger, ihre Rechtsform erleichtert einem geänderten wirtschaftlichen Umfeld anpassen zu können, ist nur die "eine Seite der Medaille". Ihnen stehen in gleicher Weise nicht minder schützenswerte Interessen der durch die Sitzverlegung Betroffenen gegenüber. Bei der Beurteilung des Wegzuges einer Kapitalgesellschaft aus ihrem ursprünglichen Gründungsstaat wird vor allem die Frage relevant werden, wie Anteilsinhaber, Gläubiger und Arbeitnehmer wirksam geschützt werden können. Für den Schutz der Anteilsinhaber ist zu bedenken, daß sich ihre Mitgliedschaftsrechte zukünftig nach dem Statut einer ausländischen Gesellschaft bestimmen. Ausländische Mitgliedschaftsrechte können schwerer durchsetzbar sein und durch die Strukturen des ausländischen Gesellschaftsrechts verwässert werden. Zum Schutz der Gläubiger besteht im deutschen Kapitalgesellschaftsrecht ein detailliertes System an Regeln zum Schutz des Mindestkapitals und der Kapitalerhaltung. Andere Rechtsordnungen verfolgen andere Wege zum Schutz der Gläubiger. Als rechtspolitisches

---

[13] *Schön,* ZHR 160 (1996), 221 (234); *Reher,* Gesellschaftsrecht in Gemeinsamen Märkten, S. 152. Diese Form der Standortkonkurrenz bezeichnet die Arbeit als "indirekten Wettbewerb" der Gesetzgeber.

[14] *Schön,* ZHR 160 (1996), 221 (234).

Hauptproblem der Migrationsfreiheit wird schließlich die sogenannte "Flucht aus der Mitbestimmung" angesehen[15]. Kaum eine ausländische Rechtsordnung kennt ein der deutschen Rechtsordnung entsprechendes Mitbestimmungssystem zugunsten der Arbeitnehmer. Es wird daher befürchtet, daß Unternehmen aus Staaten mit ausgebauten Mitbestimmungssystemen ihren Sitz in andere Mitgliedstaaten verlegen, um so den Beteiligungsrechten der Arbeitnehmer in den Unternehmen zu entgehen[16].

Alle aufgeführten Problemkreise, die bei dem Wegzug einer Kapitalgesellschaft entstehen, werden bei einem Zuzug einer ausländischen Gesellschaft nach Deutschland allerdings nicht virulent, wenn sich die Gesellschaft mit Satzungs- und Verwaltungssitz der deutschen Rechtsordnung unterstellt. Der Schutz der Gläubiger, Arbeitnehmer und Anteilsinhaber der Gesellschaft nach dem alten Gesellschaftsstatut ist vom Wegzugstaat sicherzustellen. Sofern das Recht des Wegzugstaates die Umwandlung in eine Gesellschaft ausländischer Rechtsform anerkennt, sollte aus deutscher Sicht eigentlich nichts gegen den Zuzug ausländischer Gesellschaften einzuwenden sein[17].

b. Zweitens: Ein Markt ohne Binnengrenzen setzt grenzüberschreitende Organisationsmöglichkeiten für die in dem Markt tätigen Gesellschaften voraus[18]. Erst die Möglichkeit eines Umzuges von Gesellschaften innerhalb dieses Marktes gibt den Unternehmen die Möglichkeit, innerhalb eines "level playing field" ohne erhebliche Transaktionskosten innerhalb der Gemeinschaft den produktivsten Standort auszuwählen[19]. Innerhalb der Europäischen Gemeinschaft steht Unternehmen zwar unbestritten die Möglichkeit offen, gem. Art. 43 Abs. 1 Satz 2 EGV (Art. 52 Abs. 1 Satz 2 EGV a.F.) eine Standortwahl durch die Gründung von Tochtergesellschaften und Zweigniederlassungen vorzunehmen (sekundäre Niederlassungsfreiheit). Art. 48 EGV (Art. 58

---

15 *Großfeld,* Internationales Unternehmensrecht, S. 87; *Weitnauer,* EWS 1992, 165 (166).

16 *Großfeld,* Internationales Unternehmensrecht, S. 87; *Hopt,* ZGR 1992, 265 (278); vgl. auch *Heinze,* AG 1997, 289 (291).

17 *Lutter,* ZGR 1990, 413 f.

18 *Kreutzer,* Die grenzüberschreitende Mobilität von Gesellschaften im Gemeinsamen Markt, S. 49.

19 *Groeben/Thiesing/Ehlermann- Troberg,* EWGV, Vorb. zu Artt. 52-58 Rn. 4; *Schön,* ZHR 160 (1996), 221 (242).

EGV a.F.) garantiert seinem Wortlaut nach aber darüber hinaus juristischen Personen in gleichem Maße wie natürlichen Personen die Teilnahme an der Niederlassungsfreiheit des Art. 43 EGV. Die identitätswahrende Verlegung einer Gesellschaft wird aus diesem Grunde zum Teil schon aus der Sicht des gemeinschaftsrechtlichen Primärrechts als "ureigenster Ausdruck eines Europäischen Binnenmarktes" angesehen[20]. Seit der "*Daily Mail* Entscheidung" des EuGH vom 27. September 1988[21], welche die Sitzverlegung der Geschäftsleitung einer britischen Gesellschaft in die Niederlande zum Gegenstand hatte[22], ist aus kollisionsrechtlicher Sicht zu dieser Frage häufig Stellung genommen worden. Die Vertreter der Sitztheorie sahen sich durch die Entscheidung in ihrer restriktiven Ansicht bestätigt[23], andere hielten die Frage im Sinne von "Roma locuta causa finita" für erledigt[24]. Oft wurde aber auch bei der Beleuchtung der Entscheidung nicht hinreichend zwischen der kollisionrechtlichen Fragestellung (hat der EuGH die Sitztheorie für gemeinschaftskonform erklärt?) und der rein sachrechtlichen Frage der Vereinbarkeit von Weg- und Zuzugsbeschränkungen mit Artt. 43, 48 EGV unterschieden. Erst vor kurzem ist der kollisionsrechtliche Streit um die Frage der Anknüpfung an den Verwaltungssitz innerhalb der Gemeinschaft anhand der berühmt gewordenen "*Centros*-Entscheidung" des EuGH vom 9. März 1999[25] wieder in voller Schärfe entbrannt[26]. Die Entscheidung hatte den Versuch einer Gesellschaft mit Briefkastensitz in Großbritannien, die Eintragung einer Zweigniederlassung in das dänische Handelsregister zu erreichen, zum Gegenstand. Im Anschluß an die Entscheidung erfolgten zwei Vorlagebeschlüsse durch deutsche Gerichte an den EuGH: Das AG Heidelberg stellte am 3. März 2000 dem EuGH die Frage, ob die Art. 43, 48 EGV die identitätswahrende grenzüberschreitende Verlegung von Verwaltungs- und Satzungssitz von Gesellschaften ermöglichen[27]. Der BGH legte unmittelbar danach dem EuGH die Frage vor, ob Art. 43, 48 EGV

---

[20] *Hahn,* Festschrift Helmrich, S. 643 (649).

[21] EuGH v. 27.9.1988, Rs. 81/87, NJW 1989, 2186.

[22] Siehe dazu unten S. 128 ff.

[23] Z.B. *Großfeld/König,* RIW 1992, 433 (435); *Großfeld/Luttermann,* JZ 1989, 384 (386); *Ebenroth/Kaiser,* ZVglRWiss 91 (1992) 223 (243).

[24] *Moor,* Internationales Gesellschaftsrecht, S. 80.

[25] EuGH ZIP 1999, 438.

[26] Dazu unten S. 174 ff.

[27] AG Heidelberg, RIW 2000, 557.

es zuließen, einer Gesellschaft mit Satzungssitz im Ausland und Verwaltungssitz im Inland die Parteifähigkeit abzusprechen[28].

c. Zur dritten Frage: Die gemeinschaftsrechtliche Rechtsangleichung hat sich bislang hauptsächlich auf die Harmonisierung mitgliedstaatlicher Gesellschaftsrechte und Umwandlungsformen beschränkt. Mit der 3. gesellschaftsrechtlichen Richtlinie vom 9. Oktober 1978[29] wurde für Aktiengesellschaften eine Angleichung der nationalen Verschmelzungsvorschriften, mit der 6. gesellschaftsrechtlichen Richtlinie vom 17. Dezember 1982[30] eine Angleichung der Spaltungsvorschriften herbeigeführt. Materiell- oder kollisionsrechtliche Vorschriften zur Regelung grenzüberschreitender Sachverhalte enthalten beide Regelungswerke nicht. Nur steuerrechtlich wurde mit der Richtlinie 90/434 vom 23. Juli 1990[31] eine Rechtsangleichung grenzüberschreitender Sachverhalte erreicht. Die Richtlinie schafft die Möglichkeit, grenzüberschreitende Verschmelzungen, Einbringungen und Spaltungen ohne die Aufdeckung und Besteuerung stiller Reserven steuerneutral zu gestalten. Das Problem der gesellschaftsrechtlichen Voraussetzungen der grenzüberschreitenden Umstrukturierungsvorgänge läßt sie jedoch ebenfalls unberührt[32].

Um für die grenzüberschreitende Verschmelzung die gesellschaftsrechtlichen Voraussetzungen zu schaffen, legte die Kommission den Vorschlag einer 10. gesellschaftsrechtlichen Richtlinie über die grenzüberschreitende Verschmelzung vor. Am 8. Januar 1985 wurde der Vorschlag von der Kommission verabschiedet und dem Ministerrat vorgelegt[33]. Das Mitbestimmungsproblem wurde zunächst zurückgestellt: Bis zu der Verabschiedung der 5. gesellschaftsrechtlichen Richtlinie (Strukturrichtlinie)[34] sollte es den Mitgliedstaaten, die durch eine

---

28 BGH, BB 2000, 1106.

29 Richtlinie 78/855/EWG v. 9.10.1978 ABl.EG 1978 Nr. L 295/36, abgedruckt bei *Lutter,* Europäisches Unternehmensrecht, S. 128 ff.

30 Richtlinie 82/891/EWG v. 17.12.1982, abgedruckt bei *Lutter,* Europäisches Unternehmensrecht, S. 196.

31 ABl.EG 1990, Nr. L 225, S.1.

32 *Staudinger- Großfeld,* Internationales Gesellschaftsrecht, Rn. 606; *Weitnauer,* EWS 1992, 165 (166).

33 ABl.EG 1985, C 23, S. 11; dazu *Ganske,* DB 1985, 581.

34 Abgedruckt bei *Lutter,* Europäisches Unternehmensrecht, S. 143 f.

"Herausfusion" von Gesellschaften den Verlust von Mitbestimmungsvorschriften befürchteten, offenstehen, die Richtlinie nicht anzuwenden[35]. Trotz dieses Anwendungsvorbehalt kam es bislang nicht zu einer Verabschiedung der Richtlinie.

Wenig erfolgreich stellte sich bislang der auch Versuch dar, supranationale Organisationsformen zu schaffen, um so Gesellschaften durch Rückgriff auf eine einheitliche europäische Gesellschaftsform zu ermöglichen, den Binnenmarkt unabhängig von der Frage in welchem Mitgliedstaat sie ihre Aktivitäten organisieren, in Anspruch zu nehmen. Die Verordnungsvorschläge für das Statut einer Europäischen Aktiengesellschaft sind bislang nicht zum Abschluß gekommen. Auch das liegt vor allem an dem Mitbestimmungsproblem. Während in Großbritannien wohl vor allem ein Import deutscher Mitbestimmungsvorschriften gefürchtet wird, scheint den deutschen Gesetzgebungsorganen das Szenario vorzuschweben, daß sich die deutsche Großindustrie über die Europäische Aktiengesellschaft aus dem innerstaatlichen Mitbestimmungsregime verabschieden könnte[36]. Vorgeschlagene Lösungswege scheitern daher regelmäßig nicht zuletzt am deutschen Widerstand: Im Sommer 1997 schien es kurzfristig, daß man mit der Veröffentlichung des *Davignon-Berichts* einer Problemlösung nähergekommen war[37]. Das stellte sich aber bald als Trugschluß heraus. Der auf der Basis des Berichts vom EU- Ratspräsidenten vorgelegte Kompromißvorschlag wurde von Deutschland, Österreich und Schweden abgelehnt[38]. Priorität genießt inzwischen die Schaffung einer europäischen GmbH unterhalb der Mitbestimmungsschwelle[39].

Mit der Ankündigung einer geplanten 14. gesellschaftsrechtlichen Richtlinie zur Herstellung der grenzüberschreitenden Sitzverlegung hat die Kommission nun allerdings einen Diskussionsentwurf vorgelegt, der die echte grenzüberschreitende "Umgründung" von Kapitalgesell-

---

35 Art. 1 Abs. 3; dazu kritisch: *Eyles,* Niederlassungsrecht, S. 220 f.

36 Vgl. *Hommelhoff,* WM 1997, 2101 (2102).

37 Vgl. *Heinze,* AG 1997, 289 (296); zweifelnd: *Hommelhoff,* WM 1997, 2101 (2102) unter Hinweis auf Widerstände aus Deutschland, Österreich und Schweden.

38 Vgl. *Hopt,* ZIP 1998, 96 (99).

39 Dazu: *Hommelhoff,* WM 1997, 2101 ff; *Helms,* GmbHR 1998, R 1.

schaften innerhalb der Mitgliedstaaten ermöglichen soll[40]. Die Reaktionen in der Literatur sind unterschiedlich: Teilweise wird der Entwurf als ein wesentlicher Baustein für die Entwicklung eines europäischen Umwandlungsrechts angesehen, andere halten die Realisierung für so unwahrscheinlich, daß der Richtlinienentwurf das Papier nicht wert sei, auf dem er gedruckt worden ist[41]. Offensichtlich ist: Die Diskussion um die grenzüberschreitende Sitzverlegung rückt durch den Entwurf in eine entscheidende Phase.

d. Der Aufbau der Arbeit orientiert sich an den drei aufgerissenen Fragestellungen: Zunächst wird die Möglichkeit der grenzüberschreitenden Umgründung als gesellschaftsrechtliches Problem erläutert (Erstes Kapitel), anschließend werden die kollisionsrechtlich indizierten Folgen bei einem Auseinanderfallen von Satzungs- und Verwaltungssitz betrachtet (Zweites Kapitel). In einem Dritten Kapitel wird der Einfluß der gemeinschaftsrechtlichen Niederlassungsfreiheit auf die gesellschaftsrechtliche und kollisionsrechtliche Problematik der Sitzverlegung geprüft. In einem Vierten Kapitel wird der Frage der gemeinschaftsrechtlichen Harmonisierung der Sitzverlegungsproblematik nachgegangen. Der Entwurf der 14. gesellschaftsrechtlichen Richtlinie soll vor dem Hintergrund des geltenden Kollisions- und Sachrechts beleuchtet werden, einzelne Regelungsschwächen aufgedeckt und Lösungsansätze für eine Umsetzung ins nationale Recht aufgezeigt werden. Zum Schluß werden die wesentlichen Ergebnisse der Arbeit zusammengefaßt

40 Abgedruckt in: ZIP 1997, 1721 ff; vgl. dazu den ersten Bericht von *Neye,* GmbHR 1997, R 181f; vgl. auch: *Behrens,* EuZW 1998, 353; auch: Bonner Europa-Symposium, Grenzüberschreitende Sitzverlegung, 1998.

41 Vgl. die Beiträge von Priester, Neye einerseits und Heinze andereseits in: 10. Bonner Europasymposium, Grenzüberschreitende Sitzverlegung in der EU, Teil 1, 1998.

Erstes Kapitel: Sitzverlegung als gesellschaftsrechtliches Problem - Umgründung in ein anderes Gesellschaftsstatut

§ 2 Grundlegung

I. Identitätswahrende Sitzverlegung

Grenzüberschreitende Sitzverlegung bedeutet hier die transnationale Verlegung des Satzungs- und (oder) Verwaltungssitzes, die zu einer Veränderung der auf die Gesellschaft anwendbaren Gesellschaftsrechtsordnung führt. Identitätswahrung bedeutet, daß der Rechtsträger bei diesem Vorgang die rechtliche Kontinuität als Kapitalgesellschaft wahrt[42]. Lediglich die Rechtsordnung, welche die Unternehmensverfassung des Rechtsträgers regelt und seine Rechtspersönlichkeit vermittelt, wird geändert (Diskontinuität der Rechtsordnung). Wegen der Identität der Rechtsträgerschaft ist eine Übertragung von Vermögenswerten weder erforderlich noch möglich. Aus ihr folgt auch, daß während des Umstrukturierungsvorgangs ein direkter Zugriff auf das Gesellschaftsvermögen verwehrt ist. Zugleich werden die Gesellschaftsanteile nach dem Statutenwechsel dem ausländischen Rechtsträger zugeordnet; der Wechsel des zentralen Bezugspunktes der Unternehmensverfassung berührt die Mitgliedschaftsverhältnisse in ihrer Eigenschaft als Strukturelemente der Gesellschaft nicht: Die Zugehörigkeit zur ausländischen Gesellschaft setzt diejenige der von dem alten Gesellschaftsstatut vermittelten Rechtsordnung fort. Nur formal mag es sich nicht mehr um die gleiche Zugehörigkeit handeln, da der abstrakte Zuordnungspunkt, die Unternehmensverfassung, gewechselt hat.

II. Alternative Gestaltungsmöglichkeiten

1. Grenzüberschreitende Verschmelzung

Das wirtschaftliche Ergebnis einer grenzüberschreitenden Sitzverlegung ließe sich theoretisch auch dadurch erreichen, daß im Ausland ein neuer Rechtsträger gegründet wird, auf den anschließend die inländische Gesellschaft verschmolzen wird. Verschmelzung ist die Vermögensvereinigung mehrerer Gesellschaften in der Weise, daß zumindest eine von den beteiligten Gesellschaften ihre rechtliche Existenz aufgibt,

[42] *Egli,* Sitzverlegung, S. 25; *Kruse,* Sitzverlegung von Kapitalgesellschaften innerhalb der EG, S. 28; *Luchsinger,* Das Niederlassungsrecht, S. 16.

die Abwicklung ausgeschlossen ist und die Mitglieder der untergehenden Gesellschaft in Anteile der übernehmenden oder neu zu bildenden Gesellschaft entschädigt werden. Charakteristisch ist die Universalsukzession des Vermögens der untergehenden auf die übernehmende Gesellschaft[43].

Grenzüberschreitende Sitzverlegung und grenzüberschreitende Verschmelzung führen einen Statutenwechsel herbei[44]. Gemeinsam ist beiden Formen der Unternehmensumstrukturierung damit die gewollte Veränderung der Zuordnung der juristischen Person zu einem anderen Gesellschaftsstatut. Aus der Sicht der Gläubiger einer übertragenden Gesellschaft bestehen zwischen grenzüberschreitender Verschmelzung und Sitzverlegung dementsprechend keine wesentlichen Unterschiede. Auch aus der Sicht der Anteilsinhaber liegen ähnliche Sachverhalte vor: Auf das bestehende Mitgliedschaftsverhältnis wird ein neues Gesellschaftsstatut anwendbar.

Allerdings ergeben sich grundlegende konstruktive Unterschiede: Wird der Sitz einer Gesellschaft grenzüberschreitend verlegt, soll sie unter Wahrung der Rechtspersönlichkeit unter dem neu anwendbaren Gesellschaftsstatut fortbestehen. Dagegen verliert bei einer grenzüberschreitenden Verschmelzung die übertragende Gesellschaft ihre Subjektsqualität. Sie muß sich ihrer Existenz entledigen[45]. Die Anteilsinhaber der übertragenden Gesellschaft bleiben zwar am Vermögen der ausländischen Gesellschaft beteiligt, doch ändern sich deren Einflußmöglichkeiten auf das Vermögen durch die Eingliederung in die übernehmende Gesellschaft. Deutlich wird der Unterschied bei rein innerstaatlichen Sachverhalten: Bei einer innerstaatlichen Sitzverlegung wird der lokale Zuordnungspunkt verändert. Ansonsten ändern sich lediglich formelle Aspekte wie die Registerbehörde u.ä. Die Rechte und Pflichten der Mitglieder, wie auch der Organe, bleiben unverändert, bzw. ändern sich auch im internationalen Verhältnis nur in dem Maße, wie sich die beteiligten Rechtsordnungen unterscheiden. Demgegenüber werden bei der Fusion die Mitgliedschafts- und Mehrheitsverhältnisse nachhaltig

---

[43] Großkommentar AktG- *Assmann,* Einl. Rn. 653.

[44] OG Danzig, LZ 1929, 62; *Großfeld/Jasper,* RabelsZ 53 (1989), 52; *Züllig,* Die internationale Fusion, S. 60 ff.; *Bessenich,* Die grenzüberschreidende Fusion, S. 7; *Rindisbacher,* Die Anerkennung gesellschaftsrechtlicher Gebilde im Internationalen Privatrecht, S. 98.

[45] Münchener Kommentar- *Ebenroth,* Nach Art. 10 EGBGB Rn. 481.

verändert[46]. Aus der Sicht der übernehmenden Gesellschaft bleibt der Zuordnungspunkt identisch, doch wird die Gesellschaft um die Mitglieder und das Vermögen der übernehmenden Gesellschaft ergänzt[47].

Für die Rechtspraxis kommt die grenzüberschreitende Verschmelzung als Gestaltungsalternative zur Sitzverlegung derzeit nicht in Betracht. Nach der ganz herrschenden Meinung ist die grenzüberschreitende Verschmelzung wegen der Beschränkung des UmwG auf "Rechtsträger mit Sitz im Inland" und dem in § 1 Abs. 2 UmwG ausgesprochenen Analogieverbot unzulässig [48].

2. *Faktische und unechte Sitzverlegung*

Die Verlegung einer Gesellschaft unter Auflösung und Liquidation im Wegzugstaat und anschließender Neubegründung der Rechtspersönlichkeit im Zuzugstaat wird als "faktische" Sitzverlegung bezeichnet, da von einer Kontinuität der Gesellschaft nur im wirtschaftlichen, nicht aber im rechtlichen Sinne gesprochen werden kann[49]. Die Gesellschaft muß, um den Nationalitätswechsel zu vollziehen, zunächst im Wegzugstaat liquidiert und anschließend - nach Verlegung als Vermögensmasse ohne eigene Rechtspersönlichkeit - im Zuzugstaat neu gegründet werden. Damit ist nicht viel gewonnen. Es handelt sich um eine Möglichkeit, die den Gesellschaften ohnehin offensteht und von keinen weiteren internationalprivatrechtlichen und gesellschaftsrechtlichen Fragen abhängig ist[50]. Steuerrechtlich führt dieser Weg auf jeden Fall zu einer Liquidationsbesteuerung der stillen Reserven gem. § 11 KStG.

---

[46] *Becht,* Fusion und Spaltung, S. 276; *Bessenich,* Grenzüberschreitende Verschmelzung, S. 8; *Rindisbacher,* Anerkennung gesellschaftsrechtlicher Gebilde im Internationalen Privatrecht, S. 98.

[47] *Becht,* Fusion und Spaltung, S. 275.

[48] *Dehmer,* UmwG, § 1 Rn. 3; *Steiger,* Grenzüberschreitende Fusion, S. 40; *Großfeld,* AG 1996, 302; *ders.,* in: *Fischer* (Hrsg.), Grenzüberschreitende Aktivitäten deutscher Unternehmen und EU-Recht, S. 1 (7); a.A. *Kallmeyer,* ZIP 1996, 535 ff.; *Kronke,* ZGR 94, 26 ff; anders auch die wohl h.M. vor Erlaß des UmwG: vgl. Münchener Kommentar- *Ebenroth,* Nach Art. 10 EGBGB, Rn. 490 ff.

[49] *Kruse,* Sitzverlegung von Kapitalgesellschaften innerhalb der EG, S. 28.

[50] *Kruse,* Sitzverlegungen von Kapitalgesellschaften innerhalb der EG, S. 28; *Luchsinger,* Niederlassungsfreiheit, S. 15; *Drobnig,* in: *v.Bar*, Europäisches Gemeinschaftsrecht und Internationales Privatrecht, S. 185 (196).

Wirtschaftlich interessante Alternativen stellen damit zur Zeit nur grenzüberschreitende Vermögensübertragungen durch Einzelrechtsnachfolge dar, die steuerlich aufgrund der Umsetzung der steuerrechtlichen Fusionsrichtlinie durch die §§ 20 ff. UmwStG begünstigt werden[51]. Auch auf diesem Wege läßt sich weitgehend dasselbe Ergebnis wie durch eine identitätswahrenden Sitzverlegung erreichen. Eine Gestaltungsmöglichkeit ist in diesem Zusammenhang die Betriebseinbringung gegen Gewährung von Gesellschaftsrechten. Nach dem Einbringungsvorgang kann die übertragende Gesellschaft liquidiert und ihr nur noch in der Beteiligung an der übernehmenden Gesellschaft bestehendes Vermögen an die Gesellschafter verteilt werden. Eine andere Möglichkeit ist die Verschmelzung durch Anteilsübertragung: Die Gesellschafter der übertragenden Gesellschaft bringen ihre Anteile an dieser Gesellschaft in die übernehmende Gesellschaft ein, anschließend wird die übertragende Gesellschaft liquidiert und ihr Betriebsvermögen geht auf die übernehmende Gesellschaft über. Allerdings kommt es auch insoweit in beiden Fällen zu einer Liquidationsbesteuerung gem. § 11 KStG.

Vor diesem Hintergrund wird in der steuerrechtlichen Literatur die sog. "unechte Sitzverlegung" diskutiert[52]: Eine inländische Kapitalgesellschaft beläßt Sitz und Geschäftsleitung im Inland und bleibt damit gem. § 1 Abs. 1 KStG im Inland unbeschränkt steuerpflichtig. Der Gesamtbetrieb der Gesellschaft wird in eine ausländische Kapitalgesellschaft gegen Gewährung von Gesellschaftsrechten eingebracht. Dieser Vorgang kann gem. § 23 Abs. 1 Satz 1 UmwStG steuerneutral gestaltet werden, zu einer Aufdeckung der stillen Reserven kommt es nicht. Damit wird erreicht, daß die Gesellschaft wirtschaftlich ins Ausland verlegt ist, im Inland lediglich eine nicht mehr aktive Geschäftshülle zurückbleibt. Die Einbringung des gesamten Vermögens der Ursprungsgesellschaft kann aber nur dann steuerneutral vorgenommen werden, wenn es in eine inländische Betriebsstätte der ausländischen Kapitalgesellschaft eingebracht wird. Das ergibt sich ebenfalls aus § 23 Abs. 1 Satz 1 UmwStG, der die beschränkte Körperschaftssteuerpflicht der Betriebsstätte der "übernehmenden" Kapitalgesellschaft verlangt, entsprechend der Regelung in Art. 4 Abs. 1 S. 2, 2. Spiegelstrich der steuerrechtlichen Fusionsrichtlinie.

---

51 dazu ausführlich: *Herzig/Förster,*DB 1994, 1 ff.; *Schaumburg,* GmbHR 1996, 501 (503 ff.).

52 *Hertzig/Dautzenberg/Heyeres,* DB 1991, Beil. 12, S. 15; *Hertzig/Dautzenberg,* DB 1992, 1 (4).

Allerdings führt die Konstruktion zu einer Verdoppelung der stillen Reserven gem. §§ 20 Abs. 2 i.V.m. Abs. 4,6 UmwStG. Die Wirtschaftsgüter, die in die Kapitalgesellschaft eingebracht werden, sind dort mit dem bisherigen Buchwert anzusetzen (sog. Buchwertfortführung). Die einbringende Kapitalgesellschaft muß daher die Anteile, die sie als Gegenleistung für die Einbringung erhält, mit dem Wert ansetzen, mit dem die ausländische Kapitalgesellschaft ihn bewertet hat. Somit sind die stillen Reserven bei der übernehmenden Gesellschaft im Buchwertansatz und in den Anteilen an der Gesellschaft enthalten.

Diese Regelung ist zu Recht kritisiert worden, da die stillen Reserven der inländischen Betriebsstätte unverändert der beschränkten Körperschaftssteuerpflicht unterliegen[53].

Unter den Voraussetzungen des § 8 b Abs. 2 und 3 KStG können die Anteile an der ausländischen Gesellschaft nach Ablauf einer 7-jährigen Behaltensfrist allerdings steuerfrei veräußert werden. Voraussetzung der Steuerfreiheit der Veräußerungsgewinne ist dabei, daß Gewinnausschüttungen der Gesellschaft durch ein DBA-Schachtelprivileg i.V.m. § 8b KStG oder nach § 26 Abs. 2 oder 3 KStG begünstigt werden. Die Gewährung eines Schachtelprivilegs wird in § 8b Abs. 5 KStG von einer Mindestbeteiligung an der ausländischen Gesellschaft von 10% am Nennkapital abhängig gemacht. Scheidet die Anwendung eines DBA-Abkommens aus, kann die Steuerbefreiung gem. § 26 Abs. 2, 3 KStG dennoch erfolgen, wenn der Tatbestand der "Gewinnausschüttung an eine inländische Tochter" vorliegt. Voraussetzung hierfür ist wiederum, daß eine unmittelbare Beteiligung von 10% am Nennkapital vorliegt und daß die Beteiligung ununterbrochen zwölf Monate vor dem Ende des Wirtschaftsjahres bestanden hat, in dem die Gewinnausschüttungen bezogen werden. Weitere Voraussetzung ist, daß die Auslandsgesellschaft eine "aktive Tätigkeit" i.S.v. § 8 Abs. 1 AStG ausübt. Die auf diesem Weg erlangte Steuerfreiheit ist aber nicht endgültig, sie geht verloren, wenn die beim Verkauf erzielten Gewinne an die Anteilseigner ausgeschüttet werden. Allerdings ist dies nur der Fall, wenn es sich um anrechnungsberechtigte Anteilsinhaber handelt.

Nur bei Nichtanrechnungsberechtigten Anteilsinhabern bleibt die Steuerfreiheit erhalten, so daß insoweit die Gewinne letztlich steuerfrei vereinnahmt werden können.

53 *Kaminski,* Steuerliche Gestaltungsmöglichkeiten, S. 256 ff.

III. Kollisionsrechtliche Grundlagen

Das Kollisionsrecht selbst regelt die Zulässigkeit einer grenzüberschreitenden Sitzverlegung nicht. Die kollisionsrechtliche Anknüpfung bestimmt lediglich, ob die Verlegung das auf die Gesellschaft anwendbare Recht ändert.

1. Anknüpfung des Gesellschaftsstatutes und Anerkennung einer ausländischen Gesellschaft

a. Das deutsche EGBGB selbst gibt keine Auskunft darüber, welches Anknüpfungsmoment für juristische Personen entscheidend ist. Auch die Neuregelung des Gesetzes vom 25. Juli 1986 hat von einer Regelung abgesehen. Im Gegenteil: Der Reformgesetzgeber hat diese Frage bewußt offengelassen[54]. Er wollte damals Harmonisierungsbestrebungen auf der Ebene der Europäischen Gemeinschaft nicht vorgreifen, die bekanntlich nicht zum Abschluß gekommen sind. Es ist daher weiterhin umstritten, an welches Element des Sachverhaltes zur Bestimmung des Gesellschaftsstatuts anzuknüpfen ist. Bei diesem schon im vorigen Jahrhundert begonnenen Streit stehen sich inzwischen eine Vielzahl unterschiedlicher Auffassungen gegenüber, die das Gesellschaftsstatut entweder an den Verwaltungssitz der Gesellschaft ("Sitztheorie")[55] oder an den Eintragungsort bzw. Satzungssitz ("Inkorporationstheorie")[56] anknüpfen. Dazwischen stehen Literaturauffassungen, welche die Rechtsfähigkeit der Gesellschaft am Inkorporationsort anknüpfen wollen, ansonsten aber zum Schutze von Drittinteressen an den Verwaltungssitz. Diese Auffassungen werden zusammengefaßt als "Differenzierungstheorien" bezeichnet[57].

b. Dem Rechtsinstitut der Anerkennung kommt neben der Anknüpfungsproblematik keine eigene Bedeutung zu: Anerkennung bedeutet

---

54 BT-Drucks. 10/504, S. 28.

55 Münchener Kommentar- *Ebenroth,* Nach Art. 10 EGBGB Rn. 177; Münchener Handbuch GesR- *Jasper,* § 78 Rn. 18; *Staudinger- Großfeld,* Internationales Gesellschaftsrecht, Rn. 18; Großkommentar AktG- *Brändel,* § 5 Rn. 7.

56 *Beitzke,* Juristische Personen, S. 92; *Neumayer,* ZVglRWiss 83 (1984), 137.

57 *Hachenburg- Behrens,* Allg. Einleitung, Rn. 78 ("eingeschränkte Gründungstheorie"); *Grasmann,* System des Internationalen Gesellschaftsrechts, Rn. 745 ff. ("Differenzierungstheorie"); *Sandrock,* RabelsZ 42 (1978), 227 ff.("Überlagerungstheorie").

im Internationalen Gesellschaftsrecht lediglich die Anwendung ausländischen Rechts zur Beantwortung der Frage nach der Rechtsfähigkeit der Gesellschaft, wenn es kollisionsrechtlich aufgerufen wird[58]. Eines besonderen Anerkennungsaktes ausländischer Gesellschaften im Inland bedarf es nicht. Werden sämtliche Rechtsbeziehungen der Gesellschaft durch eine einheitliche Anknüpfung des Personalstatuts erfaßt, bedeutet Anerkennung daher nichts anderes als die Bestimmung des Gesellschaftsstatuts[59].

Die in der Literatur früher vertretene Ansicht, es lasse sich ein von dieser Problematik zu unterscheidendes Anerkennungsstatut im Sinne eines Rechtsfähigkeitsstatuts herausschälen, kann inzwischen als überwunden gelten[60]. Es hat sich die Erkenntnis durchgesetzt, daß mit dieser Frage keine von der Bestimmung des Gesellschaftsstatuts abzugrenzende Problematik aufgeworfen ist. Die Vertreter differenzierender Anknüpfungslehren bejahen naturgemäß eine gesonderte Anknüpfung des Rechtsfähigkeitsstatuts[61], während die Vertreter einer einheitlichen Anknüpfung des Gesellschaftsstatuts die Existenz eines eigenständigen Anerkennungsstatuts ablehnen müssen[62].

2. *Sitztheorie*

Die Sitztheorie knüpft das Gesellschaftsstatut an den tatsächlichen Sitz der Hauptverwaltung der Gesellschaft an[63]. Alle gesellschaftsrechtlichen Verhältnisse, d.h. der Bestand, die Organisation und die Rechtsstellung der Gesellschafter werden durch dieses Recht bestimmt. Wird

---

58 *Ebenroth,* Vermögenszuwendungen, S. 336.

59 *Drobnig,* ZHR 129 (1966/67) 110 (112); *Ebenroth,* Vermögenszuwendungen, S. 337.

60 *Großfeld,* RabelsZ 31 (1967), 3; *Sandrock,* RabelsZ 42 (1978), 246f.

61 *Grasmann,* System des Internationalen Gesellschaftsrechts, Rn. 63; *Sandrock,* RabelsZ 42 (1978), 246.

62 *Ebenroth,* Vermögenszuwendungen, S. 338.

63 Früher wurden Varianten der Theorie vertreten, die auch unter dem Begriff Sitztheorie firmierten, aber nicht an den tatsächlichen Verwaltungssitz anknüpften, sondern an den "Ort der Gesellschaftsversammlungen", den "Betriebsmittelpunkt" oder den "Ort des Satzungssitzes". Ausführlich dazu: *Grasmann,* System des Internationalen Gesellschaftsrechts, S. 114 ff.; *Kieser,* Typenvermischung über die Grenze, S. 22 ff.; *Schlosser,* Gesellschaftliche Niederlassungen, S. 37 ff.

der Verwaltungssitz einer ausländischen Gesellschaft grenzüberschreitend verlegt, führt dies zu einem Statutenwechsel[64].

Die Sitztheorie definiert sich als präventive Schutztheorie: Der Schutz der Anteilseigner, Arbeitnehmer und Gläubiger soll dem Staat vorbehalten sein, dessen wirtschaftliche und politische Belange von der Gesellschaft am meisten berührt werden[65]. Dies sei typischerweise der Staat, in dem sich der Verwaltungssitz der Gesellschaft befindet[66].

In Europa knüpfen vor allem Frankreich[67], Belgien[68], Portugal[69], Luxemburg[70] und Österreich[71] an den Verwaltungssitz an. Auch

---

64 *Staudinger- Großfeld,* Internationales Gesellschaftsrecht, Rn. 55 f.; Münchener Kommentar- *Ebenroth,* Nach Art. 10 EGBGB Rn. 7; *Großfeld,* Internationales Unternehmenrecht, S. 38 ff.; *Großfeld/Bleckmann,* ZVglRWiss 1992, 351 (361).

65 BayOblG, EuZW 1992, 548 (549); *Wiedemann,* Gesellschaftsrecht, S. 785; *Großfeld,* Einige Grundfragen des internationalen Unternehmensrechts, S. 11; *Großfeld/König,* RIW 1992, 433; *Raape,* Internationales Privatrecht, S. 192.

66 BGHZ 53, 181 (183); BFH, IPRax 1993, 248; LG Rottweil, RIW 1986, 636; OLG Hamburg, NJW 1986, 2199; OLG Oldenburg, NJW 1990, 1019; LG Köln GmbHR 1986, 314; LG Stuttgart, IPRax 1990, 118; LG Marburg, NJW-RR 1993, 222; LG Essen, NJW 1995, 1500; *Staudinger- Großfeld,* Internationales Gesellschaftsrecht, Rn. 81 ff.; Münchener Kommentar- *Ebenroth,* Nach Art. 10 EGBGB Rn. 192, 210; *Reithmann/Martiny- Hausmann,* Rn. 1558; *Hausmann,* S. 25 f.

67 *Battifol/Lagarde,* Droit International Privé, Bd. 1, No. 193; Anknüpfungspunkt für den tatsächlichen Sitz der Gesellschaft ist nach Art. 3 Abs. 1 Loi no 66-537 sur les societés commerciales vom 24. Juli 1966: "Les societés dont le siège social est situé en territoire francais sont soumises à la loi francaise." Doch kann die Gesellschaft nach Art. 3 Abs. 2 einen inländischen Satzungssitz Dritten nicht entgegenhalten, wenn sich der tatsächliche Sitz an einem anderen Ort befindet: "Les tiers peuvent se prévaloir du siège statuaire, mais ce dernier ne leur est opposable par la societé si son siège réel est situé en un autre lieu". Entgegen *Sandrock,* RabelsZ 42 (1978) 227 (259) Fn. 140 kann diese Bestimmung nicht als Bestätigung der von ihm vertretenen Überlagerungstheorie verstanden werden. Sie bestätigt vielmehr die grundsätzliche Geltung der Sitztheorie in Frankreich.

68 Art. 197 Code de Commerce.

69 Art. 33 Nr. 1 C.C. (juristische Personen); Art. 3 Nr. 1 Gesellschaftsgesetz v. 2.9.1986 (Handelsgesellschaften); *Ramos,* Rev.crit.droit international privé 77 (1988) 473 (485).

70 Art. 159 des Gesetzes vom 10.8.1915 betreffend die Handelsgesellschaft; *Grothe,* Ausländische Kapitalgesellschaft & Co., S. 43.

71 § 10 Bundesgesetz vom 15.6.1978 über das Internationale Privatrecht, ÖGBl 1978 Nr. 304, abgedruckt in RabelZ 43 (1978), 375 (377); weitere Nachweise bei *Grothe,* Ausländische Kapitalgesellschaft & Co. S. 45.

Deutschland gilt als traditioneller Vertreter der Verwaltungssitztheorie. In der Literatur wird sie seit langem ganz herrschend vertreten[72]. Die Rechtsprechung ist weniger eindeutig: Zwar knüpften zahlreiche frühe Gerichtsentscheidungen an den Ort an, an dem die Gesellschaft ihren "Sitz" hatte. Häufig wurde aber nicht näher ausgeführt wurde, ob damit der tatsächliche Verwaltungssitz oder der Satzungssitz der Gesellschaft gemeint war[73]. Einige Entscheidungen stellten sogar ausdrücklich auf den Satzungssitz ab[74]. *F. Mann* konnte noch 1952 die These vertreten, die Rechtsprechung habe in allen Fällen, in denen es auf eine Entscheidung ankam, nie gegen die Inkorporationstheorie entschieden[75]. Das ist heute anders: In neuerer Zeit hat die Rechtsprechung (zum Teil allerdings unter fälschlicher Berufung auf die Rechtsprechung des Reichsgerichts) bei der Frage der Inländereigenschaft von nach ausländischem Recht errichteten Gesellschaften nahezu ausschließlich auf den Ort der tatsächlichen Verwaltung abgestellt[76].

---

72 *Ermann- Hohloch,* BGB Art. 37 EGBGB, Rn. 25; Großkommentar AktG- *Assmann,* Einleitung, Rn. 532 ff.; Münchener Kommentar- *Ebenroth*, Nach Art. 10 EGBGB, Rn. 142, 177ff.; *Palandt- Heldrich*, Anhang zu Art. 12 EGBGB Rn 2; *Staudinger-Großfeld*, Internationales Gesellschaftsrecht, Rn. 33 ff; *Rowedder- Rittner*, GmbHG Einl. Rn. 290 f.; *Reithmann/Martiny- Hausmann*, Rn. 848; *Godin/Wilhelmi*, AktG, § 45 Rn. 7; *Ebke,* ZGR 1987, 245; *Einsele,* RabelsZ 60 (1996) 417 (424); *v. Bar,* Internationales Privatrecht, Bd. 2, Rn. 619; *Panthen,* Sitzbegriff, S. 105 ff; *Großfeld,* Internationales und Europäisches Unternehmensrecht, S. 38 ff.; *Staudinger,* Festschrift Harry Westermann, S. 199 (213ff.); *Großfeld,* AG 1987, 261 (263); *Großfeld/König,* RIW 1992, 433; *Großfeld/Beckmann,* ZVglRWiss 91 (1992), 351 (361 ff.); *Ebenroth/Bippius,* JZ 1988, 677 (682); *Ebenroth/Sura,* RabelsZ 43 (1979), 315 (322); *Ebenroth/Eyles,* DB Beilage 2/1988, 1 (5).

73 RGZ 92, 73 (76); RGZ 159, 33 (46); BGHZ 25, 134 (144); 51, 27 (28); 53, 383 (385); 78, 318 (324).

74 RGZ 99, 217 ff. für einen interlokalen Fall: "Die Gewerkschaft hat ihren Sitz in Gotha. Daß sie daneben ihren Verwaltungssitz in Hannover gewählt hat, ist zulässig und beeinträchtigt nicht ihre Rechtsbeständigkeit...Im allgemeinen gilt derjenige Ort als Sitz einer Vereinigung, der in der Satzung als Sitz bestimmt ist, und zwar trifft diese Regel auch dann zu, wenn es sich um die Wahl eines nur formellen Sitzes handelt." Ebenso: RGZ 117, 215 ff.

75 *Mann,* Festschrift für Martin Wolff, 271, (283).

76 BGHZ 97, 269 (272); BFH, BStBl II 1992, 263; BayOblGZ 1972, 204 (209); BayObLG DB 1985, 2670; BayObLG, EuZW 1992, 548; OLG München WM 1992, 1371; DB 1986, 1767; OLG Hamburg RIW 1988, 816; OLG Zweibrücken RIW 1990, 667, OLG Frankfurt DB 1990, 1224, OLG Saarbrücken DNotZ 1990, 194, OLG Oldenburg NJW 1990, 1422; OLG Nürnberg IPRspr. 1985, Nr. 120; OLG Frankfurt, NJW 1964, 2355f.; OLG Frankfurt, DB 1990, 1224; OLG Bremen, RIW/AWD 1972, 487; LG Rottweil, IPRax 1986, 110 (111); LG Hamburg RIW 1990, 1020; FG Düsseldorf, RIW 1987, 485.

3. Inkorporationstheorie

Nach der Inkorporationstheorie kommt es für die Bestimmung des Gesellschaftsstatuts nicht auf das am Ort des Verwaltungssitz der Gesellschaft geltende Recht an, sondern auf die Rechtsordnung, in dessen Geltungsbereich sich der formelle, statutarische Sitz der Gesellschaft befindet, d.h. nach dessen Rechtsordnung die Gesellschaft "ausgestaltet" ist. In Deutschland wird sie von einer Mindermeinung vertreten[77]. Innerhalb der Gemeinschaft wird die Inkorporationstheorie von folgenden Staaten angewandt: Dänemark[78], den Niederlanden[79], Großbritannien[80], Schweden[81], und Italien (soweit der Satzungssitz innerhalb Italiens liegt)[82]. Außerhalb der Gemeinschaft wird sie nicht nur in den U.S.- amerikanischen Einzelstaaten[83] vertreten: Auch in Argentinien[84], Brasilien[85], Honkong[86], Indien[87], Israel[88], Kanada[89], Peru[90],

---

77 mit Abweichungen im Einzelfall: OLG Frankfurt, RIW 1999, 783 (für den Fall, daß ein Verwaltungssitz nicht festgestellt werden kann); Großkommentar AktG-*Brändel*, § 5 Rn. 7; *Geßler/Hefermehl- Eckhardt*, AktG § 1 Rn. 58; *Fikentscher*, MDR 1957, 71 (72); *Mann*, FS *Martin Wolff*, 271 (281 ff.); *Beitzke*, ZHR 127 (1964), 1 (12 ff.); *ders.* Juristische Personen im Internationalprivatrecht, 92-99; *Drobnig*, ZHR 129 (1966/67), 93 (115); *Knobbe-Keuk*, ZHR 154 (1990), 325; *Koppensteiner*, Internationale Unternehmen, S. 105; *Kropholler*, Internationales Privatrecht, § 55 I 4; *Neumayer* ZVglRWiss 83 (1984), 129 ff.; Die geschichtliche Entwicklung der Inkorporationstheorie beginnt in England im 18. Jahrhundert. Sie wurde vor allem durch das nationale Interesse des Schutzes der wirtschaftlichen Tätigkeit englischer Gesellschaften in den Kolonien geprägt. Das Königreich wollte den nach heimischen Recht gegründeten Handelsgesellschaften ermöglichen, trotz ihrer Geschäftstätigkeit in Übersee unter dem heimischen Recht zu bleiben, vgl. *Panthen*, Sitzbegriff, S. 52.

78 International Fiscal Association National Reports- *Askholt/Michelsen*, S.273 (274).

79 Zustimmungsgesetz vom 25.7.1959 zum Haager Übereinkommen vom 1.6.1956 (Fn.); *van der Grinten* in: JURAE EUROPAE, Gesellschaftsrecht Bd. III, 60.80.2.; *Ramelow* in: *Wouters/Schneider*, Current Issues of Cross Border Establishment in the European Union, S. 47 (52); *Bellingwout*, RIW 1997, 550 (551).

80 *Cheshire/North/Facett*, Private International Law, S. 897; *Drury*, ELR 1999, 354 (356); weitere Nachweise bei *Hachenburg- Behrens*, GmbHG, Einl. Fn. 71.

81 International Fiscal Association National Reports- *Ohde*, S. 535 (537).

82 Art. 25 ItalIPRG.

83 vgl. American Law Institute, Restatement of the Law, 2nd., Conflict of Laws (1971), §§ 296 ff.

84 International Fiscal Association National Reports- *Gabrielli*, S. 177 (180).

in der Schweiz[91] und Liechtenstein[92] wird primär an den Inkorporationsort angeknüpft.

4. Differenzierte Anknüpfungstheorien

Ein Teil des Schrifttums lehnt eine umfassende Anknüpfung des Gesellschaftsstatuts ab. Die Rechtsordnung, die für die Bestimmung der Rechtsfähigkeit einer Gesellschaft maßgeblich ist, soll nicht zwangsläufig sämtliche Rechtsbeziehungen der Gesellschaft bestimmen.

Nach der von *Behrens* vertretenen "eingeschränkten Inkorporationstheorie" bleibt das Recht des Inkorporationsortes die primäre Anknüpfung, die das gesamte Gesellschaftsstatut umfaßt[93]. Eine Anknüpfung an den Verwaltungssitz kommt nur zur Durchsetzung zwingender Schutznormen in Betracht, wenn “essentielle Rechtsgrundsätze” in Frage stehen, das Recht des Inkorporationsortes diese Interessen in untragbarer Weise schutzlos stellt und sich die geschützten Personen auf das zwingende Recht des Sitzstaates berufen[94]. Zu den Normen, denen auf diese Weise zur Geltung verholfen werden soll, zählt*Behrens* unter anderem die Kapitalisierungs- und Rechnungslegungsvorschriften, sowie Normen zum Schutz von Minderheiten. Die Entwicklung der Erfordernisse des Sitzstaates soll im einzelnen der Rechtsprechung überlassen werden[95].

---

85 International Fiscal Association National Reports- *Lemgruber*, S. 245 (248)

86 International Fiscal Associaton National Reports- *Edwards*, S. 333 (345)

87 International Fiscal Association National Reports- *Chandra,* S. 345 f.

88 Internaional Fiscal Association National Reports- *Lapidoth,* S. 353 (354).

89 International Fiscal Association National Reports- *Hausmann/Tamki,* S. 263.

90 International Fiscal Association National Reports- *Bereguel/ Salazar/Faggri/Cornejo/ Ferrand,* S. 459.

91 Art. 154 Abs. 1 des Bundesgesetzes über das Internationale Privatrecht vom 18.12.1987; Art. 154 Abs. 2 IPRG erlaubt eine subsidiäre Anknüpfung an den Verwaltungssitz.

92 Art. 232 Abs. 1 PRG.

93 *Hachenburg- Behrens,* GmbHG, Einleitung, Rn. 127 ff.; *Behrens,* ZGR 1979, 499 (511); *ders.* RabelsZ 52 (1988), 498 (515).

94 *Hachenburg- Behrens,* GmbHG, Einleitung, Rn. 128.

95 *Hachenburg- Behrens,* GmbHG, Einleitung, Rn. 128.

Auch die von *Sandrock*[96] nach dem Vorbild einiger US-Bundesstaaten entwickelte[97] Überlagerungstheorie hält für die Bestimmung des Gesellschaftsstatuts die Rechtssätze des Inkorporationsortes für maßgebend, doch können diese durch die Regelungen des Sitzstaates überlagert werden, um "unmittelbare privatrechtliche Interessenten" an der Gesellschaft zu schützen. Weitergehend als die eingeschränkte Gründungstheorie von *Behrens* sollen sämtliche zwingende Normen des Sitzrechts zur Anwendung kommen, wenn sich die Betroffenen auf das Recht des Sitzstaates berufen. Recht des Inkorporationsortes und Recht des Verwaltungssitzes werden dabei alternativ angewandt, je nachdem welche Rechtsordnung besser in der Lage ist, die Rechte der Betroffenen zu schützen. Stellt sich das Recht des Verwaltungssitzes als "besser" heraus, kommt es zu einem Austausch der auf die Gesellschaft anwendbaren Rechtsordnungen. Diesen Effekt beschreibt*Sandrock* als "Verdrängungseffekt" der Überlagerungstheorie[98].

Von *Grasmann* wurde schließlich vorgeschlagen, zwischen Innen- und Außenverhältnis der Gesellschaft zu differenzieren. Für die Anknüpfung des Innenstatuts soll allein die Parteiautonomie entscheidend sein, da Interessen Dritter nicht berührt würden. Für das Außenstatut seien dagegen die Anknüpfungspunkte nach der Maßgabe des Verkehrsinteresses zu wählen[99]. Die Abgrenzung zwischen Innen- und Außenverhältnis soll in Fallgruppen erfolgen. Als Innenverhältnisse betrachtet - und damit dem Inkorporationsstatut unterstellt - werden von*Grasmann* Gründung und Auflösung, Statuten und Firma der Gesellschaft, deren

96 *Sandrock,* BerDGesVölkR 18 (1978), 169 ff.; *ders.* Festschrift für Beitzke, S. 669 ff.; *ders.* RabelsZ 42 (1978), 227 (246ff.); *ders.* RIW 1989, 506 ff.; *Sandrock/Austmann,* RIW 1989, 249 ff.

97 Die Überlagerungstheorie erhielt ihren theoretischen Unterbau von *Latty*, Yale Law Journal, 65 (1955), 137 ff. Ihren gesetzlichen Niederschlag fand sie in den Bundestaaten New York und Kalifornien. Zu den Einzelheiten siehe: *Sandrock,* RabelsZ 42 (1978), 227 (246). Auch das "Übereinkommen über die gegenseitige Anerkennung von Gesellschaften un juristischen Personen" vom 29.2.1968 stand der Überlagerungstheorie gedanklich nahe: Art. 4 Abs. 1 des Übereinkommens bestimmt, daß trotz grundsätzlicher Geltung des Gründungsrechts jeder Vertragsstaat erklären kann, daß er die von ihm als zwingend angesehenen Vorschriften seiner eigenen Rechtsordnung auf diejenigen Gesellschaften anwendet, die zwar nach dem Recht eines anderen Vertragsstaates inkorporiert sind, ihren tatsächlichen Sitz aber innerhalb seines Hoheitsgebietes haben; vgl. auch *Sandrock,* BerDGesVölkR 18 (1978), 169, (204 ff.).

98 *Sandrock,* BerDGesVölkR 18 (1978), 169 (203).

99 *Grasmann,* System des Internationalen Gesellschaftsrechts, Rn. 28b.

Organe, Geschäftsführung und Kontrolle sowie die Rechtsstellung der Aktionäre[100]. Unter die Außenverhältnisse fallen der Erwerb von Rechten und Pflichten, der Umfang der Rechtsfähigkeit und der Vertretungsmacht der Organe[101].

5. Zwischenergebnis

Vorläufig kann festgehalten werden: Eine Entscheidung zwischen den kollisionsrechtlichen Anknüpfungstheorien ist nach inländischem Recht erst dann zu treffen, wenn Verwaltungs- und Satzungssitz bei dem Sitzverlegungsvorgang auseinanderfallen. Die Anknüpfungskriterien wirken sich nur dann entscheidend für den gesellschaftsrechtlichen Status und die Rechtspersönlichkeit der Gesellschaft aus: Eine Gesellschaft kann entweder einem Recht zugewiesen werden, das sie sachrechtlich anerkennt, oder sie kann einer Rechtsordnung unterfallen, die ihr die Rechtspersönlichkeit mangels Eintragung im dortigen Handelsregister aberkennt. In diesem Fall wird die Gesellschaft bei dem Versuch, den Statutenwechsel zu vollziehen, "im Leeren hängen bleiben". Werden Verwaltungssitz und Satzungssitz gleichzeitig verlegt, kommt es zu diesem Problem nicht: Die Gesellschaft ist nach allen Anknüpfungstheorien zuerst der einen, dann der anderen Rechtsordnung zuzuordnen.

6. Genauere Bestimmung der Anknüpfungspunkte

Die herrschende Sitztheorie weist eine Gesellschaft bei einem Auseinanderfallen von Verwaltungs- und Satzungssitz einer Rechtsordnung zu, in der sie nicht im Handelsregister eingetragen ist. Sie verliert damit ihre Rechtsfähigkeit als Kapitalgesellschaft. Für die Gesellschaft wird das Zusammenhalten von Verwaltungs- und Satzungssitz bei der Durchführung des Statutenwechsels damit zur Existenzfrage. Beide Anknüpfungspunkte sollen an dieser Stelle näher bestimmt werden.

a. Satzungssitz

§ 5 Abs. 1 AktG bezeichnet denjenigen Ort als Sitz der Gesellschaft, der in der Satzung gewählt wird. § 5 Abs. 2 AktG schränkt ein: Der

100 *Grasmann,* System des Internationalen Gesellschaftsrechts, Rn. 998 f.

101 *Grasmann,* System des Internationalen Gesellschaftsrechts, Rn. 998 f.

Satzungssitz muß sich in der Regel entweder an dem Ort, wo die Gesellschaft einen Betrieb hat, wo sich die Geschäftsleitung befindet, oder wo die Verwaltung geführt wird, befinden. Ein Rangverhältnis zwischen den einzelnen Wahlmöglichkeiten besteht nicht[102].

Bei dem "Betrieb" als möglichen Ort des Satzungssitzes muß es sich nicht zwingend um den Hauptbetrieb des Unternehmens handeln, auch ein Nebenbetrieb ist ausreichend. Allerdings muß in dem Betrieb eine Tätigkeit ausgeübt werden, die satzungsmäßiger Gegenstand des Unternehmens ist[103]. Unklarheiten bestehen über die Begriffe "Geschäftsleitung" und "Verwaltung". *Kraft* versteht unter Geschäftsleitung den Ort, an dem die obersten geschäftlichen Entscheidungen getroffen werden, im Regelfall also den Tätigkeitsort des Vorstands[104]. Ort der Verwaltung soll dagegen dort belegen sein, von wo aus die ständigen Geschäfte der Gesellschaft geführt werden[105]. Umgekehrt geht *Eckardt* davon aus, daß die Verwaltung dem Tätigkeitsort des Vorstands entspricht[106]. Da beide Orte in § 5 Abs. 2 AktG enthalten sind, kommt der Unterscheidung keine besondere Bedeutung zu.

§ 5 Abs. 2 AktG ist keine zwingende Norm, sondern stellt lediglich eine Regel auf. In Ausnahmefällen darf auch ein anderer Ort gewählt werden, sofern hierfür ein besonderes Bedürfnis (schutzwürdiges Interesse) vorliegt[107]. Darüber entscheidet das Registergericht als Rechtsfrage, nicht nach pflichtgemäßem Ermessen[108]. Zu prüfen ist in diesem Zusammenhang, ob die Wahl des Satzungssitzes rechtsmißbräuchlich vorgenommen wurde, um die Eintragung in einem bestimmten Handelsregisterbezirk zu erschleichen. Ist dies der Fall, ist die Eintragung abzulehnen. Wann Rechtsmißbrauch bei der Wahl des Satzungssitzes vorliegt, ist allerdings umstritten. Einigkeit besteht darüber, daß ein rein fiktiver Sitz ohne irgendeine Beziehung zu der geschäftlichen

---

102 *Geßler/Hefermehl- Eckardt,* AktG, § 5 Rn. 5; *Hüffer,* AktG, § 5 Rn. 5.

103 *Hüffer,* AktG, § 5 Rn. 6.

104 Kölner Kommentar- *Kraft,* AktG, § 5 Rn. 6.

105 Kölner Kommentar- *Kraft,* AktG, § 5 Rn. 7.

106 *Geßler/Hefermehl- Eckardt,* AktG, § 5 Rn. 8.

107 Kölner Kommentar- *Kraft,* AktG, § 5 Rn. 17; *Hüffer,* AktG, § 5 Rn. 8.

108 *Hüffer,* AktG, § 5 Rn. 8; Kölner Kommentar- *Kraft,* § 5 Rn. 17; a.A. *Godin/Wilhelmi,* AktG, § 5 Rn. 3.

Tätigkeit der Gesellschaft unzulässig ist[109]. *Hüffer* deutet darüber hinaus an, daß auch bei der Wahl des Satzungssitzes an einem vollkommen unbedeutenden Betriebssitz eine rechtsmißbräuchliche Wahl vorliegen kann[110]. Zum Beispiel könne die Wahl des Satzungssitzes an dem Ort einer betrieblichen Tätigkeit, die nur Hilfscharakter habe und untergeordneter Natur sei, rechtsmißbräuchlich sein. Ausreichend sollte in einem solchen Fall aber der objektive Befund nicht sein. Hinzukommen muß ein subjektives Tatbestandsmerkmal, d.h. die rechtsmißbräuchliche Absicht, in einem bestimmten Handelsregisterbezirk (bei dem die Eintragung möglicherweise leichter zu erreichen ist) die Eintragung zu bewirken.

Der gewählte Satzungssitz muß zudem in einem deutschen Handelsregisterbezirk belegen sein, da ansonsten mangels Zuständigkeit eines deutschen Registergerichts nach § 14 AktG eine Eintragung nicht erfolgen kann. Zudem hängt von dem Satzungssitz die örtliche und internationale Zuständigkeit des Registergerichts und Prozeßgerichts ab[111]. Könnte eine deutsche Aktiengesellschaft ihren Satzungssitz im Ausland nehmen, entzöge sie sich der durch die deutschen Gerichte und Behörden ausgeübte Kontrolle. Eine deutsche Aktiengesellschaft muß daher ihren Satzungssitz im Inland haben[112].

Im Recht der GmbH bestimmt nunmehr § 4a GmbHG[113] die Wahl des Satzungssitzes für die GmbH parallel zu der aktienrechtlichen Vorschrift des § 5 AktG. Auch der satzungsmäßige Sitz einer GmbH muß daher nicht zwingend mit dem der Geschäftsleitung, eines Betriebes oder der Verwaltung übereinstimmen[114]. Die Sitzwahl unterliegt je-

---

109 *Geßler/Hefermehl- Eckardt,* AktG, § 5 Rn. 6; *Hüffer,* AktG, § 5 Rn. 6; Kölner Kommentar- *Kraft,* AktG, § 5 Rn. 12 f.; für GmbH: OLG Schleswig, NJW-RR 1994, 610; BayObLG DB 1987, 2194; OLG Stuttgart, NJW-RR 1991, 1510; *Rowedder- Rittner/Schmidt-Leithoff,* GmbHG, § 3 Rn. 7.

110 *Hüffer,* AktG, § 5 Rn. 6; ebenso: Kölner Kommentar- *Kraft,* § 5 Rn. 12.

111 *Hausmann* in: *Hausmann/Raupach,* Steuergestaltung durch doppelt ansässige Gesellschaften?, S. 13 (21).

112 RGZ 107, 94 (97); BGHZ 19, 102 (105); 29, 320 (328); *Hüffer,* AktG; § 5 Rn.5.

113 Die Vorschrift wurde durch das Handelsrechtsreformgesetz vom 22. 6. 1998 (BGBl. I S. 1474) eingefügt.

114 BayObLG DB 1987, 2194; OLG Köln, BB 1984, 1065 (1066); *Hachenburg-Ulmer,* GmbHG, § 3 Rn. 5; *Baumbach/Hueck,* GmbHG, § 3 Rn. 6; *Lutter/Hommelhoff,* § 3 Rn. 3; *Scholz- Emmerich,* GmbHG, § 3 Rn. 8.

doch ebenso wie bei der Aktiengesellschaft einer Mißbrauchskontrolle[115]. In Anlehnung an das AktG soll eine unzulässige Wahl dann vorliegen, wenn sie nur deshalb vorgenommen wird, um die Zuständigkeit eines eintragunsgfreundlichen Handelsregistergerichts zu bewirken, ohne daß die Gesellschaft eine sonstige räumliche Beziehung zu dem Eintragungsort hat[116]. Zudem muß die GmbH am Satzungssitz für Zustellungen postalisch erreichbar sein[117].

Ebenso wie im Recht der Aktiengesellschaft ist auch im GmbH- Recht einhellige Auffassung, daß als Satzungssitz nur ein Ort innerhalb Deutschlands gewählt werden darf[118].

b. Verwaltungssitz

Der Verwaltungssitz einer Kapitalgesellschaft ist weder im Aktienrecht noch im GmbH- Recht definiert. Dies hat seinen Grund wohl darin, daß der Verwaltungssitz im materiellen Kapitalgesellschaftsrecht keine Bedeutung hat, er ist allein kollisionsrechtliches Anknüpfungsmoment der Rechtsprechung und herrschenden Lehre. Mangels einer gesetzlichen Kodifikation des Internationalen Gesellschaftsrechts liegt auch keine kollisionsrechtliche Umschreibung des Verwaltungssitzbegriffes vor. Gerade bei multinational organisierten Unternehmen kann die Festlegung des tatsächlichen Sitzes der Verwaltung tatsächlich erhebliche Schwierigkeiten bereiten. Offensichtlich häufen sich Fälle, in denen keine institutionalisierten Unternehmensverwaltungen vorhanden sind, sondern innerhalb netzartiger Strukturen Unternehmensleiter auf horizontaler Ebene zusammenarbeiten, die Verwaltung sich daher nicht oh-

---

115 OLG Köln, BB 1984, 1065 (1066); OLG Köln, BB 1987, 711; OLG Schleswig, DB 1994, 626; OLG Stuttgart, GmbHR 1991, 316; *Baumbach/Hueck,* GmbHG, § 3 Rn.6; *Hachenburg- Ulmer,* GmbHG, § 3 Rn. 6; *Lutter/Hommelhoff,* § 3 Rn. 3; *Roth/Altmeppen,* GmbHG, § 3 Rn. 4.

116 *Baumbach/Hueck,* GmbHG, § 3 Rn. 6; *Wessel,* BB 1984, 1057.

117 OLG Stuttgart, GmbHR 1991, 316; BayObLG DB 1987, 2194; LG Gera, GmbHR 1998, 197; einschränkend: AG Wuppertal GmbHR 1988, 28: regelmäßige Anwesenheit von Geschäftsführer oder Personal.

118 BGHZ 29, 320 (328); LG Gera, GmbHR 1998, 197; *Baumbach/Hueck,* GmbHG, § 3 Rn. 6; *Hachenburg- Ulmer,* GmbHG § 3 Rn. 6; *Lutter/Hommelhoff,* § 3 Rn. 3; *Rowedder- Rittner/Schmidt-Leithoff,* GmbHG, § 3 Rn. 7; *Scholz- Emmerich,* GmbHG, § 3 Rn. 9; *Soergel- Lüderitz,* Nach Art. 10 EGBGB, Rn. 79; *Grasmann,* System des Internationalen Gesellschaftsrechts, Rn. 212.

ne weiteres einer bestimmten Rechtsordnung zuordnen läßt[119]. Das Fehlen für die Praxis tauglicher Kriterien zur inhaltlichen Ausfüllung des Verwaltungssitzbegriffes wird dementsprechend im Vergleich zu dem ohne weiteres festzustellenden Inkorporationsort als Achillesferse der Sitztheorie angesehen[120].

Die Literatur ist mit unterschiedlichem Erfolg um eine Konkretisierung des Begriffes bemüht: Nicht überzeugend ist es, auf den Ort abzustellen, an dem die Verwaltung "tatsächlich geführt" wird oder wo sich der "Betriebsmittelpunkt" befindet[121]. Mit einer solchen Begriffsbildung wird lediglich ein unbestimmter Rechtsbegriff durch einen anderen ersetzt, ohne der Lösung des Problems näher zu kommen. Von anderen wurde vorgeschlagen, an den Ort anzuknüpfen, an dem die Anteilseignerversammlungen stattfinden[122]. Dieser Ort scheint ebenfalls wenig geeignet, ein taugliches Eingrenzungsmerkmal zu liefern, da er zumindest bei einer GmbH frei von jeglichen tatsächlichen Bezugspunkten der Gesellschaft gewählt werden kann, der Gesellschaft also ohne weiteres die Möglichkeit gibt, die Grundidee der Sitztheorie, nach der das Recht des Staates auf die Gesellschaft Anwendung finden soll, dessen wirtschaftliche und rechtspolitische Belange sie am meisten berührt, zu unterlaufen[123].

In neuerer Zeit werden noch zwei Definitionsversuche diskutiert: Die von *Sandrock* begründete h.M. knüpft an den Ort an, an dem die grundlegenden Entscheidungen der Geschäftsleitung effektiv und nach außen erkennbar in laufende Geschäftsführungsakte umgesetzt werden[124]. Maßgebend soll also der Ort sein, an dem die großen Richtlinienentscheidungen der Produktions-, Absatz- und Personalpolitik durch das zuständige Gesellschaftsorgan in tägliche Entscheidungen umge-

---

119 *Raupach* in: *Haarmann,* Unternehmensstrukturen und Rechtsformen im internationalen Steuerrecht, S. 28 (36).

120 *Beitzke,* ZHR 127 (1965), 21 f.; *F.Mann,* Festschrift für Wolf, S. 284; *Neumayer,* ZVglRWiss 83 (1984), 143 ff.

121 *Wiedemann,* Gesellschaftsrecht, S. 783.

122 *Ebenroth/Bippius,* JZ 1988, 677 (680).

123 *Panthen,* Sitzbegriff, S. 228 ff.

124 *Sandrock,* BerDGesVR 18 (1978), 169 (238); *ders.* Festschrift für Beitzke, 669 (683); *Großfeld* folgt *Sandrock* in: *Staudinger- Großfeld,* Internationales Gesellschaftsrecht, Rn. 221; ebenso: *Kieser,* Typenvermischung über die Grenze, S. 79; *Seipen,* IPRax 1986, 91 ff.

setzt werden[125]. Dieser Definitionsvorschlag ist in seiner Entwicklung wesentlich von konzernrechtlichen Gesichtspunkten geprägt: Konzerntöchter sollen nicht von vornherein dem Gesellschaftsstatut ihrer Muttergesellschaft unterliegen, für sie soll vielmehr der Ort ihrer eigenen Geschäftsführungs- und Vertretungsorgane bestimmend sein[126]. Selbst wenn die Tochtergesellschaft vollständig von der Muttergesellschaft beherrscht wird, kommt es nicht auf die gesellschaftsrechtliche Machtstellung an, sondern auf die Umsetzung der bereits getroffenen Entscheidungen nach außen.

Die Gegenmeinung stellt auf den Ort ab, an dem die interne Willensbildung des Leitungsorgans der Gesellschaft erfolgt[127]. Der Ort der Willensbildung entspricht im wesentlichen der steuerrechtlichen Begriffsbildung in § 10 AO ("geschäftliche Oberleitung")[128]. Unter diesem Begriff wird das Entscheidungszentrum der Gesellschaft verstanden, d.h. die Orte, an denen grundlegende Entscheidungen der Gesellschaft getroffen werden[129].

Die Rechtsprechung hat beide Definitionsversuche aufgenommen. Das OLG München umschrieb den Ort als "den Schwerpunkt des körperschaftlichen Lebens, wo die Willensbildung des Leitungsorgans erfolgt und von wo aus die wesentlichen Geschäfte der Gesellschaft geführt werden"[130]. Weder die Quantität noch die Qualität einzelner Entscheidungsakte oder der abgewickelten Entscheidungen sei entscheidend, sondern allein der Ort, an dem das zentrale Management, die Unternehmensleitung liege. Der BGH hat sich dagegen der Auffassung von *Sandrock* angeschlossen: Bei dem Verwaltungssitz handele es sich um "den Tätigkeitsort der Geschäftsführung und der dazu berufenen Ver-

---

125 *Sandrock,* Festschrift für Beitzke, S. 683.

126 *Kruse,* Sitzverlegung von Kapitalgesellschaften innerhalb der EG, S. 25.

127 *Ebenroth/Sura,* RabelsZ 43 (1979), 315 (324); *Grothe,* Die ausländische Kapitalgesellschaft & Co., S. 111.

128 Münchener Kommentar- *Ebenroth,* Nach Art. 10 EGBGB Rn. 184; *Ebenroth/Eyles,* DB Beil. 2/1988, 1 (5); *v. Falkenhausen,* RIW 1987, 818 (820); *Herz,* Die Einordnung grenzüberschreitender Kapitalgesellschaften, S. 64; *Raupach* in: *Raupach/Hausmann,* Steuergestaltung durch doppelt ansässige Gesellschaften?, S. 63 (66).

129 RFH, RStBl. 1938, 949; vgl. auch Münchener Kommentar- *Ebenroth,* Nach Art. 10 EGBGB, Rn. 184; *Großfeld,* Basisgesellschaften im internationalen Steuerrecht, S. 83 f.

130 OLG München, NJW 1986, 2196 f.

waltungsorgane, also den Ort, wo die grundlegenden Entscheidungen der Unternehmensleitung effektiv in laufende Geschäfte umgesetzt werden"[131].

Die Übertragung von § 10 AO auf das Gesellschaftskollisionsrecht läßt sich nicht schon mit dem Argument ablehnen, Steuerrecht und Internationales Gesellschaftsrecht verfolgten generell unterschiedliche Zielsetzungen. Im Steuerrecht geht es zwar allein um die spezielle Frage der unbeschränkten Steuerpflicht eines nach ausländischem Recht errichteten Rechtsgebildes im Inland, nicht dagegen um die allgemeine gesellschaftsrechtliche Anknüpfung, die Ermittlung des gesamten Gesellschaftsstatuts[132]. Das ist selbstverständlich. Bei einer genaueren Betrachtung läßt sich aber durchaus erkennen, daß beiden Begriffsbildungen ein einheitlicher Gedanke zugrunde liegt: Im Internationalen Gesellschaftsrecht soll nach der Sitztheorie das Recht desjenigen Staates zur Anwendung kommen, der am meisten von der Tätigkeit der Gesellschaft betroffen ist. Eine ganz ähnliche Untersuchung nimmt auch das Steuerrecht vor, wenn mit § 10 AO an die Geschäftsleitung für die Begründung der unbeschränkten Steuerpflicht angeknüpft wird. Der BFH formuliert: "Durch das Merkmal der Geschäftsleitung soll unter mehreren Orten, zu denen die Kapitalgesellschaft eine Beziehung hat, der dominierende Schwerpunkt bestimmt werden, der für die Zuordnung der Kapitalgesellschaft als Ganzes zur unbeschränkten Steuerpflicht in der Bundesrepublik den Ausschlag gibt"[133]. Hier wie dort geht es um die Ermittlung des Schwerpunktes des gesellschaftlichen Wirkungskreises[134]. Aus dem Gedanken der Einheit der Rechtsordnung und der Rechtssicherheit spräche daher einiges dafür, beide Begriffe parallel laufen zu lassen. Auch in der Literatur wird teilweise hervorgehoben, daß eine Kongruenz von Zivilrecht und Steuerrecht hinsichtlich des Anknüpfungskriteriums erstrebenswert sei[135].

---

131 BGHZ 97, 269 (272); ebenso: OLG Hamm, DB 1995, 137; OLG Düsseldorf, NJW-RR 1995, 1124; KG NJW 1989, 3100 (3101).

132 *Staudinger- Großfeld,* Internationales Gesellschaftsrecht, Rn. 228; *Heinrich,* Die ausländische juristische Person & Co, S. 104; *Knobbe-Keuk,* ZHR 154 (1990), 325 (355); *Kruse,* Sitzverlegung von Gesellschaften innerhalb der EG, S. 24

133 BFH BStBl. 1966 II, 207 (208).

134 Die Annahme von *Wessel/Ziegenhain,* GmbHR 1988, 285, das Internationale Steuerrecht stelle an den Begriff der Geschäftsleitung niedriger Anforderungen, als das Internationale Gesellschaftsrecht, ist dagegen nicht haltbar.

135 *Herz,* Die Einordnung grenzüberschreitender Kapitalgesellschaften, S. 65.

Trotz dieses Befundes sollte man sich an den Umsetzungsakt als relevantes Anknüpfungsmoment halten:

Ob Ort des Umsetzungsvorgangs oder Ort der Entscheidungsfindung stärkeren Einfluß auf die Interessen eines Staates haben werden, ist eine Frage, die sich empirisch kaum beantworten läßt. Die Bestimmung des Schwerpunktes läßt sich für das Internationale Gesellschaftsrecht entgegen *Großfeld*[136] eben nicht aus der "Natur der Sache" ermitteln. Es ist eine Entscheidung auf tatsächlicher Grundlage und eigentlich nur durch eine Einzelfallbetrachtung zu erreichen. Nur: Das Internationale Gesellschaftsrecht kann bei diesem Befund nicht stehenbleiben. Es muß eine typisierende Betrachtung vornehmen, mit welchen Kriterien der Schwerpunkt des Wirkungskreises der gesellschaftlichen Tätigkeit sicher erfaßt werden kann[137].

Vor allem das Verkehrsinteresse spricht bei dieser Bestimmung für eine Anknüpfung an den Umsetzungsakt: Der Ort der Willensbildung ist von einem gesellschaftsexternen Standpunkt schwerer zu ermitteln, als die nach außen sichtbaren und objektiv feststellbaren Umsetzungsakte[138]. Die durch eine Anknüpfung an den Verwaltungssitz ohnehin schon stark strapazierte Rechtssicherheit wäre bei einer Anknüpfung an den Ort der Willensbildung noch stärker beeinträchtigt. Der Sitzbegriff sollte aber im Interesse der Rechtssicherheit anhand objektiver Kriterien bestimmbar und nachprüfbar sein[139]. Ansonsten droht ein ständiges Wechseln des Anknüpfungsmoments mit möglicherweise fatalen Folgen für die rechtliche Existenz der Gesellschaft. Sofern im folgenden der Verwaltungssitz als Anknüpfungsmerkmal verwendet wird, wird er als der Ort der Umsetzung der unternehmerischen Entscheidungen im Einzelfall verstanden.

Auch mit dem so gefundenen Anknüpfungsmoment lassen sich aber nicht alle Zweifelsfragen beseitigen: Die zunehmende internationale Integration von Gesellschaften führt dazu, daß die Besetzung international tätiger Unternehmen mit Mitgliedern, die ihren ständigen Aufenthaltsort in verschiedenen Ländern haben, keine Seltenheit mehr dar-

---

136 *Großfeld,* RabelsZ 31 (1967), 1 (23).

137 *Hachenburg- Behrens,* GmbHG, Einleitung Rn. 109.

138 *Heinrich,* Die ausländische juristische Person & Co. KG, S. 104.

139 *Herz,* Einordnung grenzüberschreitender Kapitalgesellschaften, S. 63.

stellt. Vor allem bei Umsetzungsorganen, deren Mitglieder über mehrere Länder verstreut tätig sind, und die Umsetzung nicht durch ein regelmäßiges Zusammentreffen an einem bestimmten Ort erfolgt, kann die Bestimmung des Verwaltungssitzes problematisch werden. Die Bestimmung kann dann nur anhand einer Schwerpunktbetrachtung erfolgen: *Panthen*, der dem Sitzbegriff im Internationalen Gesellschaftsrecht eine eigene Untersuchung gewidmet hat, will daher auf die "institutionalisierte" Geschäftsleitung der Gesellschaft abstellen[140]. Darunter sei der Ort zu verstehen, an dem die gesetzlichen Vertreter der Gesellschaft regelmäßig tätig werden. Wenn mehrere gesetzliche Vertreter allerdings regelmäßig in unterschiedlichen Ländern tätig sind, bleibt das Problem ungelöst. Es bleibt dann nur, die umgesetzten Entscheidungen nach quantitativen und qualitativen Gesichtspunkten zu untersuchen. Sofern eine Hierarchie unter den Organmitgliedern des Umsetzungsorgans besteht, kann eine dementsprechende Festlegung erfolgen[141]. Andernfalls kann an den Ort angeknüpft werden, an dem zahlenmäßig die meisten Entscheidungen umgesetzt werden. Werden die Punkte in dieser Reihenfolge geprüft, wird in den meisten Fällen ein voraussehbares und sachgerechtes Ergebnis zu erreichen sein.

Die verbleibenden Problemfälle werden von der Praxis weitgehend entschärft: Hinzuweisen ist in diesem Zusammenhang insbesondere darauf, daß die Rechtsprechung inzwischen mit einer tatsächlichen Vermutung arbeitet, daß Verwaltungssitz und Satzungssitz gemeinsam in einem Staat liegen. Dies gilt zunächst für den Zivilprozeß: Ist eine ausländische Gesellschaft Partei in einem Zivilverfahren, ist die Parteifähigkeit von Amts wegen zu ermitteln, § 56 ZPO. Die überwiegende Rechtsprechung geht dabei von einer widerleglichen Vermutung aus, daß sich der effektive Sitz einer Kapitalgesellschaft an dem Sitz ihrer Satzung befindet[142]. Legt daher die ausländische Gesellschaft eine Gründungsbescheinigung oder Inkorporationsbescheinigung einer ausländischen Registerbehörde vor, muß die gegnerische Partei beweisen, sofern sie sich auf die mangelnde Parteifähigkeit beruft, daß die ausländische Gesellschaft ihren tatsächlichen Sitz im Inland hat. Hierfür kann die nicht weiter substantiierte Behauptung, bei der Gesellschaft

---

140 *Panthen*, Sitzbegriff, S. 301 f.

141 *Ebenroth/Bippius*, JZ 1988, 678; *Höft*, Identitätswahrende Verwaltungssitzverlegung, S. 23.

142 BGHZ 97, 269 (272); OLG München, NJW 1986, 2197; LG Rottweil, RIW 1986, 636; *Haas*, DB 1997, 1501 (1505); a.A. LG Essen, IPRax 1996, 120.

handele es sich um eine sog. "Briefkastengesellschaft", nicht ausreichend sein.

Ganz ähnliche Probleme stellen sich, wenn eine ausländische Gesellschaft im Inland eine Zweigniederlassung eintragen lassen will oder als Gesellschafter einer GmbH eingetragen werden soll. Voraussetzung ist auch hier, daß die Gesellschaft als ausländische Gesellschaft rechtsfähig ist. Nach § 12 FGG gilt der Amtsermittlungsgrundsatz, der Umfang der Ermittlungen liegt im pflichtgemäßen Ermessen des Gerichts. Ohne besondere Veranlassung hat das Gericht von der Richtigkeit der Angaben des Anmeldenden auszugehen[143]. Im Regelfall ist eine weitere Ermittlung oder ein umfassender Nachweis des tatsächlichen Verwaltungssitzes nicht erforderlich. Nur bei begründeten Zweifeln in bezug auf die Richtigkeit der Tatsachen kann das Gericht weitere Nachweise verlangen. Ein umfassender Nachweis der Geschäftstätigkeit im Ausland würde dann aber eine erhebliche Benachteiligung der ausländischen Firmen mit sich bringen: Ein Beweis wird im Regelfall nur dann erfolgreich sein können, wenn die ausländische Gesellschaft umfangreiche Dokumente zur Geschäftspolitik und zur Unternehmensführung vorlegt. Im Hinblick darauf, daß Dritten nach § 9 Abs. 1 HGB ein Einsichtsrecht in die zum Handelsregister eingereichten Schriftstücke zusteht, können der Gesellschaft im Vergleich zu inländischen Wettbewerbern erhebliche Nachteile entstehen[144]. Die Registergerichte gehen daher auch in diesem Fall von der Vermutung aus, daß Verwaltungssitz und Satzungssitz einer Gesellschaft zusammenfallen.

Ähnliches gilt im Grundbuchverfahren[145]. Die Rechtsfähigkeit der ausländischen Gesellschaft ist in diesem Falle eine Eintragungsvoraussetzung, die eines Nachweises durch eine öffentlichen Urkunde bedarf, § 29 Abs. 1 Satz 2 GBO. Gem. § 32 GBO kann nach herrschender Meinung der Nachweis über das Bestehen der Gesellschaft durch Zeugnis des Gerichts geführt werden, bei dem die Gesellschaft im Handelsregister eingetragen ist[146]. Die Existenz eines ausländischen Verwaltungssitzes wird sich aber in der Praxis nicht durch öffentliche Urkunde nachweisen lassen. Um daher ausländischen Gesellschaften nicht etwas rechtlich Unmögliches aufzuerlegen, ist es auch insoweit

---

143 KG, DB 1997, 1124 (1126).

144 OLG Oldenburg, RIW 1990, 1019; *Haas,* DB 1997, 1501 (1505).

145 Vgl. dazu: *Bausback,* DNotZ 1996, 254 ff.

146 OLG Hamm, NJW-RR 1995, 469 (470).

sachgerecht, mit einer Vermutungswirkung eines Zusammenfallens von Satzungssitz und Verwaltungssitz zu arbeiten[147].

Die Vermutungswirkung stellt für eine gleichzeitige Verlegung von Satzungssitz und Verwaltungssitz eine Erleichterung dar. Verringert sie doch die Gefahr einer Nichtanerkennung als Kapitalgesellschaft wegen eines Auseinanderfallens von Verwaltungs- und Satzungssitz während des Sitzverlegungsvorgangs.

147 OLG Hamm, NJW-RR 1995, 469 (470).

§ 3 Die Beurteilung des Wegzugs von Verwaltungs- und Satzungssitz

I. Die herrschende Meinung

Es entspricht ganz herrschender Auffassung, daß die identitätswahrende Umgründung einer Gesellschaft deutscher Rechtsform in eine Gesellschaftsform ausländischen Rechts nicht möglich ist. Vollzogen werden könne dieser Vorgang nur durch Auflösung im Inland und Neugründung der Gesellschaft im Ausland. Eine versuchte Umgründung durch Gesellschafterbeschluß soll daher entweder nichtig sein[148], oder zur Auflösung der Gesellschaft im Inland führen[149]. Damit wird die identitätswahrende Sitzverlegung noch "auf deutschem Boden" verhindert. Unerheblich ist, ob der Zuzugstaat der Gesellschaft eine identitätswahrende Einordnung in sein Gesellschaftsrechtssystem erlaubt, da die Gesellschaft im Wegzugsstaat ihre rechtliche Identität verliert.

Ebenroth[150] nimmt bereits eine kollisionsrechtlichen Unzulässigkeit des Statutenwechsels an. Ein erheblicher Teil des Schrifttums ist ihm gefolgt[151]. Auch die Rechtsprechung tendiert neuerdings in diese Richtung: Das BayObLG und das OLG Hamm hatten zuletzt den Fall der gleichzeitigen Verlegung von Satzungs- und Verwaltungssitz zu entscheiden[152]: Die Gesellschafterversammlungen inländischer Gesellschaften hatten in beiden Fällen die Verlegung des Satzungs- und

---

148 *Geßler/Hefermehl- Hüffer,* AktG, § 262 Rn. 34; *Hüffer,* AktG, § 5 Rn. 12.

149 RGZ 7, 68 (69); Münchener Handbuch GesR- *Jasper,* § 78 Rn. 120; Münchener Kommentar- *Ebenroth,* Nach Art. 10 EGBGB, Rn. 220; *Staudinger- Großfeld,* Internationales Gesellschaftsrecht, Rn. 555 ff.; *Rowedder- Rittner/Schmidt-Leithoff,* GmbHG Einl. Rn. 291; *Drobnig,* in: *v. Bar,* Europäisches Gemeinschaftsrecht und Internationales Privatrecht, S. 185 (197); *Ebenroth/Auer* GmbHR 1994, 16 (18); *Kegel,* IPR, S. 419 f.; *Wiedemann,* Gesellschaftsrecht, S. 870; *Zimmer,* Internationales Gesellschaftsrecht, S. 199.

150 Münchener Kommentar- *Ebenroth,* Nach Art. 10 EGBGB, Rn. 220 "iprechtlich zwingender Grund für die Auflösung"; *Ebenroth/Eyles*, DB 1989, 363 (368); *Ebenroth/Eyles* DB-Beilage 2/88, S. 1 (7).

151 *Geßler/Hefermehl- Eckardt,* AktG, § 5 Rn 4; § 140 Rn. 19; *Scholz- Westermann,* Einleitung, Rn. 125; *Kaminski,* Steuerliche Gestaltungsmöglichkeiten, S. 45; *Runge-Schäfer* IWB 1987, 547, (555); *Rindisbacher,* Die Anerkennung gesellschaftsrechtlicher Gebilde im Internationalen Privatrecht, S. 111; *Susanne Schmidt,* DWiR 1992, 448 f.; *Sack,* JuS 1990, 352 (354); *Schaumburg,* GmbHR 1996, 501 (591); *Fritz,* Internationale Sitzverlegung, S. 51.

152 BayObLG WM 1992, 1371; OLG Hamm, ZIP 1997, 1696 mit Anm. Neye.

Verwaltungssitzes in einen anderen Mitgliedstaat der Europäischen Gemeinschaft beschlossen und die Eintragung der Sitzverlegung der Gesellschaft in das Handelsregister beantragt. Nachdem sowohl das zuständige Amtsgericht, als auch das Landgericht den Eintrag auf Eintragung der Sitzverlegung in das Handelsregister zurückgewiesen hatten, wiesen das BayObLG und das OLG Hamm in die hiergegen gerichteten weiteren Beschwerden zurück. Begründet wurde die Zurückweisung - ganz auf der Linie von *Ebenroth* - mit der Anwendung der Sitztheorie, die einer Migration einer Gesellschaft auch bei gleichzeitiger Verlegung von Satzungs- und Verwaltungssitz entgegenstehe[153].

Andere lehnen den grenzüberschreitenden Wegzug dagegen aus sachrechtlichen Gründen ab. Dies fußt zumeist auf der Überlegung, daß rechtstechnisch ein Ausscheiden aus der deutschen Rechtsordnung ohne einen Verlust der rechtlichen Identität mit dem Wesen der juristischen Person unvereinbar sei: Die Sitzverlegung bewirke einen Verlust der innerstaatlich verliehenen Rechtsfähigkeit, die nicht ohne weiteres in einen anderen Staat übertragen werden könne[154]. Schon das Reichsgericht erkannte in RGZ 7, 68 ff. zum ersten Mal in diesem Sinne. Die Entscheidung behandelte einen Gesellschafterbeschluß der in Berlin im Handelsregister eingetragenen *Rumänischen Eisenbahn AG,* den "Sitz" der Gesellschaft nach Bukarest zu verlegen. Dagegen erhob ein Aktionär der Gesellschaft mit der Begründung Anfechtungsklage, daß eine grenzüberschreitende Sitzverlegung ohne Auflösung der Gesellschaft nicht möglich sei. Unklar blieb in der Entscheidung, ob es sich um die Verlegung von Satzungssitz und Verwaltungssitz oder um eine isolierte Verlegung des Satzungssitzes handelte. Deutlich wird aber aus den Entscheidungsgründen, daß die Gesellschaft eine Eintragung in Rumänien anstrebte und das RG von einem gewollten Statutenwechsel ausging. Da kollisionsrechtliche Probleme in der Entscheidung nicht weiter erörtert werden, spricht einiges dafür, daß entweder eine gleichzeitige Verlegung von Satzungs- und Verwaltungssitz vorlag, oder das Reichsgericht den Wechsel des Satzungssitzes als den Statutenwechsel auslösenden Faktor ansah. Das Gericht gab der Klage statt: Der Sitzverlegungsbeschluß widerspreche der Rechtsnatur der Gesellschaft als (deutscher) juristischer Person. Die Kapitalgesellschaft

---

153 BayObLG WM 1992, 1371.

154 *Rowedder- Rittner/Schmidt-Leithoff,* GmbHG, § 3 Rn. 289; *Staudinger-Großfeld,* Internationales Gesellschaftsrecht, Rn. 552; vgl. für den Fall des Zuzugs: BGHZ 25, 134 (144).

bestehe kraft eines Staatshoheitsaktes, dessen Wirkungsbereich sich auf die deutsche Rechtssphäre beschränke. Verlege die AG ihren Sitz vom Inland ins Ausland, so entziehe sie sich dem Geltungsbereich der deutschen Vorschriften und die entscheidende Voraussetzung für ihre Anerkennung als selbständiges Rechtssubjekt entfalle[155]. Ein Statutenwechsel trenne die juristische Person damit von dem die Rechtsfähigkeit vermittelnden Staatshoheitsakt, so daß sie zwangsweise erlöschen müsse[156]. Hinsichtlich der Verteilung des Gesellschaftsvermögens räumte das Reichsgericht allerdings ein, daß es sich bei den Liquidationsvorschriften um dispositive Vorschriften handele, so daß die Satzung festlegen könne, das Vermögen der Gesellschaft in anderer Weise zu verwenden, um es zum Beispiel einer neuen Gesellschaft zu übertragen, die im Ausland zur Fortsetzung des bisherigen Geschäftsbetriebes gegründet werde. Diese neue Gesellschaft müsse dann aber die gleichen statutarischen Bestimmungen wie die alte haben und jeden Gesellschafter bei sich aufnehmen.

Mit diesem Befund hat sich die h.M. bis heute zufrieden gegeben. *Widmann/Mayer* formulieren ganz parallel: Die Tatsache, daß die inländische Gesellschaft durch das Ausscheiden aus dem deutschen Gesellschaftsstatut ihre Rechtsfähigkeit verliere, mache die grenzüberschreitende Sitzverlegung unzulässig[157]. *Großfeld* argumentiert zusätzlich mit einem Wegfall der Geschäftsgrundlage des Gesellschaftsvertrages[158]: Durch die Verlegung des Verwaltungssitzes löse sich die Gesellschaft von ihrer Existenzgrundlage und gelange in ein anderes kulturelles und politisches Umfeld, welches bei der Gründung nicht mitbedacht worden sei. Angesichts der zum Teil erheblichen Unterschiede in der rechtlichen Gestaltung und des gesamten Umfeldes sei dies eine wesentliche Änderung, die die Geschäftsgrundlage der Gesellschaft ins Wanken bringe[159]. Dies gelte auch bei eventuell gleichen

---

155 RGZ 7, 68 (70).

156 Dazu: *Züllig*, Internationale Fusion, S. 102; *Fritz*, Internationale Sitzverlegung, S. 56; *Egli*, Sitzverlegung, S. 57.

157 *Widmann/Mayer*, Umwandlungsrecht, Band 3, Anhang 1.-5. Teil Rn. 6579.16.

158 *Staudinger- Großfeld*, Internationales Gesellschaftsrecht, Rn. 557; *ders., Europäisches Unternehmensrecht*, S. 87; *ders.*, IStR 1993, 236 (238); *ders.*, WM 1992, 2121 (2124); *ders.*, in: *Fischer*, Grenzüberschreitende Aktivitäten deutscher Unternehmen und EU-Recht, S. 1 (7); *ders.*, AG 1996, 302.

159 *Staudinger- Großfeld*, Internationales Gesellschaftsrecht, Rn. 566; *Großfeld*, Europäisches Unternehmensrecht, S. 87.

Gesetzeswortlaut wegen unterschiedlicher "kultureller und politischer Hintergründe" und anderer Gerichts- und Behördenorganisationen im Zuzugstaat. *Ebenroth* folgert die Unzulässigkeit der identitätswahrenden grenzüberschreitenden Sitzverlegung schließlich auch daraus, daß die §§ 11, 12 KStG die Gesellschaft bei dem vollständigen Ausscheiden aus der Steuerpflicht als Liquidationsgesellschaft behandeln. Es mache keinen Sinn, eine steuerrechtlich dem Tode geweihte Gesellschaft zivilrechtlich weiterbestehen zu lassen[160].

Aus der rechtlichen Unmöglichkeit eines identitätswahrenden Statutenwechsels schließen nur wenige auf die Nichtigkeit des auf die Sitzverlegung gerichteten Gesellschafterbeschlusses gem. § 241 Abs. 1 Nr. 3 AktG[161]. Die Gesellschaft wird schlicht für aufgelöst erklärt. Schwer tut man sich mit dem Auffinden eines tauglichen Auflösungsgrundes gem. § 60 GmbHG, § 262 AktG. Man behilft sich mit einer tatsächlichen Fiktion: Da ein Ausscheiden aus der deutschen Rechtsordnung eben nur nach vorheriger Auflösung und Abwicklung der Gesellschaft möglich sei, enthalte der auf die Sitzverlegung gerichtete Beschluß stets den (konkludenten) Willen der Gesellschafter, die Gesellschaft aufzulösen und im Ausland neu zu gründen[162]. Dies soll selbst dann gelten, wenn der Wille der Gesellschafter erkennbar darauf gerichtet war, die Identität der Gesellschaft zu wahren[163].

Dennoch: Die gesellschaftsrechtliche Unzulässigkeit der Verlegung ist nie so allgemein als selbstverständlich anerkannt worden, wie es nach der heutigen Kommentar- und Lehrbuchliteratur zum Teil den Anschein hat. Aus älterer Zeit sind für Vertreter der Gegenmeinung vor allem *Beitzke*[164] und *Grasmann*[165] zu nennen. Beide hielten unter bestimmten Voraussetzungen die identitätswahrende Sitzverlegung einer Gesellschaft in eine ausländische Gesellschaft für möglich, wobei *Beitzke* Abwicklungsvorschriften analog zur Anwendung bringen

---

160 Münchener Kommentar- *Ebenroth,* Nach Art. 10 EGBGB, Rn. 181.

161 So vor allem: *Hüffer,* AktG, § 5 Rn. 12.

162 *Staudinger- Großfeld,* Internationales Gesellschaftsrecht, Rn. 614; Münchener Kommentar- *Ebenroth,* Nach Art. 10 EGBGB Rn. 181; *Scholz- Westermann,* GmbHG, Einl. Rn. 130; *Ebenroth/Auer,* RIW-Beilage 1/1992, 1 (6); *Widmann/Mayer,* Umwandlungsrecht Band 3, Anhang 1.-5. Teil Rn. 6579.16.

163 *Kegel,* Internationales Privatrecht, S. 419

164 *Beitzke,* ZHR 127 (1965), 1 (24); *ders.,* Festschrift für Hallstein, S.14 ff.

165 *Grasmann,* System des internaitonalen Gesellschaftsrechts, Rn. 1077.

wollte, *Grasmann* von einem grenzüberschreitenden Umwandlungsvorgang ausging[166]. In der modernen Kommentarliteratur wird vor allem von *Behrens*[167] und *Lutter/Hommelhoff*[168] die Auffassung vertreten, daß ein gleichzeitiger Wegzug von Verwaltungssitz und Satzungssitz bereits heute de lege lata gesellschaftsrechtlich möglich sei.

II. Würdigung

1. Kollisionsrechtliche Unzulässigkeit?

Die Unzulässigkeit der Sitzverlegung allein aus der Sitztheorie abzuleiten, würde der Funktion des Internationalen Gesellschaftsrechts als bloßem Rechtsanwendungsregelwerk nicht gerecht werden[169]. Der Gehalt des Kollisionsrechts ist allein auf die Summe der Normen zu begrenzen, die das anwendbare Sachrecht festlegen. Mit der Entscheidung der kollisionrechtlichen Frage kann daher noch nichts über die Zulässigkeit der Sitzverlegung selbst ausgesagt werden. Der Statutenwechsel selbst bewirkt lediglich, daß eine neue Rechtsordnung für die Frage der Fortexistenz der Gesellschaft zuständig wird[170]. Eine derartige Ausdehnung einer Rechtsanwendungsregel zu einer gesellschaftsrechtlichen "Verbotsregel" konterkariert die eigentliche Aufgabe des Internationalen Gesellschaftsrechts als Kollisionsrecht der juristischen Personen.

Um die kollisionsrechtliche Unzulässigkeit des Statutenwechsels zu begründen, müßte dem deutschen Recht daher eine selbständige Kollisionsregel entnommen werden, die eine identitätswahrende Sitzverlegung ohne vorherige Auflösung im Wegzugsstaat und Neugründung im Zuzugstaat verbietet. Woraus eine solche Regel abzuleiten sein soll, lassen die Vertreter einer kollisionsrechtlichen Unzulässigkeit der Sitz-

---

166 *Grasmann,* System des internationalen Gesellschaftsrechts, Rn. 1077.

167 *Behrens- Behrens,* GmbH im Internationalen Recht, IPR Rn.; *ders.* ZGR 1994, 1 ff.; *ders.,* RIW 1986, 590.

168 *Lutter/Hommelhoff,* GmbHG, § 3 Rn. 5; zustimmend auch: *Thömmes,* DB 1993, 1021 (1025).

169 *Lutter/Hommelhoff,* GmbHG, § 3 Rn. 4; *Behrens*, RIW 1986, 590f; *ders.* EuZW 1992, 550; *Knobbe-Keuk*, DB 1990, 2578; *Thömmes*, DB 1993, 1021 (1022); *Wiedemann*, Gesellschaftsrecht I, S. 869; *Widmann/Mayer- Widmann*, UmwG, 6579.20; *Zimmer*, Internationales Gesellschaftsrecht, S. 198.

170 *Zimmer,* Intenationales Gesellschaftsrecht, S. 198.

verlegung vollkommen offen. Die Sitztheorie selbst gibt jedenfalls keine Anhaltspunkte. Auch in der älteren Rechtsprechung finden sich keine solchen Hinweise. Die zum Teil geäußerte Vermutung, das Reichsgericht habe eine derartige Kollisionsregel aufgestellt, läßt sich dem einschlägigen Entscheidungen auch nicht entnehmen[171]. Es besteht auch nach der Sitztheorie keine kollisionsrechtliche Pflicht des Wegzugstaates, auf die Interessen des Zuzugstaates Rücksicht zu nehmen und die Sitzverlegung von vornherein kollisionsrechtlich zu verhindern, wenn der Zuzugstaat die Sitzverlegung ablehnt[172].

Auch der BGH hat eine derartige kollisionsrechtlichen Verbotsregel nicht aufgestellt[173]. Nachvollzogen werden kann dies ohne weiteres an den Entscheidungen zu der sog. "Spaltgesellschaft": Gesellschaften, deren Mitgliedschaftsrechte im Gründungsstaat konfisziert wurden, konnten nach BGH mit ihrem außerhalb des Konfiskationsstaates belegenen Vermögen als Gesellschaft fortbestehen. Sie blieben nicht der Rechtsordnung des konfiszierenden Ursprungsstaates unterworfen, vielmehr wurde die inländische Gesellschaftsrechtsordnung auf die nach ausländischem Recht gegründeten Gesellschaften anwendbar[174]. In keiner dieser Entscheidungen erwägt der BGH überhaupt, den Fortbestand der Gesellschaften aufgrund einer kollisionsrechtlichen Verbotsregel für unzulässig zu halten. Ganz abgesehen von der Frage, ob die Lösung der Spaltgesellschaft sach- und völkerrechtlich vertretbar war, ist zumindest der kollisionsrechtliche Gehalt eindeutig[175].

Noch einmal: Das gefürchtete Problem des "Handelns unter falschem Recht" stellt bei der gleichzeitigen Verlegung der möglichen Anknüpfungspunkte kein Hindernis dar. Zu einem Auseinanderfallen von Verwaltungs- und Satzungssitz muß es nicht kommen, wenn der Sitzverlegungsbeschluß aufschiebend bedingt an die Eintragung der Gesellschaft im Handelsregister des Zuzugstaates geknüpft wird und erst zu diesem Zeitpunkt die tatsächliche Verlegung des Verwaltungssitzes in den Zuzugstaat erfolgt[176]. Das gilt unabhängig davon, ob der Staat, in den der

---

171 *Fritz,* Internationale Sitzverlegung, S. 55, glaubt dies RGZ 7, 68 ff. entnehmen zu können. Das RG argumentierte aber rein sachrechtlich.

172 anders *Eyles,* Niederlassungsrecht, S. 333f.

173 *Grasmann,* System des Internationalen Gesellschaftsrechts, Rn. 85.

174 BGHZ 33, 204; BGH NJW 1959, 673;

175 Vgl. auch *Grasmann,* System des Internationalen Gesellschaftsrechts, Rn. 85.

176 *Thömmes*, DB 1993, 1021 (1022).

Sitz der Gesellschaft verlegt wird, der Inkorporations- oder der Sitztheorie folgt. Bei einer gleichzeitigen Verlegung von Verwaltungs- und Satzungssitz kommt eine Rückverweisung auf deutsches Recht nicht mehr in Betracht, da sich die Gesellschaft mit beiden möglichen Anknüpfungspunkten von der deutschen Rechtsordnung gelöst hat. Die Verlegung der Gesellschaft hat daher in jedem Fall einen Wechsel des Gesellschaftsstauts zur Folge[177].

2. Sachrechtlicher Auflösungsgrund?

Der Bestand der durch eine Rechtsordnung verliehene Rechtssubjektsfähigkeit ist unmittelbar mit deren Anwendbarkeit auf das gesellschaftsrechtliche Gebilde verbunden. Ein Wechsel des Gesellschaftstatuts hat daher zwingend den Verlust dieser konkreten Rechtsstellung zur Folge. Kann nun eine Gesellschaft ihr Personalstatut wechseln, ohne dadurch ihren rechtlichen Bestand abstrakt zu gefährden? Bedeutet ein Wechsel des auf die Gesellschaft anwendbaren Rechts zwingend einen Bruch ihrer rechtlichen Kontinuität, der zwingend zur Abwicklung führt? Der numerus clausus der Auflösungsgründe verbietet es zumindest, eine Auflösung anzunehmen, wenn ein Auflösungsgrund nicht vorliegt[178]. Entsprechend stellt das Gesetz in den §§ 60 Abs. 1 GmbHG, 262 Abs. 1 AktG, sowie in verschiedenen Sondergesetzen[179] unmißverständlich klar, welche Tatbestände die Auflösung als Rechtsfolge haben. Das deutsche Sachrecht kennt einen Auflösungszwang kraft Statutenwechsels aber nicht.

a. Auflösung aufgrund Gesellschafterbeschlusses

Ein klassischer Zirkelschluß ist es, den Beschluß des zuständigen Gesellschaftsorgans unabhängig von dem tatsächlichen Willen der Gesellschafter als Auflösungsbeschluß zu werten, sofern er den gesetzlichen oder satzungsmäßigen Anforderungen genügt[180]. Dieses Ergebnis wird

---

[177] Münchener Kommentar- *Ebenroth,* Nach Art. 10 EGBGB, Rn.222.

[178] *Zisowski,* Grenzüberschreitender Umzug von Kapitalgesellschaften, S. 1.

[179] Vgl. zum Beispiel § 1 LöschG.

[180] So aber: OLG München, AG 1957, 17; Münchener Kommentar- *Ebenroth,* Nach Art. 10 EGBGB, Rn. 220; *Baumbach/Hueck,* GmbHG, § 3 Rn. 8; *Hachenburg- Ulmer,* GmbHG, § 3 Rn. 18; *Scholz- Westermann,* GmbHG, Einl. Rn. 131; *Roth/Altmeppen,* GmbHG, § 3 Rn. 8; *Rowedder- Rittner/Schmidt-Leithoff,* GmbHG, § 3 Rn. 291; *Staudinger- Großfeld,* Internationales Gesellschaftsrecht,

ganz offensichtlich nur damit begründet, daß eine andere Lösung wegen der unterstellten rechtstechnischen Unmöglichkeit des Statutenwechsels nicht möglich sei. Wenn aus diesem Grund angenommen wird, daß die Gesellschaftern im Zweifel die Auflösung der Gesellschaft "in Kauf nehmen" oder eine Umdeutung des Sitzverlegungsbeschlusses in einen Auflösungsbeschluß sogar gegen den Willen der Gesellschafter möglich sei[181], wird die gewollte Rechtsfolge aber vorweggenommen, die es gerade mit Hilfe der Auslegung des Sitzverlegungsbeschlusses noch zu ermitteln gilt. Es läßt sich aber kaum ohne weitere Tatsachenfeststellungen vertreten, der Wille der Gesellschafter sei bei einem Sitzverlegungsbeschluß konkludent darauf gerichtet, die Gesellschaft aufzulösen und im Zuzugstaat neu zu gründen, da dies die nach deutschem Recht einzige Möglichkeit der Sitzverlegung sei. Im Gegenteil: Die Gesellschafter werden bei dem Sitzverlegungsbeschluß vor allem wegen der haftungs- und steuerrechtlichen Folgen (Liquidationsbesteuerung nach § 11 KStG) gerade nicht die Auflösung und Abwicklung der Gesellschaft wollen[182].

Ein Auflösungsbeschluß verlangt auch nach hinreichender Bestimmtheit. Die besonders einschneidende Rechtsfolge muß in dem Gesellschafterbeschluß Anklang gefunden haben. Es gibt nach geltendem Recht keine Auslegungsregel, daß eine auf der Rechtsfolgenseite nicht näher präzisierter Sitzverlegungsbeschluß zur Auflösung und Abwicklung der Gesellschaft führt. Die innere Systematik der §§ 60 GmbHG, 262 AktG sprechen vielmehr für das Gegenteil. Die Auflösung der Gesellschaft hat absoluten Ausnahmecharakter. Selbst wenn der Beschluß nicht in der Form ausführbar sein sollte, wie die Mitglieder in ihrem Beschluß zum Ausdruck gebracht haben, so kann er nicht ohne weiteres als Auflösungsbeschluß ausgelegt werden[183].

Mit den geltenden Regeln des Allgemeinen Teils läßt sich auch die Umdeutung des Gesellschafterbeschlusses nicht in Einklang bringen: § 140 BGB erlaubt eine Umdeutung nur dann, wenn "ein nichtiges Rechtsgeschäft den Erfordernissen eines anderen Rechtsgeschäfts entspricht". In diesem Fall kann das ursprüngliche Rechtsgeschäft in ein

---

Rn. 585; *Karl,* AcP 159 (1959/60), 293 (306ff.); offengelassen von BayObLG, ZIP 1992, 842.

181 BayObLG EuZW 1992, 548 (549).

182 So aber: BayObLG EuZW 1992, 548 (549); kritisch: *Neye,* ZIP 1997, 1698.

183 *Nußbaum,* Internationales Privatrecht, S. 204; *Spindler,* Wanderungen, S. 67.

anderes umgedeutet werden, "wenn anzunehmen ist, daß dessen Geltung bei Kenntnis der Nichtigkeit gewollt sein würde". Voraussetzung einer Umdeutung ist daher stets, daß der von den Parteien beabsichtigte wirtschaftliche Erfolg mit dem anderen rechtlichen Mittel erreicht wird[184]. Alleiniger Sinn und Zweck des § 140 BGB ist es, den hypothetischen Parteiwillen durchzusetzen. Wenn das Auflösungsergebnis dem Parteiwillen nicht entspricht, darf es nicht Ergebnis der Umdeutung sein.

b. Wegfall der Geschäftsgrundlage

Die kulturelle Verankerung der Gesellschaft in der innerstaatlichen Rechtsordnung als Kristallisationspunkt ihrer Existenz, die von *Großfeld* zur Geschäftsgrundlage der Gesellschaft erhoben wird, stellt sich bei näherer Betrachtung allenfalls als ein richtiger Ansatzpunkt heraus, da - anders als bei *Ebenroth* - das Sachrecht für maßgeblich erklärt wird. In der Rechtsfolge geht dies auf jeden Fall viel zu weit[185]. *Großfeld* selbst gibt zu bedenken, daß die Vertrauensgrundlage der Gläubiger weniger die einzelnen Gegenstände, sondern das Unternehmen als ganzes in seiner rechtlichen Verfassung darstelle[186]. Ob aber die rechtliche Verfassung für die Geschäftsgrundlage entscheidend ist, erscheint zweifelhaft. Von größerer Bedeutung und damit primäre Grundlage der Vertrauensbildung wird für Gläubiger und Anteilsinhaber die wirtschaftliche Verfassung des Unternehmens sein. Hinzu kommt folgendes: Selbst wenn man die kulturelle Verankerung der Gesellschaft in einer Rechtsordnung zum Inhalt der Geschäftsgrundlage machen wollte, stünde damit die Rechtsfolge "Auflösung" noch keineswegs fest. Vorrangig wäre zu prüfen, ob die von den Anteilsinhabern bei Abschluß des Gesellschaftsvertrages zugrunde gelegte Geschäftsgrundlage auf einer geänderten Grundlage Bestand haben könnte. Eine solche Prüfung nimmt *Großfeld* aber nicht vor. Wenn hinsichtlich der Gläubiger und Anteilsinhaber die Rechtspositionen anderweitig gesichert werden können, ist die Auflösung der Gesellschaft als Rechtsfolge aus einer Veränderung der Geschäftsgrundlage zumindest nicht abzuleiten.

---

184 Vgl. nur: *Soergel- Hefermehl*, BGB, § 140, Rn. 4.

185 Kritisch auch: *Bungert*, AG 1995, 589 (592).

186 *Staudinger- Großfeld*, Internationales Gesellschaftsrecht, Rn. 557.

c. Steuerrechtliche Unzulässigkeit

Wenig überzeugend wirkt letztlich auch der Versuch, die Unzulässigkeit der grenzüberschreitenden Sitzverlegung aus der Tatsache abzuleiten, daß steuerrechtlich eine aus dem Geltungsbereich des deutschen Steuerrecht ausscheidende Gesellschaft gem. § 12 Abs. 1 KStG als Liquidationsgesellschaft zu behandeln ist[187]. Oben wurde zwar hinsichtlich der kollisionsrechtlichen Anknüpfung ausgeführt, daß aus dem Gedanken der Einheit der Rechtsordnung und der Rechtssicherheit einiges dafür spreche, die zivilrechtliche und die steuerrechtliche Wertung parallel laufen zu lassen[188]. Letztlich wurde auch dort allerdings eine zivilrechtlich unabhängige Anknüpfung vertreten. Erst recht sollte das für die Frage des gesellschaftsrechtlichen Auflösungszwanges gelten: So hat auch der BGH ausdrücklich betont, daß ein Rückschluß vom Steuer- auf das Gesellschaftsrecht wegen der zweckbedingten Unterschiede beider Rechtsgebiete nicht zulässig sei[189]. Trotz einer einheitlichen Gesetzgebungskompetenz muß davon ausgegangen werden, daß eine auf dem Gebiet des Steuerrechts getroffene gesetzliche Regelung auch nur dort abschließende Wirkung hat und für den Bereich des Gesellschaftsrechts nicht vorgreiflich ist[190].

3. Zwischenergebnis

Insgesamt hat der vorliegende Abschnitt ergeben: Die Auslegung der herrschenden Meinung dient ganz offensichtlich dazu, die grenzüberschreitende Sitzverlegung von vornherein "abzubiegen". Weder in der Rechtsprechung noch in der Literatur wird der Versuch gemacht, den Auflösungsgrund auf eine echte dogmatische Grundlage zu stellen. Die Auslegung des Sitzverlegungsbeschlusses als Auflösungsbeschluß verdeckt dabei nur die Frage der gesellschaftsrechtlichen Zulässigkeit eines Statutenwechsels.

Das Ergebnis ist fatal: Die herrschende Meinung zwingt die Gesellschaft in eine - vielleicht sogar ungewollte - Auflösung. Der Schutz der Anteilsinhaber, den die herrschende Meinung gerne als "underlying

---

187 vgl. Münchener Kommentar -*Ebenroth*, Nach Art. 10 Rn. 227.

188 Siehe oben S. 43 f.

189 BGHZ 105, 324 (339).

190 BGH a.a.O.

policy" ihrer restriktiven Auffassung verkauft, bleibt hierbei auf der Strecke: Die Anteilsinhaber verlieren ihren Anteil an der Gesellschaft und können somit durch grenzüberschreitende Sitzverlegung in der Praxis sogar aus der Gesellschaft ausgeschlossen werden. Die deutsche Rechtsprechung hat einen derartigen "squeeze out" durch Auflösung und anschließende Neugründung innerstaatlich durch die Konstruktion der Treuepflicht zu verhindern versucht[191]. Im grenzüberschreitenden Fall wird dieses Ergebnis aber dann in Frage gestellt, wenn die Rechtsordnung des Zuzugstaates ein entsprechendes Rechtsinstitut nicht kennt. Der durch die faktische Sitzverlegung ausgeschlossene Gesellschafter wäre dann allenfalls auf einen Schadensersatzanspruch aufgrund einer Verletzung der Treuepflicht angewiesen. So gesehen verstärkt die Auflösungspflicht keine Minderheitsrechte, sie schwächt die Minderheit, indem sie sie ihrer Mitgliedschaftsrechte insgesamt beraubt.

III. Grenzüberschreitende Sitzverlegung ohne gesetzliche Grundlage im Wegzugstaat?

1. Problemstellung

Der gesellschaftsrechtliche Verband existiert als Rechtspersönlichkeit nur kraft Rechtssatz. Insofern ist die Rechtsfähigkeit eine "Fiktion" der Gründungsrechtsordnung[192]. Unstreitig ist, daß die fingierte Rechtsfähigkeit territorial auf das Staatsgebiet der Gründungsrechtsordnung beschränkt bleibt, d.h. durch sie keine Rechtsfähigkeit ausländischer Gesellschaften vermittelt werden kann[193]. Verläßt die Gesellschaft die Rechtsordnung, die ihr die Rechtsfähigkeit gegeben hat, kann sie daher als inländische Gesellschaft nicht mehr weiterbestehen. Die Rechtsordnung des Zuzugstaates könnte dem aus dem Ausland kommenden

---

191 BGHZ 103, 184.

192 *Eppenberger*, Die Stellung der AG im IPR, S. 129; *Luchsinger,* Niederlassungsfreiheit, S. 19. Schon *Savigny* erkannte die juristische Person als tatsächliches Gebilde an und sprach ihr zum Vermögenserwerb fingierte Rechtsfähigkeit zu. Die Fiktion bezieht sich, entgegen einer häufig anzutreffenden Behauptung allerdings nicht auf die tatsächliche, sondern auf die rechtliche Existenz; vgl. dazu: *Flume,* Festschrift Wieacker, S. 340; *Grasmann,* System des Internationalen Gesellschaftsrechts, Rn. 486; unklar RG 41, 295: Wesen der juristischen Person als rein rechtliche Zweckschöpfung, eine gesetzliche Fiktion der Rechtsperson

193 *Grasmann,* System des Internationalen Gesellschaftsrechts, Rn. 487; *Egli,* Sitzverlegungen, S. 36; *Panthen,* Sitzbegriff, S. 37.

Rechtsgebilde aber "Leben einhauchen"[194]. Zum entscheidenden Problem der grenzüberschreitenden Sitzverlegung wird damit die Frage, ob dieser Vorgang aus inländischer Sicht ohne gesetzliche Grundlage möglich ist.

Die Möglichkeit eines "nahtlosen" Überwechselns einer Gesellschaft von einer Rechtsordnung in eine andere ohne eine gesetzliche Grundlage im Wegzugstaat ist für das Schweizer Recht bereits 1942 von *Bindschedler* aufgezeigt worden[195]. Die Rechtsfähigkeit gehe zwar im Wegzugstaat zum Zeitpunkt der Sitzverlegung verloren. Daraus folge aber nur der Zwang zur sofortigen Unterwerfung unter das Recht des Zuzugstaates. Die Gesellschaft habe sich sofort dem Recht des neuen Staates anzupassen, es könne keine Übergangsfrist zur Umorganisation gewährt werden. In der Praxis habe dies nur zur Folge, daß die Verlegungsentscheidung und die Satzungsänderungen in ein- und demselben Gesellschafterbeschluß gemacht werden müßten. Auf der Seite des Wegzugstaates spreche dann nichts dafür, die Gesellschaft in die Abwicklung zu zwingen[196]. *Luchsinger* ist der Auffassung, mit dieser Rechtskonstruktion ließen sich nicht alle Zweifel ausräumen. Bei der Stabübergabe zwischen beiden Rechtsordnungen verbleibe ein kritischer Moment, auch wenn es nur eine juristische Sekunde sei, während derer die Gesellschaft von keiner Rechtsordnung gehalten wird[197]. Wenn ein Sitzverlegungsbeschluß aber auflösend bedingt von der Eintragung im ausländischen Register gemacht werden kann, besteht die Möglichkeit, den Statutenwechsel zu vollziehen, ohne für eine juristische Sekunde die Rechtsfähigkeit zu verlieren[198].

Im Anschluß an diese Auffassung wird auch in der deutschen Literatur zum Teil die Auffassung vertreten, daß aus der Sicht des Wegzugstaates die Sitzverlegung auch ohne gesetzliche Grundlage erfolgen könne, sofern der Schutz von Anteilsinhabern, Gläubigern und Arbeitnehmern hinreichend gesichert sei[199]. Entscheidend sei nur, ob der Zuzugstaat

---

194 *v.Bar,* Internationales Privatrecht, S. 301.

195 *Bindschedler,* Nationalitätswechsel der Aktiengesellschaft, S. 82 ff.

196 *Luchsinger,* Niederlassungsfreiheit, S. 21.

197 *Luchsinger,* Niederlassungsfreiheit, S. 21.

198 *Behrens*, RIW 1986; *ders.* ZGR 1994, 1 (14).

199 *Thömmes,* DB 1993, 1021 (1023); wohl auch *Lutter/Hommelhoff,* GmbHG, § 3 Rn. 5.

die rechtliche Identität der Gesellschaft anerkenne, bzw. die Einordnung der Gesellschaft unter seinen gesellschaftsrechtlichen numerus clausus zulasse. Man könnte insbesondere daran denken, daß die Gesellschaft in einem förmlichen Verfahren vor dem Registergericht des Zuzugstaates die Rechtsfähigkeit bestätigt bekommt. Damit wäre das Problem der formellen Anerkennung des Rechtsträgers im Zuzugstaat gelöst. Die Frage des Vollzugs der gesellschaftsrechtlichen Reorganisation in die Rechtsordnung des Zuzugstaates bleibt dabei aus der Sicht des Wegzugstaates aber offen. Dies erscheint insbesondere mit Blick auf den gesellschaftsrechtlichen numerus clausus der gesellschaftsrechtlichen Umwandlungsformen nicht frei von Bedenken.

2. Das kollisionsrechtlich auf den Statutenwechsel anwendbare Recht

Um festzustellen, ob eine derartige "Stabübergabe" ohne gesetzliche Grundlage möglich ist, ist zunächst die Frage zu behandeln, wie der Vorgang des Statutenwechsels selbst anzuknüpfen ist. Kollisionsrechtlich wird das anwendbare Recht dadurch ermittelt, daß der Schwerpunkt des Rechtsverhältnisses bestimmt wird[200]. Regelmäßig erfolgt dies dadurch, daß der maßgebliche Anknüpfungspunkt gefunden wird. Es wurde bereits beschrieben, daß die Bestimmung des Gesellschaftsstatutes höchst streitig ist, da das Gesetz einen sachgerechten Anknüpfungspunkt nicht nennt. Eine Behandlung dieser Frage ist aber auch an dieser Stelle noch nicht erforderlich. Die Frage des auf die grenzüberschreitende Sitzverlegung anwendbaren Rechts wäre schon dann beantwortet, wenn man feststellte, daß entweder das Statut des Wegzugsstaates oder des Zuzugstaates oder aber beide Statute gleichzeitig auf den grenzüberschreitenden Formwechsel anzuwenden sind.

Nach allgemeinen Regeln des Internationalen Privatrechts hängt die rechtliche Beurteilung bei einem Statutenwechsel davon ab, ob der fragliche Sachverhalt noch vor dem Statutenwechsel im Wegzugstaat vollendet worden ist[201]. Diese Kompetenzverteilung bedeutet, daß unter dem alten Statut begonnene, aber noch nicht abgeschlossene Tatbestände nach dem Statutenwechsel nur insoweit wirksam werden können, als es das neue Statut zuläßt. Nur die gesellschaftsrechtlichen Wirkungen, die das früher herrschende Statut mit einem abgeschlossenen Tatbestand verbindet, werden von dem neuen Statut grundsätzlich hin-

---

200 *Kegel,* Internationales Privatrecht, S. 576 für das internationale Sachenrecht.

201 *Kegel,* Internationales Privatrecht, S. 576.

genommen. Da die Sitzverlegung den Wechsel in die ausländische Rechtsform zum Ziel hat, könnte man auf dieser Grundlage allein an das Recht des Zuzugstaates anknüpfen. Nur die Rechtsordnung des Zuzugstaates kann auch die identitätswahrende Eingliederung in die Rechtsordnung des Zuzugstaates anordnen. Eine ausschließliche Anwendung der Rechtsregeln des Zuzugstaates würde der früher zum Recht der grenzüberschreitenden Verschmelzung vertretenen Aufnahmetheorie entsprechen[202]. Die ältere Rechtsprechung hat auch zur grenzüberschreitenden Sitzverlegung in dieser Richtung entschieden: Der BGH prüfte in einer älteren Entscheidung nur nach französischem Recht, ob eine Umwandlung einer russischen Stiftung in eine französische wirksam war[203]; das Berliner Kammergericht prüfte in einer Entscheidung aus den zwanziger Jahren ebenfalls nicht, ob die Umwandlung einer Danziger Aktiengesellschaft in eine deutsche nach Danziger Recht wirksam sein konnte[204]. Dementsprechend wurde in der älteren Literatur vertreten, daß es generell genüge, wenn die Umgründung nach dem Recht des Aufnahmestaates wirksam sei[205].

Heute ist die Literatur im Ergebnis fast einhellig der Meinung, daß bei dem Wegzug einer inländischen Gesellschaft ins Ausland zunächst die inländischen Vorschriften zur Anwendung kommen sollen: Für die grenzüberschreitende Sitzverlegung sei die Zulässigkeit sukzessive dem Recht des Wegzugstaates und dann dem Recht des Zuzugstaates unterworfen. Zunächst sei allein das Statut des Wegzugstaates, später allein das Statut des Zuzugstaates berufen. Eine grenzüberschreitende Sitzverlegung sei daher nur dann möglich, wenn das Recht des Wegzugstaates den Wegzug unter Wahrung der Identität und das Recht des Zuzugstaates den Zuzug, d.h. die Einordnung in die Rechtsordnung des Zuzugstaates ohne Auflösung und Neugründung zulasse[206].

Es bleibt dabei aber zumeist offen, wie beide Rechtsordnungen sukzessive hintereinandergeschaltet werden können. Eine eindeutige kolli-

---

202 vgl. Münchener Kommentar- *Ebenroth,* Nach Art. 10 EGBGB, Rn. 483.

203 BGH, WM 1958, 560

204 KG, IPRspr. 1926/27, 24 Nr. 24.

205 *Sauser-Hall,* SchwJbIntR 8 (1951) 111.

206 *Staudinger- Großfeld,* Internationales Gesellschaftsrecht, Rn. 554; *Rowedder-Rittner/Schmidt-Leithoff,* GmbHG, Einl. Rn. 290; *Behrens,* ZGR 1994, 1 (7); *Ebenroth/Auer,* RIW- Beilage 1/1992, 1 (6); *Kruse,* Grenzüberschreitende Sitzverlegung von Kapitalgesellschaften innerhalb der EG, S. 31.

sionrechtliche Aufspaltung erscheint nämlich nicht einfach, da die identitätswahrende "Stabübergabe" nicht in zeitliche Momente aufgespalten werden kann, die ohne weiteres zuerst der einen, dann der anderen Rechtsordnung zuzuweisen sind. Die Rechtsordnungen müssen vielmehr "ineinandergreifen", indem die Sachrechte der beteiligten Staaten kumuliert werden. Für die grenzüberschreitende Verschmelzung ist diese Erkenntnis seit dem Durchbruch der "Vereinigungstheorie" herrschend. Entwickelt wurde sie vor allem von *v. Spindler*[207] und *Beitzke*[208]. Die Voraussetzung und Verfahren einer Verschmelzung sollen danach für jede der beteiligten Gesellschaften getrennt nach ihrem jeweiligen Gesellschaftsstatut angeknüpft, während im Hinblick auf die Wirkungen der Verschmelzung die einschlägigen Gesellschaftsstatute kumuliert und so weit als möglich angepaßt werden müssen[209].

Der Grundgedanke der Vereinigungstheorie kann auf den Sitzverlegungsvorgang übertragen werden: Die identitätswahrende Eingliederung der Gesellschaft in die Rechtsordnung des Zuzugstaates ist eine Frage, die nach dem Recht des Zuzugstaates zu beantworten ist. Sieht er keine Möglichkeit vor, daß der ausländische Rechtsträger sich identitätswahrend der neuen Rechtsordnung unterstellen kann, ist eine Neugründung erforderlich. Hinzu kommt, daß bei dem grenzüberschreitenden Vorgang in besonderem Maße der Schutz der Interessen der Mitglieder, Arbeitnehmer und Gläubiger der sitzverlegenden Gesellschaft erforderlich ist. Die Wahrung der Rechte dieser Personengruppen ist nur dann uneingeschränkt sicherzustellen, wenn das ursprüngliche Gesellschaftsstatut zu Gunsten dieser Personengruppen anwendbar bleibt. Nur auf diese Weise kann vermieden werden, daß durch die Anwendung von Kollisionsnormen innerstaatliche Schutznormen außer Kraft gesetzt werden. Dieser Schutz gehört in die "Sphäre" der (noch) inländischen Gesellschaft und sollte daher kollisionsrechtlich dem Statut des Wegzugstaates unterworfen sein[210]. Hier setzt die Vereinigungslehre an: Durch Kumulation der beteiligten Gesellschaftsstatuta setzt sich das strengere Erfordernis faktisch durch, so daß ein Rechtsverlust der Betroffenen nicht zu befürchten steht.

---

207 *v. Spindler,* Wanderungen gewerblicher Körperschaften, S. 78 ff.

208 *Beitzke,* Festschrift für Hallstein, S. 14.

209 Großkommentar AktG- *Assmann,* Einl. Rn. 655; *Großfeld/Jasper,* RabelsZ 53 (1989), 52 (63).

210 *Bessenich,* Grenzüberschreitende Fusion, S. 15.

Hinsichtlich der Wirkungen der grenzüberschreitenden Sitzverlegung sind daher beide Rechtsordnungen zu kumulieren, soweit Schutzinteressen der im Wegzugstaat Betroffenen geltend gemacht werden. Das Statut des Zuzugstaates ist insgesamt anzuwenden, damit die Wirkungen des Umstrukturierungsvorgangs überhaupt eintreten können. Damit hängt auch der Wirksamkeitszeitpunkt der Sitzverlegung von der Erfüllung der Voraussetzungen beider Gesellschaftsstatuta ab.

Die grenzüberschreitende Sitzverlegung wird mit der Kumulation der beteiligten Gesellschaftsstatuta hinsichtlich der Drittschutznormen zum Anpassungstatbestand: Dazu müssen die jeweiligen Sachnormen interpretiert, gegebenenfalls modifiziert werden. Allgemeingültige Regeln, wie eine Anpassung zu erfolgen hat, lassen sich nicht aufstellen. Dies ist eine Bestimmung des Einzelfalls. Das Problem der Anpassung entsteht bereits in der sachrechtlichen Regelung des Rechtsformenwechsels. Da nach der hier vertretenen Auffassung zwei Rechtsordnungen zur Regelung derselben Rechtsfrage zuständig sind, entsteht Normhäufung. Zu Schwierigkeiten führt die kumulative Anwendung der jeweiligen Rechte nur dann, wenn die verschiedenen Rechtsordnungen Regelungskonzepte enthalten, die sich gegenseitig ausschließen. Unüberbrückbare Konzepte führen zu einer Unzulässigkeit des Statutenwechsels. Konkret bedeutet das vor allem, daß beide Rechtsordnungen Regelungen für die Änderung einer Gesellschaftsform in eine andere zur Verfügung stellen müssen, die auf grenzüberschreitende Tatbestände zur Anwendung gebracht werden können.

3. Einordnung des Umstrukturierungsvorgangs als grenzüberschreitende Umwandlung

a. Vor Erlaß des UmwG waren in der Literatur bereits verschiedene Vorschläge zur sachrechtlichen Einordnung des Sitzverlegungsvorgangs gemacht worden, die inzwischen als überholt gelten: Da die sitzverlegende Gesellschaft durch die grenzüberschreitende Sitzverlegung ihre rechtliche Existenz in ihrem bisherigen Staat aufgeben muß, wollte *Beitzke* für die Beschlußfassung Vorschriften über die Auflösungsbeschlüsse zur Anwendung bringen[211]. *Winter* schlug die analoge Anwendung der Vorschriften über die Kapitalherabsetzung vor[212]. Beide

---

211 *Hachenburg- Behrens,* GmbHG, Einleitung Rn 170; *Beitzke,* ZHR 127 (1964), 1 (42).

212 *Scholz- Winter,* GmbHG, 6. Auflage, Köln 1983, Einleitung Rn. 163.

Analogiebildungen waren erkennbar rechtsfolgenorientiert konstruiert und untersuchten die Rechtsähnlichkeit der zu vergleichenden Sachverhalte nicht weiter. Sitzverlegung und Liquidation sind grundlegend wesensverschiedene Rechtsinstitute. Anders als bei der Liquidation soll bei der Sitzverlegung die juristische Person und der mit ihr verfolgte Gesellschaftszweck weiterverfolgt werden und zwar unter dem neuen Gesellschaftsstatut. Die subjektive Seite der juristischen Person, die Personenverbindung zu gemeinsamer Zweckverfolgung, wird nicht zerstört, sondern bloß in eine andere juristische Zuordnungsgröße (das neue Gesellschaftsstatut) überführt. Die Gesellschaft will ihre Aktiva und Passiva daher gerade nicht liquidieren, sondern weiterhin zur eigenen Zweckverfolgung nutzen. Auch Vorschriften zur Kapitalherabsetzung berücksichtigen die spezifischen Probleme der Umstrukturierung des Rechtsträgers durch die grenzüberschreitende Sitzverlegung nicht. Zwar stellt sich auch in diesem Fall die Problematik des Entzugs eines Haftungssubstrates, vor dem Gläubiger zu schützen sind. Unberücksichtigt bleibt insoweit aber die Tatsache, daß die Gesellschaft aus der innerstaatlichen Rechtsordnung ausscheidet.

b. *Behrens* hat demgegenüber als erster den Gedanken formuliert, den grenzüberschreitenden Zuzug einer Gesellschaft wie eine Umwandlung nach dem UmwG zu behandeln[213]. Ebenso hielten *Großfeld/Jasper*[214] den Zuzug einer Gesellschaft für eine grenzüberschreitende Umwandlung. *Knobbe-Keuk*[215] ging dagegen noch einen Schritt weiter: Sie vertrat eine entsprechende Anwendung der Umwandlungsvorschriften auch für den Wegzug von Kapitalgesellschaften.

Die grenzüberschreitende Sitzverlegung stellt der Sache nach in der Tat einen grenzüberschreitenden Formwechsel dar[216]. Bei der formwechselnden Umwandlung ist die Kontinuität des Unternehmens wirtschaftlich wie rechtlich trotz eines Wechsels des anwendbaren Gesellschaftsrechts vollkommen. Nach der Konzeption des Gesetzes findet eine Rechtsnachfolge nicht statt; der formwechselnde Rechtsträger besteht in der in dem Umwandlungsbeschluß bestimmten Form weiter. Das unterscheidet sich nicht von der grenzüberschreitenden Sitzverlegung. Auch dort ist es Ziel, die Identität des Unternehmensträgers zu erhalten

---

213 *Behrens,* RIW 1986, 590 f.

214 *Großfeld/Jasper,* RabelsZ 53 (1989), 52 ff.

215 *Knobbe-Keuk,* ZHR 154 (1990), 324 (353).

216 *Kallmeyer,* AG 1998, 88 (89).

und die Unternehmensverfassung zu wechseln[217]. Im Gegensatz zur Verschmelzung und Spaltung erfolgt keine Vermögensübertragung, sondern lediglich ein Wechsel des auf die Gesellschaft anwendbaren Rechts, bei dem der Vermögensträger identisch bleibt. Wesentliches Merkmal ist hier wie dort die wirtschaftliche und rechtliche Identität vor und nach der Umstrukturierung[218]. Es soll allerdings nicht verschwiegen werden, daß sich die Sitzverlegung in zwei Punkten von dem innerstaatlichen Formwechsel unterscheidet. Anders als bei einem innerstaatlichen Formwechsel kommt es bei der grenzüberschreitenden Sitzverlegung zu einer Änderung der Gesellschaftsrechtsordnung insgesamt, nicht dagegen zu einer Änderung der konkreten Gesellschaftsform[219]. Zusätzlich wird bei der grenzüberschreitenden Sitzverlegung der lokale Zuordnungspunkt der Gesellschaft verändert. Es handelt sich also um eine Verbindung von Sitzverlegung und Formwechsel. Beide Unterschiede sprechen aber nicht gegen die Parallelität beider Rechtsinstitute. Entscheidend für die Frage der Identitätswahrung ist nämlich nicht die Änderung der Rechtsform, sondern die Änderung der die Rechtsfähigkeit vermittelnden Rechtsordnung.

4. Kein grenzüberschreitender Formwechsel ohne gesetzliche Grundlage

Innerstaatlich ermöglicht erst das UmwG eine formwechselnde Umstrukturierung von Kapitalgesellschaften ohne Auflösung und Neugründung. Nichts anderes sollte für die grenzüberschreitende Sitzverlegung gelten:

a. Dies gilt zunächst für die Identitätswahrung der Gesellschaft im Zuzugstaat: Hier ist - ganz entsprechend der Rechtslage bei innerstaatlichen Formwechseln - ein Fortbestand der rechtlichen Identität für Kapitalgesellschaften nur über gesetzliche Anordnung möglich. Rechtstechnisch handelt es sich um eine gesetzliche Fiktion. *Reinhardt* hat hierzu formuliert: "Es mag zwar sehr überzeugend klingen, wenn die formwechselnde Umwandlung mit dem Wechsel des Kleides verglichen zu werden pflegt, aber da müßte man auch ein Wort darüber ver-

---

217 *Behrens- Behrens,* Die GmbH im internationalen und europäischen Recht, IPR; *Großfeld/Jasper,* RabelsZ 53 (1989) 52, 54.

218 *Lutter- Decher,* UmwG, § 190 Rn. 3.

219 *Kreuzer,* Die grenzüberschreitende Mobilität von Gesellschaften im Europäischen Binnenmarkt, S. 8.

lieren, was unter dem Kleid steckt. Schließlich hat dieses Kleid - anders das der natürlichen Person - hier eine *konstitutive Bedeutung* für die rechtliche *Existenz* der konkreten (juristischen) Person[220]." AG und GmbH sind keine Rechtskleider einer juristischen Person, die Rechtsform macht die Rechtsfähigkeit als juristische Person selbst aus. Bei dem innerstaatlichen Formwechsel verzichtet das Gesetz dementsprechend auf eine Gesamtrechtsnachfolge und *fingiert* statt dessen die umfassende Rechtskontinuität zwischen altem und neuem Rechtsträger. Richtig verstanden ist der durch das UmwG ermöglichte Formwechsel eine Rechtstechnik, um die gewollte Kontinuität des Unternehmens zu erhalten. Nichts anderes gilt für die grenzüberschreitende Sitzverlegung. Die charakteristischen Rechtsfolgen der Sitzverlegung, Übergang der Gesellschaft von einer ausländischen Rechtsform in eine andere inländische Rechtsform und umgekehrt bewirken einen Wechsel des auf den Rechtsträger anwendbaren Rechts. Die Rechtsfähigkeit muß im Zuzugstaat durch einen Staatshoheitsakt vermittelt werden. Die von einem Staat vermittelte Rechtsfähigkeit geht nicht ohne weiteres in die von einem anderen Staat vermittelte Rechtsfähigkeit über. Ohne eine gesetzliche Anordnung des Fortbestands der Gesellschaft kann dies nicht herbeigeführt werden. Diese Überlegung gilt aber nur für die Anordnung der rechtlichen Fortbestands der Gesellschaft im Zuzugsstaat.[221] Insoweit bedarf es keiner Regelungsanordnung des Wegzugstaates, da für diese Frage kollisionsrechtlich allein die Rechtsordnung des Zuzugstaates aufgerufen ist.

b. Nur auf den ersten Blick problematischer ist die Frage, ob es für die Wahrung der Interessen der Betroffenen im Wegzugstaat ebenfalls einer gesetzlichen Grundlage bedarf. Wenn die Sitzverlegung ein körperschaftlicher, gesellschaftsrechtlicher Umstrukturierungsvorgang ist, der in die Struktur der Gesellschaft eingreift und zu einem Wechsel des Rechtskleides führt, sollte er auch im Wegzugsstaat ohne gesetzliche Grundlage nicht vollzogen werden.

Das Gesellschaftsrecht ist ein Rechtsgebiet, in dem die Privatautonomie bei der Formwahl wegen des geltenden numerus clausus der zur Verfügung gestellten Gesellschafts- und Umstrukturierungsformen eingeschränkt ist. Privatautonomie ist hier nur die Freiheit der Wahl unter

---

220 *Reinhard,* Festschrift für Bartholomeyczik, S. 307 (309).

221 *Zimmer,* Internationales Gesellschaftsrecht, S. 199.

vorgeprägten Handlungsalternativen[222]. Dieses System würde in Frage gestellt, wenn man den Eintritt der Rechtsfolgen nicht von dem Vorliegen der gesetzlichen Tatbestandsvoraussetzungen abhängig machen würde, sondern von dem tatsächlichen Durchführung einer Maßnahme. Aus der Privatautonomie ergibt sich daher auch kein Recht einer Gesellschaft, einen im Gesetz nicht vorgesehenen Weg des Ausscheidens aus der eigenen Rechtsform zu entwickeln[223]. Modifikationen ihrer gesellschaftlichen Ordnung kann die Gesellschaft nur mit den im Gesellschaftsrecht vorhandenen Mitteln durchführen. Daraus folgt: Außerhalb einer gesetzlichen Regelung ist die grenzüberschreitende Sitzverlegung ins Ausland aus inländischer Sicht unzulässig.

Im deutschen Recht gilt schließlich das Verbot von "Verträgen zu Lasten Dritter", d.h. niemand soll ohne eine gesetzliche Grundalge Rechtsnachteile erleiden, an denen er nicht beteiligt war[224]. Den Gläubigern einer die Sitzverlegung vollziehenden Gesellschaft wird durch die neue Rechtsform ein Vertragspartner neuer Rechtsform aufgedrängt, mit dem sie möglicherweise nie einen Vertrag abgeschlossen hätten. Auch wenn es sich bei der Umgründung nicht um einen echten "Vertrag" handelt, sollte der gleiche Grundsatz auch bei einem faktischen Wechsel der Rechtsform in der Schuldnerstellung gelten. Eine ganz parallele Betrachtung wird dann angenommen, wenn das Gesetz die Abtretung zuläßt, ohne das der Schuldner hiervon in Kenntnis zu setzen ist, oder gar daran zu beteiligen. Die h.M. sieht hierin ebenfalls einen Eingriff in das Vertragsgefüge, da sich der Schuldner in Ansehung der abgetretenen Forderung fortan ungefragt einem anderen Vertragspartner gegenüberstehen muß[225]. Das ist ein Eingriff in die durch Art. 2 Abs. 1 GG geschützte Privatautonomie. Wie weit Verträge oder sonstige Rechtsänderungen zu Lasten Dritter zulässig sind, bestimmt sich daher nach den einfachen Gesetzen, innerstaatlich nach den Umwandlungsgesetzen.

Im Ergebnis ist daher die Auffassung abzulehnen, die den Wegzug aus der inländischen Rechtsordnung auch ohne gesellschaftsrechtliche Regelung dann für zulässig hält, wenn den Gläubigerinteressen durch vorherige Sicherstellung hinreichend Rechnung getragen ist und sämtliche

---

222 *Flume,* Rechtsgeschäft, § 1, 2; *K. Schmidt,* Gesellschaftsrecht, § 5 II, S. 111.

223 *Bessenich,* Grenzüberschreitende Fusion, S. 40.

224 vgl. nur. RGZ 111, 166 (178).

225 vgl. *Hennrichs,* Formwechsel, S. 100.

Anteilsinhaber der Sitzverlegung zugestimmt haben[226]. Für den Fall, daß eine deutsche Gesellschaft Satzungs- und Verwaltungssitz ins Ausland verlegt, hängt die Zulässigkeit aus deutscher Sicht allein davon ab, daß innerstaatliche Sachnormen vorhanden sind, die das Ausscheiden der Gesellschaft aus dem deutschen Rechtskreis zulassen und die Interessen der betroffenen Anteilseigner, Gläubiger und Arbeitnehmer hinreichend schützen. Ansonsten ist der grenzüberschreitende Umzug wegen des gesellschaftsrechtlichen numerus clausus der gesellschaftsrechtlichen Handlungsformen unzulässig.

IV. Gesellschaftsrechtliche Erfassung des Wegzugs durch Anwendung des UmwG?

Ist das Erfordernis einer gesetzlichen Regelung im Wegzugstaat festgestellt, ergibt sich als entscheidende Frage, ob Vorschriften des UmwG für den grenzüberschreitenden Statutenwechsel herangezogen werden können. Deren Anwendung ist vor allem deshalb fragwürdig, da § 1 Abs. 1 UmwG den Anwendungsbereich des UmwG auf "Rechtsträger mit Sitz im Inland" beschränkt und § 191 Abs. 2 UmwG die Zielrechtsformen einer formwechselnden Umwandlung abschließend aufzählt.

Rechtsprechung zu dieser Frage existiert - soweit ersichtlich - nicht. Die ganz herrschende Auffassung in der Literatur beschränkt den Anwendungsbereich des UmwG auf Inlandsfälle, grenzüberschreitende Sachverhalte sollen außerhalb des Geltungsbereiches des Gesetzes liegen[227]. Trotz der Formulierung des § 1 UmwG gibt es allerdings noch Stimmen, die eine analoge Anwendung der Umwandlungsvorschriften befürworten[228]. Vor allem *Kronke*[229] und neuerdings auch *Kall-*

---

226 *Thömmes,* DB 1993, 1021 (1023).

227 Beck'sches GmbH Handbuch- *Orth,* § 14 Rn. 21; *Lutter- Lutter,* § 1 UmwG, Rn. 6; *Neye/Limmer/Frenz/*Harnacke, Rn. 25; Widmann/*Mayer- Schwarz,* § 1 UmwG, Rn. 3; *Kreuzer,* EuZW 1994, 74 (74); *Lutter,* ZGR 1994, 87 (88); *Neye,* in: *Lutter,* Kölner Umwandlungsrechtstage, S. 7; *Schaumburg,* in: *Schaumburg/Piltz,* Internationales Umwandlungssteuerrecht, S. 7; *Schaumburg,* GmbHR 1996, 501 (502); *Steiger,* Grenzüberschreitende Fusion und Sitzverlegung, S. 40.

228 Für Sitzverlegungen ausdrücklich: Münchener Handbuch des Gesellschaftsrechts- *Jasper*, Bd. 3, § 78 Rn. 140, ebenso wohl *Goutier/Knopf/Tulloch- Bermel,* § 1 UmwG Rn. 12; für Verschmelzungen: *Kallmeyer* ZIP 1996, 535 (537); *W.H. Roth* in: *Wouters/Schneider*, Current Issues of Cross Border Establishment, S. 29 (40); *Ziegler,* Gesellschafts- und steuerrechtliche Probleme der Fusion, S. 29 ff. *Goutier/Knopf/Tulloch- Bermel,* UmwG, § 1 Rn. 8; *Bungert,* AG 1995, 489 (501).

meyer[230] halten eine Anwendung der Vorschriften des UmwG für möglich, soweit kollisionsrechtlich deutsches Sachrecht zur Regelung des grenzüberschreitenden Tatbestandes aufgerufen ist. Die kollisionsrechtlich verfolgten Schutzinteressen forderten gerade, bei einem Ausscheiden des Rechtsträgers aus der deutschen Rechtsordnung die inländischen Umwandlungsvorschriften zur Anwendung kommen zu lassen. Die Auslegung des UmwG durch die h.M. konterkariere das kollisionsrechtlich gefundene Anknüpfungsmodell und setze die in ihr zum Ausdruck kommenden Schutzinteressen aufs Spiel[231].

Die Frage der Anwendbarkeit einer innerstaatlichen Sachnorm ist aber grundsätzlich unabhängig vom Kollisionsrecht zu beantworten. Es ist durchaus möglich, daß inländisches Sachrecht kollisionsrechtlich für anwendbar erklärt wurde, die aufgerufene Norm aber den Sachverhalt mit Auslandsberührung nicht erfassen kann. Entscheidende Frage ist, ob das UmwG für den grenzüberschreitenden Sachverhalt "geöffnet" werden kann. Bei der Ermittlung des internationales Anwendungsbereichs einer innerstaatlichen Sachnorm handelt es sich um Auslegung im Rahmen des allgemeinen Auslegungskanons, wobei ein besonderes Augenmerk auf den internationalen Bezug zu legen ist[232].

1. § 1 Abs. 1 UmwG als autolimitierende Sachnorm

Umstritten ist, ob das Tatbestandsmerkmal "Sitz" für Kapitalgesellschaften auf den Satzungs- oder auf den Verwaltungssitz verweist. Teilweise wird geäußert, die Formulierung knüpfe für Kapitalgesellschaften entsprechend dem kollisionsrechtlichen Anknüpfungsmodell der Sitztheorie an den Verwaltungssitz an[233]. Andere vertreten die Ansicht, daß die Norm für Kapitalgesellschaften allein auf den Satzungssitz verweist[234].

---

229 *Kronke,* ZGR 1994, 26 (31).

230 *Kallmeyer,* ZIP 1996, 535 (537).

231 *Kronke,* ZGR 1994, 26 (36); ebenso: *Kallmeyer,* ZIP 1996, 535 (536); *Lutter-Lutter,* UmwG, § 1 Rn. 6.

232 *Bungert,* AG 1995, 26 (29); *Kallmeyer,* ZIP 1996, 535.

233 *Dehmer,* UmwG, § 1 Rn. 5; *Kallmeyer- Kallmeyer,* UmwG, § 1 Rn. 14; *Großfeld,* AG 1996, 302.

234 *Goutier/Knopf/Tulloch,* UmwG, § 1 Rn. 6; *Lutter- Lutter,* UmwG, § 1 Rn. 14.

Verweist § 1 Abs. 1 UmwG für Kapitalgesellschaften auf den Verwaltungssitz, kommt der Vorschrift rein deklaratorische Bedeutung zu. Die Norm würde dann nur die ohnehin geltende Sitztheorie bestätigen. Eine solche Auslegung stünde aber ganz im Gegensatz zu der Tatsache, daß der Gesetzgeber mit dem UmwG eine rein sachrechtliche Materie regeln wollte und auch geregelt hat. Das Tatbestandsmerkmal "Sitz" in § 1 Abs. 1 UmwG sollte daher bei Kapitalgesellschaften auf den Satzungssitz bezogen sein.

Umgekehrt kann aus Norm aber keine kollisionsrechtliche Anknüpfung an den Satzungssitz entnommen werden[235]. Nur kurz soll an dieser Stelle den alten Grundlagenstreit im internationalen Privatrecht erinnert werden: Die alte statutistische Lehre stellte inländische Sachnormen in den Vordergrund der Betrachtung, die darauf zu untersuchen sind, ob sie auf den zu beurteilenden Sachverhalt angewendet werden "wollen"[236]. Der Anwendungswille sei durch die Auslegung der Norm selbst zu ermitteln. Die kollisionsrechtliche Lehre geht dagegen von dem Lebenssachverhalt selbst aus und versucht durch die Berücksichtigung internatonal-privatrechtlicher Prinzipen den Schwerpunkt des Rechtsverhältnisses zu ermitteln. Der Inhalt der inländischen Sachnorm hat danach nur indirekten Einfluß auf die Anknüpfung selbst. Nur wenn es sich um zwingende Eingriffsnormen handelt, könne das Interesse des Gesetzgebers an der Durchsetzung seiner Vorschriften gegenüber kollisionsrechtlichen Wertungen in den Vordergrund rücken. Die ganz herrschende Lehre geht heute -zumeist unausgesprochen - von dem kollisionsrechtlichen Ansatzpunkt aus. Dies zu Recht: Der Normgeber berücksichtigt bei der Gesetzesformulierung in den meisten Fällen nur inländische Gerechtigkeitsvorstellungen, der räumliche Anwendungsbereich der Normen bleibt ausgespart. Kollisionsrechtliche Verweisungen sind der Anwendung des deutschen Sachrechts vorgelagert. § 1 Abs. 1 UmwG setzt somit die kollisionsrechtliche Verweisung auf das deutsche Sachrecht voraus.

Anders könnte man nur entscheiden, wenn in § 1 Abs. 1 UmwG eine versteckte Kollisionsnorm zu sehen wäre. Das deutsche Kollisionsrecht enthält grundsätzlich aber nur offene Kollisionsnormen. Nur im Einzelfall können Sachnormen, die auslandsbezogene Tatbestandsmerkmale enthalten, zugleich eine versteckte Kollisionsnorm enthalten. Die Ab-

---

235 so aber wohl: *Lutter- Lutter,* UmwG § 1 Rn. 14.

236 Vgl. Münchener Kommentar- *Sonnenberger,* EGBGB, Einl. Rn. 10 ff.

grenzung zwischen einer lediglich auslandsbezogenen Sachnorm und einer versteckten Kollisionsnorm muß von ihrem Funktionsunterschied erfolgen: Durch Auslegung der Norm muß festgestellt werden, ob sie nur eine sachrechtliche Regelung treffen will, die den Auslandsbezug berücksichtigt, oder ob sie kollisionsrechtlich ihren Anwendungsbereich festlegen will. Aus einer Sachnorm darf keine Kollisionsnorm "herausgepreßt" werden[237].

2. Beschränkender Wortlaut von § 1 Abs. 1 UmwG

Da § 1 Abs. 1 UmwG den Anwendungsbereich des Umwandlungsgesetzes auf "Rechtsträger mit Sitz im Inland" beschränkt, liegt der Schluß nahe, die Anwendung des Gesetzes auf grenzüberschreitende Sachverhalte generell auszuschließen. Das ist aber nicht so eindeutig, wie es zunächst scheinen mag: Zu dem Zeitpunkt, zu dem das deutsche Sachrecht kollisionsrechtlich aufgerufen wird, kann aus deutscher Sicht (noch) ein inländischer Rechtsträger vorliegen[238]. Solange der Satzungssitz im Inland liegt, handelt es sich um die Umwandlung eines inländischen Rechtsträgers. Bei dieser Lesart wird nur der Rechtsträger mit statutarischem Sitz im Ausland von vornherein von der Anwendungsschranke des § 1 Abs. 1 UmwG erfaßt. Problematischer ist folgendes: Gerade zum Schutz der Drittbetroffenen ordnet das UmwG Rechtsfolgen an, die erst a posteriori bei dem umgewandelten Rechtsträger eintreten. Insofern könnte die Anwendungsschranke des § 1 Abs. 1 UmwG wieder zur Anwendung kommen. Die umwandlungsrechtlichen Schutzvorschriften hängen aber unmittelbar mit dem Umwandlungsvorgang selbst zusammen. Würde man § 1 Abs. 1 UmwG so lesen, daß bei dem grenzüberschreitenden Statutenwechsel eines deutschen Rechtsträgers nur die Schutznormen zur Anwendung kämen, die zeitlich vor dem Statutenwechsel einsetzen, würde das vom Gesetzgeber vorgesehene Schutzkonzept aufgespalten und entwertet. Einzelne Teilelemente zum Schutz Drittbetroffener dürfen nicht separiert werden. Die Vorschrift kann daher nach ihrem Wortlaut so gelesen werden, daß ihr nur eine deklaratorisch-feststellende Wirkung zukommt: Das UmwG kann nur dort Rechtswirkungen entfalten, wenn es selbst kollisionsrechtlich aufgerufen ist[239]. Der Wortlaut steht einer teilweisen

---

237 *Kegel,* Gedächnisschrift für Ehrenzweig, S. 69 (77).

238 So auch: *Kallmeyer,* ZIP 1996, 535.

239 *Kronke,* ZGR 1994, 26 (36).

Anwendung des UmwG auf den Wegzugsfall bei einer solchen Lesart nicht notwendig entgegen.

3. Beschränkender Wortlaut von § 1 Abs. 2 i . V . m. 191 Abs. 2 UmwG

Gegen die Anwendbarkeit des UmwG auf den grenzüberschreitenden Tatbestand läßt sich aber geltend machen, daß § 191 Abs. 2 UmwG die Zielrechtsformen eines Formwechsels abschließend aufzählt. Vor allem wenn § 191 Abs. 2 UmwG zusammen mit § 1 Abs. 2 UmwG gelesen wird, spricht der Wortlaut deutlich gegen eine Anwendbarkeit des UmwG auf den grenzüberschreitenden Formwechsel. Nach § 1 Abs. 2 UmwG ist eine Umwandlung im Sinne des § 1 Abs. 1 UmwG außer in den durch Gesetz geregelten Fällen nur möglich, wenn sie durch ein anderes Bundesgesetz oder Landesgesetz ausdrücklich vorgesehen ist. Das Gesetz verbietet damit grundsätzlich die Anwendung der Umwandlungsvorschriften auf Fälle, die nicht von dem Gesetz erfaßt sind. Methodisch geht diese Norm über die rein negative Komponente der Begrenzungsklausel in § 1 Abs. 1 UmwG hinaus.

Das Rechtsfortbildungs- oder Analogieverbot des § 1 Abs. 2 UmwG ist in der Literatur auf heftige Kritik gestoßen[240]. Über seinen Wortlaut kommt man nur schwerlich hinweg:

Zunächst könnte man die Frage aufwerfen, ob es bei der Anwendung des Umwandlungsgesetz auf die Rechtsänderung in eine ausländische Rechtsform überhaupt einer analoge Anwendung der Gesetzesnorm bedarf, die unter das Verbot des § 1 Abs. 2 UmwG fällt. Eine analoge Anwendung von Gesetzesbestimmungen setzt nach herrschender Meinung eine Regelungslücke im Sinne einer planwidrigen Unvollständigkeit des Gesetzes voraus[241]. Ob eine solche Lücke vorliegt, ist vom Standpunkt des Gesetzes selbst, vor allem der von ihm verfolgten Regelungsabsicht zu beurteilen. Durch die Analogie wird dann die vom Gesetzgeber vorgeschlagene Richtung fortgeführt. An Sachverhalte, die von einem gesetzgeberisch erkannten Prinzip erfaßt werden, sollen die gleichen Rechtsfolgen geknüpft werden. Nun könnte man argumentieren, daß es sich bei der grenzüberschreitenden Sitzverlegung nur um einen dem innerstaatlichen Formwechsel rechtsähnlichen Fall handelt,

---

240 *K. Schmidt,* Gesellschaftsrecht, § 13 I 3, S. 371.

241 *Larenz,* Methodenlehre, S. 373.

da die urprünglich gewählte Rechtsform des Rechtsträgers intakt bleiben soll: Eine sitzverlegende GmbH wird sich im Ausland auch als (ausländische) GmbH eintragen lassen wollen. Genau genommen käme eine entsprechende Anwendung des UmwG kraft kollisionsrechtlicher Verweisung nur dann in Betracht, wenn mit der Sitzverlegung noch eine Änderung der Rechtsform (z.B. inländische AG in ausländische GmbH) einherginge. Wenn aber die Unterschied nur darin besteht, daß die Rechtsform beibehalten wird, d.h. die inländische GmbH will sich in eine ausländische GmbH umwandeln, könnte die entstehende Lücke "a maiore ad minus" geschlossen werden. Einer herkömmlichen Gesetzesanalogie bedürfe es dafür nicht. In der Sache vermag diese Überlegung letztlich nicht zu überzeugen: Die Rechtsänderung einer juristischen Person würde von der gesetzgeberischen Regelungsabsicht - wie sogleich auszuführen sein wird - wohl eher als aliud anzusehen sein.

Ausgangspunkt einer Argumentationslinie könnte jedoch die Überlegung sein, daß das inländische Sachrecht ohnehin nur auf Inlandssachverhalte zugeschnitten ist. Für grenzüberschreitende Sachverhalte enthält allein das Kollisionsrecht Verweisungsnormen auf das inländische Recht. Strukturell gleichen diese Normen materiell-rechtlichen Verweisungsnormen, die durch Verweisung auf Vorschriften für einen *anderen* Sachverhalt eine Regelung treffen. Bei der Anwendung inländischer Sachnormen auf den Sachverhalt mit Auslandsberührung ist nun immer dem Auslandsbezug Rechnung zu tragen[242]. Dies geschieht dadurch, daß der Sachverhalt mit Auslandsberührung mit dem reinen Inlandsfall unter dem Gesichtspunkt verglichen wird, ob es sachgerecht ist und dem Regelungszweck der inländischen Sachnorm entspricht, die für den Inlandsfall vorgesehenen Rechtsfolgen auch auf den Sachverhalt mit Auslandsberührung anzuwenden. In anderen Worten: Kollisionsrechtlich steht zunächst fest, daß die aufgerufenen innerstaatlichen Sachnormen nur "entsprechend" angewendet werden können. Es handelt sich methodisch nicht um eine herkömmliche Analogie, sondern um eine Verweisung auf das innerstaatliche Sachrecht, das von vornherein nur auf den Inlandsfall angewendet werden soll. Dogmatisch begründet wird diese entsprechende Anwendung des kollisionsrechtlich aufgerufenen Sachrechts durch die sog. Zwei-Stufen Theorie des IPR[243]. Die für maßgeblich erklärten Vorschriften sind nur insoweit anwendbar, wie die Abweichungen des in der Verweisungsnorm ge-

242 *Bayer,* Grenzüberschreitender Beherrschungsvertrag, S. 104.

243 *Jayme,* Festschrift Müller-Freienfels, S. 369f.

nannten Sachverhaltes keine andere Regelung erfordern. Man könnte nun die kollisionsrechtliche Anordnung der "entsprechenden Anwendung" von dem Anwendungsbereich der Verbotsnorm des § 1 Abs. 2 UmwG ausnehmen, da es sich bei dem grenzüberschreitenden Tatbestand nicht um eine herkömmliche Analogie handelt. Mit dieser Auslegung könnte der grenzüberschreitende Tatbestand vom Wortlaut der Norm noch mit § 1 Abs. 2 UmwG vereinbar gemacht werden.

4. Historische Auslegung

Die h.M. beruft sich deshalb vor allem auf den im Gesetzgebungsverfahren zum Ausdruck gekommenen Willen des Gesetzgebers: Tatsächlich war im Rechtsauschuß die Frage, ob das UmwG durch Streichung des § 1 Abs. 1 UmwG auf ausländische Rechtsträger erweitert werden sollte, diskutiert worden. Die Gesetzesbegründung faßt dies folgendermaßen zusammen:

"Die Beschränkung der Umwandlungsmöglichkeiten auf Rechtsträger mit Sitz im Inland entspricht in fast allen Fällen dem geltenden Recht. Angesichts der Bemühungen der Europäischen Gemeinschaften um eine Regelung grenzüberschreitender Vorgänge, insbesondere der internationalen Fusion, sollte eine Regelung dieses Komplexes zurückgestellt werden."[244]

Aus diesen Sätzen ergibt sich bereits recht deutlich, daß der Gesetzgeber generell die Anwendung des UmwG auf grenzüberschreitende Sachverhalte ausschließen wollte. Die Begründung wurde allerdings erst eingefügt, nachdem angeregt worden war, das Sitzerfordernis generell zu streichen, d.h. auch Rechtsträgern mit Satzungssitz im Ausland die Umwandlungsmöglichkeiten zu eröffnen. Dies betrifft allein die Zuzugssituation, die von dem Gesetzgeber mit der Formulierung des Tatbestandes von § 1 Abs. 1 UmwG ausdrücklich ausgeschlossen wurde. Ein ähnliches Argument könnte man aus dem zweiten Satz der Gesetzesbegründung ableiten:

"Überdies würde die Ausdehnung des Geschehens auf internationale Fälle politisch wie rechtstechnisch erhebliche Probleme aufwerfen."[245]

---

[244] BT-Drucks. 12/6699, 79 (80).

[245] BT-Drucks. 12/6699, 79 (80).

Es wäre allerdings vorschnell, dem Gesetzgeber zu unterstellen, er habe die Zuzugsituation ausschließen, aber die Wegzugsituation dagegen zulassen wollen. Die Problematik der "Flucht aus der Mitbestimmung" hat bei den gesetzlichen Beratungen vor Verabschiedung des UmwG eine erhebliche Rolle gespielt[246]. Teleologisch wurde schon immer argumentiert, daß die generelle Beschränkung der umwandlungsrechtlichen Vorschriften auf Inlandsfälle rechtspolitisch unumgänglich sei, um eine Flucht aus der inländischen Arbeitnehmermitbestimmung zu verhindern[247]. Auch bei der Verabschiedung des UmwG hat das Problem der Flucht aus der Mitbestimmung eine Rolle gespielt. Die Gesetzesbegründung bezieht sich insoweit recht eindeutig sowohl auf den Wegzugs- wie auf den Zuzugsfall. Allerdings kann bereits an dieser Stelle festgehalten werden, daß die Mitbestimmung auch nicht dadurch zementiert werden kann, daß die Umstrukturierung durch grenzüberschreitende Umwandlung verhindert wird. Auch wenn eine Auflösung der Gesellschaft im Wegzugstaat und eine Neugründung im Zuzugstaat vorgenommen wird, fällt die innerstaatliche unternehmerische Mitbestimmung weg. Diese Überlegung mag einigen Zweifel an dem Sinn der gesetzlichen Regelung aufwerfen, sie kann den Willen des Gesetzgebers, grenzüberschreitende Umwandlungsvorgänge aus der Regelung auszunehmen, aber nicht überspielen.

Die mit einer grenzüberschreitenden Umwandlung einhergehenden rechtstechnischen Probleme wurden von *Neye*[248] folgendermaßen zusammengefaßt: Grenzüberschreitende gesellschaftsrechtliche Vorgänge ließen sich nicht isoliert durch einen Staat regeln. Die für nationale Umwandlungsvorgänge aufgeführten Rechtsformen des deutschen Rechts erlassenen Regelungen paßten nach der Vorstellung des Gesetzgebers nicht ohne weiteres auf grenzüberschreitende Fälle. Dem Wegzugsstaat fehle naturgemäß die vollständige Regelungskompetenz. Inländische Vorschriften würden also "in der Luft hängen", solange nicht die anderen Staaten aufgrund bilateraler Vereinbarungen oder eines entsprechenden EG- Harmonisierungrechtsaktes korrespondierende Vorschriften erlassen haben[249]. Daß ein Staat den grenzüberschreitenden Vorgang nicht alleine regeln kann, ist kollisionsrechtlich selbstver-

246 *Neye,* ZIP 1994, 917 (919).

247 *Großfeld,* Internationales Unternehmensrecht, S. 87.

248 *Neye,* ZIP 1994, 917 (919).

249 *Neye,* ZIP 1994, 917 (919).

ständlich. Wenn das Kollisionsrecht aber bereits ein System zur Verfügung stellt, das die Durchführung des grenzüberschreitenden Umstrukturierungsvorgangs durch Kumulation der beteiligten Rechtsordnungen zuweist, sollte sich dann die innerstaatliche Rechtsordnung pauschal dagegenstellen? Über die historische Intention des Gesetzgebers hilft dieses Argument allerdings auch nicht hinweg.

Die historische Auslegung spricht daher zweifellos gegen eine Anwendung des UmwG auf grenzüberschreitende Tatbestände. Nun wird zwar immer wieder vorgebracht, der historischen Auslegung komme keine allein entscheidende Bedeutung zu. Wichtiger sei vielmehr der "objektivierte Wortlaut" der Bestimmungen[250]. Oben wurde aber bereits dargestellt, daß auch der Wortlaut deutlich in die Richtung weist, der durch die historische Auslegung gewonnen wurde. Wortlaut und historische Auslegung zusammen lassen daher keine andere Schlußfolgerung zu, als den Anwendungsbereich des UmwG auf inländische Sachverhalte zu beschränken[251].

Das so gewonne Ergebnis ist rechtspolitisch bedauernswert: Abzulehnen ist in diesem Zusammenhang das immer wiederkehrende Argument, Unternehmen stünde ja als Alternative zur Sitzverlegung die Möglichkeit offen, Zweigniederlassungen in einem ausländischen Staat zu gründen. Eine solche Betrachtungsweise setzt an einem falschen Blickwinkel an: Für größere Unternehmen mag die Gründung von Zweiggesellschaften eine Alternative sein. Die meisten Großunternehmen haben sich auf diese Weise ohnehin bereits die für sie wirtschaftlich attraktiven Gesellschaftsrechtssysteme erschlossen[252]. Gerade für kleine und mittlere Unternehmen können die mit der Gründung von Zweigniederlassungen entstehenden konzernrechtlichen Probleme aber hinderlich sein[253]. Das Geschäftsvolumen mag nicht ausreichend sein, um eine Tochtergesellschaft rentabel zu machen. Außerdem verweisen in vielen Staaten fremdenrechtliche Beschränkungsnormen nicht nur

---

250 *Kallmeyer,* ZIP 1996, 535.

251 Ganz herrschende Meinung: vgl. oben Fn. 227.

252 *C. Lerche,* Europäischer Betriebsrat, S. 35: "Produzieren, wo die Löhne niedrig sind, forschen, wo die Gesetze großzügig sind, und Gewinne dort ausweisen, wo wenig Steuern anfallen"; vgl. auch *Hommelhoff,* WM 1997, 2101; *Hopt,* ZIP 1998, 96 (104).

253 *Lutter* ZGR 1992, S. 121 (124); *Kruse,* Sitzverlegungen von Kapitalgesellschaften in der EG, S.1.

auf die Staatsangehörigkeit der juristischen Person, sondern auch auf die hinter der Gesellschaft stehenden beherrschenden Personen. Nur am Rande ist in diesem Zusammenhang auf die zu Art. 19 Abs. 3 GG geführte Diskussion hinzuweisen, ob einer deutschen Kapitalgesellschaft, die von ausländischen juristischen oder natürlichen Personen beherrscht wird, Grundrechtsschutz gewährt werden soll[254].

Hinzu kommt folgendes: Die Wahl eines optimalen Unternehmensstandorts wird von einer Vielzahl von Faktoren beeinflußt. Es wäre kurzsichtig, die unternehmerische Motivation für eine grenzüberschreitende Sitzverlegung von vornherein auf eine "Flucht aus der Mitbestimmung" zu reduzieren. Vor allem für kleinere und mittlere Unternehmen verstellt ein derartiges "Totschlägerargument" den Blick auf die sachrechtlichen Fragen. Solche Gesellschaften werden regelmäßig gar nicht der Mitbestimmung unterliegen[255]. Allgemein gilt: Regelmäßige Veränderungen der wirtschaftlichen Umfeldbedingungen und Veränderungen innerhalb eines Unternehmens machen Anpassungen der Unternehmensstruktur an geänderte Bedingungen erforderlich. Es ist daher kaum überraschend, daß mit dem ungebrochenen Trend zur Internationalisierung der unternehmerischen Geschäftstätigkeit auch die Verlegung einer Gesellschaft in einen anderen Staat zum Gegenstand unternehmerischer Umstrukturierungsversuche wird[256]. Das gilt vor allem, solange die grenzüberschreitende Verschmelzung oder Spaltung noch nicht möglich ist. Die grenzüberschreitende Sitzverlegung kann bis zu der Ermöglichung solcher grenzüberschreitender Umstruktukturierungsvorgänge zur Vorbereitung eines Zusammenschlusses sinnvoll sein[257].

---

254 Dazu eingehend: *Bungert,* Das Recht ausländischer Kapitalgesellschaften auf Gleichbehandlung, S. 284 ff.

255 Vgl. *Hommelhoff,* WM 1997, 2101 (2103 Fn. 28): Von ca. 15 Mio. im europäischen Binnenmarkt inkorporierten Unternehmen beschäftigen 92 % weniger als 10 Mitarbeiter, 99% weniger als 500; vgl. auch *Junge,* GmbHR 1992, 225 (226): In Deutschland beschäftigen nur 3% der GmbH`s mehr als 500 Arbeitnehmer.

256 Vgl. die jüngsten Entscheidungen: OLG Hamm, ZIP 1997, 1969; BayObLGZ 1992, 842 ; OLG Zweibrücken, NJW 1990, 3093.

257 *Kallmeyer,* AG 1998, 88 (89).

V. Ergebnis:

Der grenzüberschreitende Wegzug scheitert außerhalb des Anwendungsbereichs des Europäischen Binnenmarktes mangels einer gesetzlichen Grundlage. Mangels einer gesetzlichen Grundlage ist ein Sitzverlegungsbeschluß aber nicht zur Auflösung der Gesellschaft. Er ist gem. § 241 Nr. 3 AktG nichtig.

§ 4 Zuzug von Verwaltungs- und Satzungssitz

Das Recht des Wegzugstaates bestimmt zunächst, ob eine juristische Person überhaupt das Land verlassen kann, oder lediglich als Vermögensmasse ohne Rechtspersönlichkeit ins Ausland abwandern darf. Das Recht des Emigrationsstaates kann sich also durch Verbotsnormen einer grenzüberschreitenden Sitzverlegung entgegenstellen. Das Sachrecht des Zuzugstaates muß darüber hinaus ein Regelungswerk zur Verfügung stellen, das die identitätswahrende Anpassung an die Zielrechtsform ermöglicht. Die grenzüberschreitende Sitzverlegung ist damit auch insoweit nur möglich, wenn sowohl das Sachrecht des Wegzugstaates, als auch das Sachrecht des Zuzugstaates die Transition zulassen[258].

I. Rechtsprechung

Eine gefestigte Rechtssprechung zur Frage einer identitätswahrenden Sitzverlegung aus dem Ausland in die Bundesrepublik besteht nicht. In den meisten Fällen, die von der Literatur regelmäßig im Sinne eines von der Rechtssprechung aufgestellten Verbots der grenzüberschreitenden Sitzverlegung ins Inland zitiert werden, handelte es sich um ein Auseinanderfallen von Verwaltungssitz und Satzungssitz[259]. Vielfach war über sog. "pseudo-foreign corporations" zu entscheiden, die lediglich zur Umgehung von Gründungsvorschriften in einem Staat gegründet worden waren, ihre Geschäftstätigkeit dann aber ausschließlich oder ganz überwiegend in einem anderen Staat ausübten[260].

Eine reichhaltige Judikatur findet sich allerdings zu Sitzverlegungen von Gesellschaften aus nach dem ersten und zweiten Weltkrieg abgetretenen oder besetzen Gebieten. Damals ließ man die Verlegung von

---

[258] Das ist heute ganz herrschende Meinung: *Hachenburg- Behrens,* GmbHG, Einl. Rn. 170; *Staudinger- Großfeld,* Internationales Gesellschaftsrecht, Rn. 553; Münchener Kommentar- *Ebenroth,* Nach Art. 10 EGBGB, Rn. 216; *Zimmer,* Internationales Gesellschaftsrecht, S. 199; *Luchsinger,* Niederlassungsfreiheit, S. 18.

[259] zum Beispiel: BGH, IPRspr. 1970, 31; BGH, NJW 1986, 2194; OLG München, RIW 1986, 820; OLG Hamburg, IPRspr. 1986, 38; FG Düsseldorf IPRspr. 1986, 57; OLG Oldenburg, NJW 1990, 1422.

[260] BGHZ 97, 269 (272); OLG Frankfurt, NJW 1990, 2204; LG Hamburg, RIW 1990, 1020; Kegel, Internationales Privatrecht, S. 419 m.w.Nw.; Müchener Kommentar- *Ebenroth*, Nach Art. 10 EGBGB Rn. 224 ff.; *Staudinger- Großfeld*, Internationales Gesellschaftsrecht, Rn. 600.

(zum Teil enteigneten) Gesellschaften nach Deutschland zu[261]. Das Reichsgericht begründete seine Auffassung damit, daß zwar völkerrechtlich eine grenzüberschreitende Sitzverlegung stattgefunden habe, gesellschaftsrechtlich die Sitzverlegung aber nur als innerstaatliche Sitzverlegung angesehen werden könne, da das deutsche Gesellschaftsrecht als loi locale in Kraft geblieben war[262]. Obiter finden sich aber auch in diesen Entscheidungen Andeutungen, daß eine ausländische Gesellschaft Rechtspersönlichkeit in Deutschland nur durch Neugründung gewinnen könnte[263].

Nur eine Entscheidung des Kammergerichtes wich erkennbar von diesem Grundsatz ab[264]: Eine 1920 in Danzig gegründete Aktiengesellschaft wollte ihren Sitz identitätswahrend nach Deutschland verlegen. Der Umstand, daß die Gesellschaft ursprünglich nach deutschem Recht gegründet wurde und erst später ein Souveränitätswechsel des Gründungsortes eintrat, lag somit nicht vor. Das Kammergericht sah als entscheidend an, daß die Gesellschaft zwar als ausländische, aber dennoch materiell-rechtlich nach deutschem Recht gegründet worden war, welches identisch in Danzig fortgalt. Es sei kein Grund ersichtlich, warum eine Gesellschaft die Anerkennung als inländische Rechtsperson versagt werden solle, nur da ihre Gründung im Ausland erfolgt ist, wenn die gleichen Voraussetzungen erfüllt sind, die auch im Inland zur Erlangung der Rechtsfähigkeit bestehen. Diese Entscheidung blieb allerdings ein Einzelfall.

Das OLG Zweibrücken hatte in einer Registersache über einen identitätswahrenden Zuzug einer Kapitalgesellschaft zu entscheiden[265]. Eine luxemburgische Aktiengesellschaft versuchte unter Wahrung der Rechtspersönlichkeit ihren Verwaltungs- und Satzungssitz gleichzeitig

261 KG, RJA 17 1922 (84); RG 107, 94; Deutsch-Englischer Gemischter SchiedsGH JW 1928, 1473 (alle Verlegung des Gesellschaftssitzes von Elsaß-Lothringen nach Deutschland nach dem ersten Weltkrieg); KG IPRSpr. 1926, 23 Nr. 22 (Rückverlegung aus Schlesien in das Deutsche Reich); KG JW 1926, 1351; OG Danzig RabelsZ 3 (1929) 895, Nr. 22, 23; (Sitzverlegung aus Danzig in das Deutsche Reich); nach dem 2. Weltkrieg: BGH AWD 1966, 102 (Sitzverlegung einer Russische Stiftung nach Frankreich); BGHZ 33, 204 (Tschechische Genossenschaft); BGH JZ 1963, 359 (Polnische Gesellschaft).

262 RGZ 107, 94.

263 Vgl. z.B.: BGHZ 97, 269 (272).

264 KG JW 1927, 1701 mit Anmerkung Homburger.

265 OLG Zweibrücken, NJW 1990, 3092.

in das Inland zu verlegen. Die Eintragung wurde abgelehnt. Eine identitätswahrende Eintragung einer ausländischen Gesellschaft sehe das deutsche Recht nicht vor. Die Gesellschaft habe ihre Rechtsfähigkeit im Inland neu zu erwerben. Selbst eine Anpassung der ausländischen Gesellschaft an die deutsche Gesellschaftsstruktur sei nicht zulässig. § 45 AktG lasse nur die Eintragung nach deutschem Recht gegründeter Aktiengesellschaften in das Handelsregister zu. Die Eintragung einer ausländischen Aktiengesellschaft sei dagegen nicht möglich. Auch im Rahmen einer richterlichen Rechtsfortbildung könne der grenzüberschreitende Zuzug einer Gesellschaft nicht anerkannt werden[266].

II. Literatur

Auch die herrschende Literatur lehnt die Möglichkeit des identitätswahrenden Zuzugs weiterhin ab[267]. *Behrens* hatte dagegen vorgeschlagen, den Zuzug bei einer Anpassung der Satzung durch eine analoge Anwendung der Vorschriften über die formwechselnde Umwandlung zuzulassen[268]. Auch *Großfeld/Jasper* wollten die Umgründung der Gesellschaft über eine Anwendung der Umwandlungsvorschriften zulassen[269].

Demgegenüber sprechen sich *Karsten Schmidt* und *Kronke* für eine Anwendung der Regeln über die Vorgesellschaft auf eine zuziehende Gesellschaft aus: Eine Kapitalgesellschaft könne sich außerhalb des Umwandlungsgesetzes die Satzung einer inländischen Kapitalgesellschaft geben und sich so in einer Vorgesellschaft umgründen[270] Vor Eintragung sei die ausländische Gesellschaft als Vorgesellschaft zu behandeln, so daß die Gesellschafter der ausländischen Gesellschaft persönlich für die Verbindlichkeiten der Gesellschaft haften und nach Eintragung der Unterbilanzhaftung unterliegen[271].

---

266 OLG Zweibrücken, NJW 1990, 3092.

267 Münchener Kommentar- *Ebenroth,* Nach Art. 10 EGBGB Rn. 219; *Zimmer,* Internationales Gesellschaftsrecht, S. 200.

268 *Behrens,* RIW 1986, 590 (592).

269 *Großfeld/Jasper,* RabelsZ 53 (1989), 52 (60f.); ebenso: *Großfeld/König,* RIW 1992, 433 (437).

270 *Kronke,* ZGR 1992, 28 f.; *K. Schmidt,* Kommunikation ohne Grenzen, S. 41 f.

271 *Großfeld/Jasper,* RabelsZ 53 (1989), 52 ().

Die Möglichkeit der identitätswahrenden Anpassung ohne eine besondere gesetzliche Grundlage wird auch von *Thömmes*[272] bejaht: Für eine Eintragung müsse die Satzung lediglich in die deutsche Sprache übertragen, inhaltlich auf das deutsche Recht abgestimmt und die Firma entsprechend dem Recht am neuen Sitz geändert werden. Zusätzlich müßten die Organe dem neuen Recht entsprechen; das Kapital und die einzelnen Kapitalanteile müssen auf die inländische Währung umgestellt und in der Höhe den Vorschriften am neuen Sitz angepaßt werden, was häufig zur Ermöglichung einer entsprechenden Stückelung der Anteile mit einer Kapitalerhöhung oder Kapitalherabsetzung verbunden werden müsse. Auf das Eintragungsverfahren sollen die Bestimmungen des GmbH- bzw. Aktiengesetzes analog angewendet werden.

Die h.M. hat hiergegen vor allem vorgebracht, daß unklar sei, wer die Anpassung durchsetzen solle. *Ebenroth* vertritt die Auffassung, man dürfe damit das Registergericht nicht belasten, da es ansonsten die Aufgabe einer Ermittlungsbehörde wahrzunehmen habe, mit der Verpflichtung, einwandernde Gesellschaften ausfindig zu machen[273].

III. Stellungnahme

Die Argumentation des OLG Zweibrücken vermag zur Problemlösung nur wenig beizutragen. Die Annahme des Gerichts, eine ausländische Gesellschaft sei im Inland nicht eintragungsfähig, ist zweifellos richtig. Diese Frage stand aber nicht zur Entscheidung an. Die Gesellschaft erstrebte gerade, als deutsche Gesellschaft (im Gegensatz zu einer luxemburgischen Gesellschaft) in das Handelsregister eingetragen zu werden. Mit der Eintragung sollte die deutsche Staatsangehörigkeit angenommen werden. Auch der Einwand von *Ebenroth,* der Registerrichter müsse sich als Ermittlungsrichter betätigen und nach zugezogenen ausländische Gesellschaften fahnden, überzeugt nicht. Es ist eine Obliegenheit der anmeldenden Gesellschafter oder Gesellschaftsorgane, nachzuweisen, daß die sachrechtlichen Voraussetzungen für eine Anpassung vorliegen. Ist dies nicht der Fall, lehnt der Registerrichter die Eintragung ab und es kommt zu dem Fall des oben beschriebenen "Handelns unter falschem Recht" mit den entsprechenden Haftungsfolgen. Ein Forschungsauftrag für die Registerbehörden besteht gerade nicht.

---

272 *Thömmes,* DB 1993, 1021 (1023).

273 Münchener Kommentar- *Ebenroth,* Nach Art. 10 EGBGB Rn. 218.

Nach den Überlegungen zum Wegzug einer scheidet ein identitätswahrender Zuzug einer ausländischen Kapitalgesellschaft über die Anwendung von Vorschriften des UmwG allerdings aus.

Parallel zu den Überlegungen zum Wegzug könnte man überlegen, aufgrund einer registerrechtlichen Bestätigung der Rechtsfähigkeit der ausländischen Gesellschaft die Überleitung in den deutschen Rechtskreis zu bewirken. Das deutsche Recht kennt eine identitätswahrende Eintragung ausländischer Gesellschaften in das deutsche Handelsregister allerdings nicht. Insoweit ist die Entscheidung des OLG Zweibrükken richtig.

Das Problem der gesellschaftsrechtlichen Zulässigkeit der grenzüberschreitenden Zuzugs liegt damit wiederum in der fehlenden gesetzlichen Grundlage. Die identitätswahrende Umgründung einer Gesellschaft wäre nur über eine analoge Anwendung der Umwandlungsvorschriften möglich. Da eine derartige gesetzliche Anordnung der identitätswahrenden Umgründung einer Gesellschaft fehlt, scheitert die Möglichkeit einer identitätswahrenden Umwandlung ins Inland hier an dem eindeutigen Wortlaut des § 1 Abs. 1 UmwG[274]. Einem ausländischen Rechtsträger ist es von vornherein verwehrt, die Vorschriften des UmwG für die Umgründung in Anspruch zu nehmen. Insoweit ist der Wortlaut des § 1 Abs. 1 UmwG eindeutig, eine Auslegung kann über die Bedeutung des möglichen Wortsinns nicht hinweggehen.

Aus deutscher Sicht nicht zu beanstanden ist die Anwendung der Grundsätze der Vorgesellschaft außerhalb der Vorschriften des UmwG. Wenn eine ausländische Gesellschaft sich durch Änderung ihrer Satzung, die die Sitzverlegung beschließt, den zwingenden Bestimmungen des deutschen Gesellschaftsrechts unterstellt, kann sie auch als solche eingetragen werden. Einen vorherigen Auflösungszwang kennt das deutsche Recht nicht. Wie gesagt: es handelt sich bei der Vorgesellschaft nicht mehr um eine ausländische Gesellschaft, sondern bereits um ein deutsches Rechtsgebilde. Wenn also das ausländische Recht einen identitätswahrende Umgründung in eine deutsche Vorgesellschaft zuläßt, spricht überhaupt nichts dagegen, der Gesellschaft identitätswahrend den Weg der Eintragung über die Vorgesellschaft zu öffnen. Es bleibt aber insoweit bei der persönlichen Haftung der Gesellschafter

274 *Kallmeyer*, ZIP 1996, 535.

vor Eintragung, die nach der neueren Rechtsprechung des BGH allerdings als reine Innenhaftung ausgestaltet ist[275].

IV. Ergebnis

Auch für den Zuzug wird deutlich: Aus den Fesseln ihrer Ursprünge läßt sich das Institut der Sitzverlegung in Ermangelung einer gesetzlichen Regelung bis heute nicht befreien. Der Wortlaut des § 1 Abs. 1 UmwG ist eindeutig. Eine Gesellschaft, die kollisionsrechtlich nach deutschem Recht zu beurteilen ist, läßt sich allenfalls als Vorgesellschaft qualifizieren.

---

275 BGHZ 134, 333.

§ 5 Rechtsvergleichender Seitenblick: Italien und Schweiz

Andere Rechtsordnungen stehen Wegzug und Zuzug von Kapitalgesellschaften offener gegenüber. Zum Beispiel nach portugiesischen[276] und luxemburgischen[277] Recht ist der grenzüberschreitende Statutenwechsel einer juristischen Person möglich. Ein etwas genauerer Blick soll auf die zur grenzüberschreitenden Sitzverlegung bestehenden Regelungen in Italien und der Schweiz geworfen werden:

I. Italien

Das italienische Kollisionsrecht ist mit Wirkung zum 1. September 1995 neu kodifiziert worden[278]. Art. 25 Abs. 3 ItalIPRG erkennt nun die Möglichkeit einer Verlegung des statutarischen Sitzes in eine andere Rechtsordnung ausdrücklich an, wenn die sachrechtlichen Vorschriften der betroffenen Gesellschaftsrechtsordnungen dies zulassen.

Die ganz herrschende Meinung hielt schon vor der Neuregelung des IPRG den grenzüberschreitenden Statutenwechsel von Kapitalgesellschaften für möglich: Das italienische Sachrecht enthält mit Art. 2369 Abs. 4 und 2437 des Codice Civile von 1942 (CC) Regelungen, die für Aktiengesellschaften die grenzüberschreitende Sitzverlegung des Sat-

---

[276] In Portugal ist die Sitztheorie in Art. 3 Abs. 1 CSC gesetzlich festgelegt. Eine Gesellschaft, die ihren Verwaltungssitz in Portugal hat, unterliegt daher portugiesischem Recht. Wenn die Gesellschaft ihren Satzungssitz in Portugal hat, muß sie Dritten gegenüber die Anwendung portugiesichen Rechts gegen sich gelten lassen. Verlegt eine nach portugiesischem Recht gegründete Gesellschaft ihren tatsächlichen Verwaltungssitz ins Ausland, führt dies zu einem Wechsel des Gesellschaftsstatuts. Art. 3 Abs. 5 CSC bestimmt, daß eine Gesellschaft, die ihren Verwaltungssitz in das Ausland verlegt ihre Rechtspersönlichkeit beibehält, wenn das Recht des Zuzugstaates den Statutenwechsel identitätswahrend zuläßt. Den möglichen negativen Folgen eines mit dem Wegzug der Gesellschaft verbundenen Statutenwechsels für Gesellschafter hat der portugiesische Gesetzgeber dadurch Rechnung getragen, daß gemäß Art. 3 Nr. 6 S.1 CSC der Beschluß über die Verlegung des effektiven Sitzes der Gesellschaft ins Ausland den Erfordernissen für die Abänderung des Gesellschaftsvertrages entsprechen muß, wobei er mit keinesfalls weniger als 75% der dem Gesellschaftskapital entsprechenden Stimmen gefaßt werden darf. Ferner können die Gesellschafter, die gegen den Beschluß gestimmt haben, aus der Gesellschaft ausscheiden. Sie müssen die Entscheidung innerhalb von einer Frist von 60 Tagen nach der Veröffentlichung des Sitzverlegungsbeschlusses mitteilen (Art. 3 Nr. 6 S. 2 CSC).

[277] vgl. *Behrens,* RIW 1986, 590.

[278] Gesetz Nr. 218 v. 31.5.1995, Suppl. Ord. Gazz. Uff. Nr. 128 vom 3.6.1995.

zungssitzes als bloße Änderung des Gesellschaftsvertrages ansehen. Die Bestimmungen regeln Beschlußquoren für die Sitzverlegung ins Ausland und das Austrittsrecht von Gesellschaftern bei einem grenzüberschreitenden Statutenwechsel und setzen somit die Möglichkeit einer grenzüberschreitenden Sitzverlegung ohne vorherige Auflösung voraus[279]. Art. 25 Abs. 3 des italienischen IPRG bestätigte damit nur die herrschende Auffassung, daß ein Statutenwechsel allein vom materiellen Recht abhängt und nach italienischem Recht zulässig ist.

Art. 2369 Abs. 4 CC verlangt für den Sitzverlegungsbeschluß eine qualifizierte Mehrheit der Anteilseigner (Hälfte des Gesellschaftskapitals). Der Beschluß zur Sitzverlegung ist nach Art. 2436 CC im Amtsblatt des Handelsregisters zu veröffentlichen. Art. 2437 CC räumt den Gesellschaftern das Recht ein, aus der Gesellschaft gegen Abfindung auszutreten. Der Abfindungswert bei einer börsennotierten Gesellschaft ist nach dem Durchschnittskurs der Aktien im letzten Halbjahr zu berechnen. Bei nicht börsennotierten Gesellschaften wird bei der Berechnung von dem Gesellschaftsvermögen ausgegangen, wie es in der Bilanz ausgewiesen ist. Obwohl die Regelung der grenzüberschreitenden Sitzverlegung unmittelbar nur für Aktiengesellschaften gilt, ist sie nach herrschender Ansicht auch auf die italienische GmbH anzuwenden[280]. Für das Ausscheidungsrecht ist in Art. 2294 CC eine ausdrückliche Verweisung auf Art. 2437 CC vorhanden. Besondere Gläubigerschutzinstrumente sind für den Sitzverlegungsvorgang nicht vorgesehen.

b. Auch die Möglichkeit des Zuzuges von Gesellschaften wird bejaht, obgleich eine ausdrückliche gesetzliche Regelung fehlt[281]. Die Verlegung hat zur Folge, daß auf die Gesellschaft italienisches Recht anzuwenden ist. Zu einer Neugründung kommt es nicht[282]. Dem zuständi-

---

279 *Ballarino,* Diritto internationale privato, S. 359; *Santa Maria,* Art. 25 Note 5; *Rahm*, Das Internationale Gesellschaftsrecht Italiens, 81 f.

280 *Moor,* Internationales Gesellschaftsrecht, S.

281 *Capotorti,* in: Foro Italiano, 1958, IV S, 210

282 Eine ähnliche Regelung kennt das portugiesische Recht. Für den Zuzug von Gesellschaften schreibt Art. 3 Nr. 2 CSC vor, daß eine Gesellschaft, die ihren effektiven Sitz nach Portugal verlegt, ihre Rechtspersönlichkeit beibehält, wenn das Recht, das sie regelt, die Sitzverlegung zuläßt und die Gesellschaft ihren Gesellschaftsvertrag dem portugiessischem Recht anpaßt. Dazu muß ein Vertreter der Gesellschaft eine Urkunde ausstellen, in welcher die Sitzverlegung erklärt und der zukünftige Gesellschaftsvertrag aufgeführt ist. Die Gesellschaft muß in das zuständige Handelsregister des Satzungssitzes eingetragen werden, Artt. 5, 25, 28 CSC. Sofern nur der Verwaltungssitz nach Portugal verlegt worden ist, bestimmt

gen Registerrichter[283] muß Gründungsurkunde und die Statuten der Gesellschaft zur Genehmigung vorgelegt werden. Aufgrund dieser Unterlagen wird geprüft, ob die Voraussetzungen einer italienischen Kapitalgesellschaft vorliegen, insbesondere, ob das Gesellschaftskapital in der vom italienischen Kapitalgesellschaftsrecht geforderten Höhe eingezahlt wurde[284]. Kennzeichnend für die Liberalität italienischer Gerichte hinsichtlich des Zuzugs von Gesellschaften ist eine neuere Entscheidung des Tribunal Pordenone. Eine luxemburgische Societe anonyme hatte auf einer außerordentlichen Hauptversammlung die Verlegung des Gesellschafts- und Satzungssitzes nach Italien beschlossen, gleichzeitig die Umrechnung des Grundkapitals in Lire. Anschließend verlangte die Gesellschaft Eintragung im italienischen Gesellschaftsregister. Das Tribunal bejahte die Eintragungsfähigkeit der Gesellschaft, da die Erfordernisse für eine Aktiengesellschaft (S.p.a.) erfüllt seien. Es handelte sich nach der ausdrücklichen Feststellung des Gerichts nicht um eine Neugründung, sondern um eine Umwandlung (transformazione) einer bestehenden Gesellschaft, die lediglich den italienischen Vorschriften anzupassen sei. Das Tribunal ging so weit festzustellen, daß eine Einzahlung von 30% des Aktienkapitals, eigentlich ein Gründungserfordernis für eine Aktiengesellschaft, nicht erfolgen mußte[285].

II. Schweiz

a. In der Schweiz ist der Wechsel einer schweizerischen Gesellschaft in ein aus-ländisches Gesellschaftsstatut in Artt. 163, 164 IPRG geregelt. Nach Art. 163 Abs. 1 IPRG kann sich eine Gesellschaft ohne Liquidation einer ausländischen Rechtsordnung unterstellen, wenn sie nachweist, daß die Voraussetzungen nach schweizer Recht erfüllt sind, daß sie nach ausländischem Recht fortbesteht, und daß sie unter Hinweis

---

Art. 25 Abs. 2 CSC die Zuständigkeit des Handelsregisters des Ortes des Verwaltungssitzes. Gesellschaften mit statutsrischem Sitz im Ausland und effektivem Verwaltungssitz im Inland müssen innerhalb eines Jahres ihren Satzungssitz nach Portugal verlegen, wenn sie ein Betätigungsverbot und eine Zwangsauflösung vermeiden wollen; *Caeiro*, Vers une nouvelle légilation portugaise sur les sociétés commerciales, S. 10.

283 Art. 2330 Abs. 3 CC.

284 Trib. Pordenone 28.9.1990, Foro pad. 1991 I 187; *Santa Maria,* Art. 25 Rn. 3; *Ballarino,* Diritto internazionale privato, S. 358 f.

285 Trib. Pordenone 28.9.1990, Foro pad. 1991 I 187.

auf die bevorstehende Änderung des Gesellschaftsstatuts ihre Gläubiger öffentlich zur Anmeldung bevorstehender Ansprüche angemeldet hat. Diese Bestimmungen gelten für alle Gesellschaftstypen, auch für diejenigen, die nicht im Handelsregister eingetragen sind[286]. Die Mehrheitsverhältnisse für den Sitzverlegungsbeschluß sind gesetzlich nicht fixiert. In der Literatur wurde vertreten, daß das Gesellschaftsstatut ein absolutes Recht für einen Aktionär darstelle und deshalb immer Einstimmigkeit des Verlegungsbeschlusses erforderlich sei[287]. Begründet wurde dies damit, daß das neue Gesellschaftsstatut dem Aktionär weniger Rechte und Sicherheiten bieten könne, und die Geltendmachung der Mitgliedschaftsrechte erschwert werden könne[288]. Die heute ganz h.M. lehnt ein generelles Einstimmigkeitserfordernis ab. Es sei vielmehr im Einzelfall zu vergleichen, ob das Gesellschaftsstatut des Zuzugstaates eine Verletzung wohlerworbener Rechte des Anteilsinhabers bewirke oder erlaube[289]. Nur dann soll Einstimmigkeit erforderlich sein. Umstritten ist zudem, ob dissentierenden Anteilsinhabern ein Austrittsrecht aus wichtigem Grund zusteht oder nicht[290]. Relevant wird die Frage nur, wenn das Einstimmigkeitserfordernis abgelehnt wird[291]. Art. 164 IPRG enthält besondere Gläubigerschutzvorschriften. Eine im schweizer Handelsregister eingetragene Gesellschaft kann nur gelöscht werden, wenn glaubhaft gemacht wird, daß die Gläubiger befriedigt oder ihre Forderungen sichergestellt sind, oder wenn die Gläubiger mit der Löschung einverstanden sind. Art. 164 Abs. 2 IPRG legt zudem einen besonderen Gerichtsstand für die Gläubiger in der Schweiz fest, bis die Gläubiger befriedigt oder sichergestellt sind.

b. Nach Art. 161 IPRG ist auch die Immigration ohne Liquidation und Neugründung in die Schweiz möglich, sofern das Recht des Emigrati-

---

286 *Vischer,* IPRG, Art. 163 Rn. 3; *Moor,* Internationales Gesellschaftsrecht, S. 152.

287 *Meyer-Hayoz,* Sitzverlegung, S. 74; *Egli,* Sitzverlegung, S. 125 f.; *Oppikofer,* Schutz der schweizerischen Auslandsinvestition, S. 58.

288 *Egli,* Sitzverlegung, S. 125; *Oppikofer,* Schutz der schweizerischen Auslandsinvestition, S. 58

289 *Bindschedler,* Nationalitätswechsel der Aktiengesellschaft, S. 69 f.; *Bessenich,* Grenzüberschreitende Verschmelzung, S. 103.

290 Bejahend: *Egli,* Sitzverlegung, S. 125; *Oppikofer,* Schutz der schweizerischen Auslandsinvestition, S. 58; *Meyer-Hayoz,* Sitzverlegung, S. 74; dagegen: *Bessenich,* Grenzüberschreitende Verschmelzung, S. 109; *de Chedid,* le transfer, S. 159.

291 *Bessenich,* Grenzüberschreitende Verschmelzung, S. 109.

onsstaates dies erlaubt, dessen Voraussetzungen zur Sitzverlegung erfüllt sind und die Anpassung an eine schweizer Rechtsform möglich ist[292]. Mit dem Statutenwechsel untersteht die Gesellschaft schweizer Recht und muß sich dem numerus clausus der schweizer Gesellschaftsformen anpassen[293]. Eine nach schweizerischem Recht im Handelsregister eintragungspflichtige Gesellschaft ist zudem nachweispflichtig, daß sie den Mittelpunkt ihrer Geschäftstätigkeit in die Schweiz verlegt hat und sich dem schweizerischen Recht angepaßt hat, Art. 162 Abs. 1 IPRG. Dann erst erfolgt die Eintragung in das schweizer Handelsregister. Kapitalgesellschaften haben zudem vor der Eintragung durch einen besonderen Revisionsbericht nachzuweisen, daß ihr Grundkapital nach schweizerischem Recht gedeckt ist, Art. 162 Abs. 3 IPRG.

292 Wiederum findet sich eine Parallele im liechtensteinischen Recht: Eine ausländische Gesellschaft kann sich liechtensteinischem Recht unterstellen, indem der Satzungssitz unter Beibehaltung des ausländischen Verwaltungssitzes verlegt wird. Gem. Art. 233 PRG erfolgt dies durch Eintragung im innerstaatlichen Handelsregister. Erforderlich ist eine gerichtliche Genehmigung sowie die Bestellung eines Repräsentanten. Die Erteilung der Genehmigung hängt unter anderem auch davon ab, daß das ausländische Gesellschaftsstatut "eine Verlegung der Verbandsperson gestattet". Zudem verlangt das Gesetz die Einzahlung und Deckung des gesamten statutarischen Grundkapitals zum Zeitpunkt der Sitzverlegung (Art. 233 Abs. 2); vgl. *Appel,* RabelsZ 61 (1997) 510 (540).

293 *Vischer,* IPRG, Art. 161, Rn. 22; *Girsberger,* Art. 161, Rn. 7; *Moor,* Internationales Gesellschaftsrecht, S. 149.

Zweites Kapitel: Sitzverlegung als kollisionsrechtliches Problem - Das Auseinanderfallen von Verwaltungs- und Satzungssitz

Erst bei einem Auseinanderfallen von Satzungs- und Verwaltungssitz wird die Frage der kollisionrechtlichen Anknüpfung des Gesellschaftsstatuts aktuell. Hier hängen die gesellschaftsrechtlichen Folgen entscheidend von der Frage ab, ob kollisionsrechtlich an den Verwaltungs- oder an den Satzungssitz angeknüpft wird.

§ 6 Zuzug des Verwaltungssitzes

I. Auflösung des Streits um die Anknüpfung

Die Inkorporationstheorie schützt die Parteiautonomie, indem den Gesellschaftern freigestellt wird, wo der statutarische Sitz der Gesellschaft liegen soll[294]. Mit der subjektiven Anknüpfung an den im Gründungsakt zum Ausdruck gekommenen Willen der Gesellschafter bietet sie zudem ein klares und einfaches Kriterium zur Bestimmung des maßgeblichen Gesellschaftsstatut einer Gesellschaft, da der Gründungsstaat anhand der Gründungsdokumente und der Registrierung der Gesellschaft, zum Beispiel durch einen Registerauszug, unzweifelhaft festgestellt werden kann. Schließlich vermeidet sie die Entstehung sogenannter hinkender Gesellschaften, da sie die Gesellschaft als ein universelles Rechtsverhältnis ansieht, deren Rechtsfähigkeit unabhängig davon bestehen bleibt, ob sie neben dem nach außen erkennbaren Gründungsakt eine weitere Verbindung zum Inkorporationsstaat unterhält oder nicht[295].

Die Möglichkeit, sich dem Recht eines Staates zu unterstellen ohne dort faktisch verankert zu sein, ist dagegen der klassische Kritikpunkt an der Inkorporationstheorie[296]. Gesellschaften werden Regelungsgefälle zwischen einzelnen Rechtsordnungen zu ihren Gunsten ausnutzen, in dem sie sich in einem regelungsarmen Staat als “Briefkastengesellschaft” inkorporieren, ihre Geschäftstätigkeit aber in einem anderen Staat ausüben. Gerade regelungsintensive Gesellschaftsrechtsordnun-

294 *Beitzke,* Juristische Personen, S. 92.

295 *Kropholler,* Internationales Privatrecht, S. 474.

296 Ausführlich: *Grothe,* Die ausländische Kapitalgesellschaft & Co., S.

gen mit weniger am shareholder-value orientierten Regelungszwecken wie das deutsche Recht (insbesondere Gläubiger- und Arbeitnehmerschutz) könnten so systematisch umgangen werden.

Die Sitztheorie versteht sich demgegenüber als Schutztheorie dieser Regelungszwecke. Dagegen steht der an den Rechtsfolgen der Sitztheorie orientierte Einwand, daß der Interessenschutz der Anteilsinhaber und Arbeitnehmer bei einem Auseinanderfallen von Satzungs- und Verwaltungssitz gerade nicht erleichtert, sondern erschwert wird. Vor allem die Anteilsinhaber werden durch die mit der Nichtanerkennung einhergehenden Haftungsfolgen erheblich benachteiligt[297]. Auch die Arbeitnehmer werden durch die Nichtanerkennung der ausländischen Gesellschaft als Kapitalgesellschaft nicht besser gestellt, da Mitbestimmungsrecht auf ausländische Rechtsgebilde, die im Inland als Kapitalgesellschaft nicht anerkannt werden, nicht angewendet werden kann[298].

Eine abstrakte Entscheidung, welche der beiden Theorien die "bessere" ist, läßt sich nicht treffen. Beide verfolgen unterschiedliche Interessen. Mit der Nichtanerkennung von Gesellschaften, die im Ausland inkorporiert sind, im Inland aber ihren Verwaltungssitz haben, verfolgt die Sitztheorie allein ordnungspolitische Interessen, während die Inkorporationstheorie das Interesse an einer liberalen Anerkennungspraxis widerspiegelt, damit das Interesse der Gesellschafter in den Vordergrund stellt[299]. Geht man davon aus, daß die Gefahr der Nichtanerkennung generalpräventiv “pseudo foreign corporations” zuverlässig aus dem inländischen Rechtsverkehr heraushält, kann eine Entscheidung außerhalb des Gemeinschaftsrechts zugunsten der staatlichen Interessen ausfallen[300]. Außerhalb des Geltungsbereichs der Artt. 43, 48 EGV und gesonderter Staatsverträge folgt die Darstellung daher der Sitztheorie gegenüber nach ausländischem Recht gegründeten Gesellschaften[301].

---

297 *Behrens- Behrens,* Die GmbH im internationalen und europäischen Recht, IPR 16.

298 *Eyles,* Niederlassungsfreiheit, S. 310; *Luchsinger,* Niederlassungsfreiheit, S. 5; *de Chedid,* Transfer du siège, S. 81.

299 *Ebenroth/Messer,* ZSR 1989, 49 (54).

300 Vgl auch *Schmidt,* ZGR 1999, 20 (22).

301 Ebenso: *Grothe,* Die ausländische Kapitalgesellschaft & Co., S. 109; *Wiedemann,* Gesellschaftsrecht, S. 18.

II. Gesellschaftsrechtliche Folgen der Anknüpfung

Der Statutenwechsel führt zur Nichtanerkennung der nach ausländischem Recht errichteten Gesellschaft als Kapitalgesellschaft, da die Gesellschaft ihre Rechtsfähigkeit nicht nach deutschem, sondern nach ausländischem Sachrecht erlangt hat[302]. Die Form- und Gründungsvoraussetzungen des deutschen Gesellschaftsstatutes sind nicht eingehalten, es fehlt der konstitutive Akt der Registereintragung.

1. Die ausländische Gesellschaft als "dauerhaft nichtrechtsfähige Kapitalgesellschaft"

Die aufgrund ihres ausländischen Satzungssitzes im Inland nicht anerkannte Kapitalgesellschaft unterfällt jedoch dem innerstaatlichen Rechtsformenzwang. Das ausländische Rechtsgebilde ist daher entsprechend seiner Struktur in den numerus clausus des deutschen Gesellschaftsrechts einzuordnen[303]. Insoweit besteht inzwischen Einigkeit: Die Frage, welcher inländischen Rechtsform ein Zusammenschluß von Personen zu einer gemeinsamen Zweckerreichung zuzuordnen ist, richtet sich nicht nach dem Willen der Parteien, sondern allein nach den objektiven Entstehungsvoraussetzungen[304]. Daraus folgt auch, daß die Gesellschaft nicht ohne weiteres nichtig ist, wenn sie die Voraussetzungen einer inländischen Gesellschaftsform erfüllt. Im Gegenteil: Erkennt das deutsche Gesellschaftsrecht das Rechtsgebilde als rechtsfähige Gesellschaft, kann es bei der Verlegung des Verwaltungssitzes ins Inland nicht zu einem Verlust der Rechtsfähigkeit als Gesellschaft

---

302 Fast einhellige Meinung in Deutschland: BGHZ 97, 268 (271f.); BFH, IPRax 1993, 248 mit Anmerkung *Großfeld/Luttermann, 229;* OLG Nürnberg, RIW 1985, 494; LG Marburg, NJW-RR 1993, 222; *Staudinger- Großfeld,* Internationales Unternehmensrecht, S. 87; *Geßler/Hefermehl- Eckardt,* Aktiengesetz, § 45 Rn. 19, § 5 Rn. 4; Kölner Kommentar AktG- *Kraft,* § 45 Rn. 17; *Susanne Schmidt,* DWiR 1992, 448 f.; a.A. *Bungert,* ZVglRWiss 93 (1994), 117 (167).

303 Münchner Kommentar- *Ebenroth,* Nach Art. 10 EGBGB, Rn. 168; *Scholz- Westermann,* GmbHG, Einleitung Rn. 85; *Staudinger- Großfeld,* Internationales Gesellschaftsrecht, Rn. 341; *Bogler,* DB 1991, 848 (850); *Höft,* Die identitätswahrende Verwaltungssitzverlegung, S. 45; *Grothe,* Die ausländische Kapitalgesellschaft & Co., S. 118; *Kruse,* Sitzverlegungen von Kapitalgesellschaften innerhalb der EG, S. 39; *Müller,* ZIP 1997, 1049; Schmidt ZGR 1999, 20 (24).

304 *Müller,* ZIP 1997, 1049 (1050); für Inlandsfälle: BGHZ 10, 91 (97) (intendierte BGB-Gesellschaft als oHG); BGHZ 22, 240 (245) (intendierte Filiale einer GmbH als oHG); RGZ 74, 371 (373); *Scholz- Westermann,* GmbHG, Einleitung Rn. 85; *Schmidt,* Die oHG im System der Handelsgesellschaften, S. 247.

kommen. Ganz entsprechend untersuchte das OLG Jena in einer Entscheidung von 1997 die Frage, ob die Verlegung des Verwaltungssitzes einer nach dem Recht des Staates Panama gegründeten Gesellschaft nach Luxemburg nach luxemburgischem Sachrecht zu einem Verlust der Rechtsfähigkeit der Gesellschaft führte. Da dies nach nach eingeholter Rechtsauskunft zu verneinen war, ging das OLG Jena ohne weiteres von dem Fortbestand der Gesellschaft nach luxemburgischem Recht aus[305].

a. Nach wohl herrschender Auffassung sollen die Regeln über die Vorgesellschaft nicht zur Anwendung kommen[306]. Das ist überzeugend, wenn die Gesellschaft keine Eintragung als Kapitalgesellschaft im Inland anstrebt: Die Heranziehung des Rechts der späteren Gesellschaftsform wird allein dadurch legitimiert, daß es sich bei der Vorgesellschaft um ein Durchgangsstadium auf dem Weg zu der Zielrechtsform handelt. Die Anwendung der Regeln über die Vorgesellschaft auf ein ausländisches Rechtsgebilde ist daher dogmatisch nicht zu rechtfertigen, wenn die Gesellschaft keine Eintragung im deutschen Handelsregister erstrebt. Es handelt es sich dann nicht um ein Durchgangsstadium. Das ausländische Rechtsgebilde ist vielmehr ein dauerhafter Teilnehmer am innerstaatlichen Rechtsverkehr in der (nicht anerkannten) ausländischen Rechtsform[307]. Anders muß aber entschieden werden, wenn die Gesellschaft tatsächlich eine Eintragung in das deutsche Handelsregister erstrebt, d.h. eine Anpassung an das Recht des Zuzugstaates eingeleitet ist, der Wechsel des Verwaltungssitzes aber schon vor der Registereintragung erfolgt. In diesem Fall dient das "ausländische Rechtsgebilde", um die Entstehung einer AG oder GmbH voranzutreiben[308].

---

305 OLG Jena, Iprax 1998, 364 (366); dabei scheint das OLG davon auszugehen, daß die Gesellschaft nach luxemburgischem Recht als Kapitalgesellschaft (S.A.) fortbestehe.

306 *Staudinger- Großfeld,* Internationales Gesellschaftsrecht, Rn. 404; *Grothe,* Die ausländische Kapitalgesellschaft & Co., S. 118; *Müller,* ZIP 1997, 1049 (1050); a..A. nur: *Beitzke* in: *Lauterbach,* Vorschläge und Gutachten zur Reform des deutschen internationalen Personen- und Sachrechts, S. 94 (116); *Grasmann,* System des internationalen Gesellschaftsrechts, Rn. 983.

307 *Staudinger- Großfeld,* Internationales Gesellschaftsrecht, Rn. 404; *Grothe,* Die ausländische Kapitalgesellschaft & Co., S. 119; *Wiedemann,* Gesellschaftsrecht, S. 787; *v. Falkenhausen,* RIW 1987, 818 (820); *v.d. Seipen,* Iprax 1985, 324.

308 Großkommentar- *Assmann,* AktG, Einleitung Rn. 563; *v. Bar,* IPR II, Rn. 623; *Kruse,* Sitzverlgung von Kapitalgesellschaften innerhalb der EG, S. 39; *Schmidt,* ZGR 1999, 20 (28); *Bechtel,* Iprax 1998, 348 (349).

Allerdings bedarf in diesem Fall der Gesellschaftsvertrag bzw. die Satzung der Gesellschaft der notariellen Beurkundung, §§ 2 GmbHG, 23 AktG. Häufig wird eine Beurkundung des ursprünglichen Gesellschaftsvertrages von einem ausländischen Notar vorgenommen worden sein. *Bechtel* vertritt die Auffassung, daß für die Einordung als Vorgesellschaft im Regelfall schon die Beurkundung der Satzung ausreiche, die zur Entstehung der Gesellschaft als Gesellschaft ausländischem Recht beigetragen habe. In den meisten Fällen würden daher die formellen Voraussetzungen vorliegen, die eine Einordnung als Vorgesellschaft rechtfertigen[309]. Außerhalb des Gebietes der Europäischen Gemeinschaft und der Schweiz ist es allerdings sehr fraglich, ob die Erfordernisse der Beurkundung durch einen ausländischen Notar die Formerfordernisse des nach Art. 11 EGBGB als Wirkungsstatuts geltenden deutschen Rechts erfüllen können. Das Substitutionsproblem ist vom BGH behandelt und mit einem Verweis auf das Erfordernis der funktionalen Vergleichbarkeit der beurkundenden Notare gelöst worden[310]. In der Praxis werden hierfür strenge Maßstäbe angelegt, für die Beurkundungen außerhalb der Europäischen Gemeinschaft und der Schweiz im Regelfall wohl eher nicht ausreichen werden[311]. Immerhin könnte eine mangelhafte Beurkundung aber nach der Sitzverlegung ins Inland durch einen deutschen Notar nachgeholt werden. Dann bestünden bei entsprechender Eintragungsabsicht keine Zweifel daran, daß eine Vorgesellschaft besteht[312].

Liegt eine Vorgesellschaft vor, ist zumindest aus der Sicht des deutschen Sachrechts eine identitätswahrende Sitzverlegung bereits jetzt möglich: Vorgesellschaft und spätere juristische Person sind rechtlich identisch. In dem Übergangszeitraum besteht allerdings die Vorbelastungshaftung der Gesellschafter als Innenhaftung[313]. Diese kritische Zeitspanne kann verkürzt werden, indem Verlegung des Verwaltungs-

309 *Bechtel,* Umzug von Kapitalgesellschaften, S. 118.

310 BGHZ 80, 76 (78).

311 Insoweit weitergehend *Bechtel,* Umzug von Kapitalgesellschaften, S. 118. mit weiteren Nachweisen.

312 Vgl. *Bechtel,* Umzug von Kaptalgesellschaften, S. 119.

313 Vgl. BGH, GmbHR 1997, 405 (408); zu den Einzelpunkten vgl. *Bechtel,* Umzug von Kapitalgesellschaften, S. 129 ff.

sitzes und die Stellung des Eintragungsantrags bei dem Handelsregister zeitlich aufeinander abgestimmt werden[314].

b. Sind die Voraussetzungen einer Vorgesellschaft nicht gegeben, ordnet die herrschende Meinung die nach ausländischem Recht gegründete Gesellschaft je nach Struktur als GbR, oHG oder als nichtrechtsfähigen Verein ein[315]. Betreibt sie im Inland ein Handelsgewerbe im Sinne des § 1 HGB, soll es sich - unabhängig von der gesellschaftsrechtlichen Struktur - mit Aufnahme des Geschäftsbeginns um eine nicht im Handelsregister eingetragene oHG gem. §§ 105 Abs. 1, 123 Abs. 2 HGB handeln[316]. Betreibt sie dagegen kein Handelsgewerbe im Sinne des § 1 HGB, kann es sich nur um eine GbR oder einen nicht-rechtsfähigen Verein handeln: Liegt ein wirtschaftlicher Geschäftsbetrieb vor, soll nach herrschender Auffassung wegen des Konzessionszwangs in § 22 BGB eine GbR vorliegen[317]. Nur wenn es daran fehlt, soll es darauf ankommen, ob die ausländische Gesellschaft körperschaftlich strukturiert ist oder nicht: Sofern es sich um eine auf Dauer angelegte Personenverbindung handelt, die nach ihrer Satzung körperschaftlich organisiert ist, einen Gesamtnamen führt, und auf einen wechselnden Mitgliederbestand angelegt ist, ist das ausländische Rechtsgebilde als nichtrechtsfähiger Verein anzusehen[318]. Diese Konstellation wird nur selten vorkommen. Handelte es vor der Sitzverlegung um eine Einpersonengesellschaft nach ausländischem Recht, soll das Rechtsgebilde als Ein-

---

314 Im einzelnen: *Bechtel,* Umzug von Kapitalgesellschaften a.a.O.

315 RG JW 1904, 231 (232); BGHZ 97, 269 (272); *Scholz- Westermann,* GmbHG, Einleitung Rn. 85; *Grothe,* Ausländische Kapitalgesellschaft & Co. S. 118; *Fischer,* IPRax 1991, 100; *Großfeld,* RabelsZ 31 (1967) 1, (33); *Rehbinder,* Iprax 1985, 324; *Bogler,* DB 1991, 848 (850); *Eidenmüller/Rehm,* ZGR 1997, 89 (91); *Müller,* ZIP 1997, 1049 (1051); *Zimmer,* Internationales Gesellschaftsrecht, S. 300; *Kruse,* Grenzüberschreitende Sitzverlegung, 39.

316 Münchener Kommentar- *Ebenroth,* Nach Art. 10 EGBGB Rn. 194; *Staudinger- Großfeld,* Internationales Gesellschaftsrecht, Rn. 399 ff.; *Ebenroth,* Vermögenszuwendungen, S. 372 ff.; *Ebenroth/Sura,* RabelsZ 43 (1979), 340 f.; *Großfeld,* RabelsZ 31 (1967), 33 f.; *Wiedemann,* Festschrift für Kegel, S. 197; für den Fall einer nicht rechtsfähigen GmbH als oHG vgl. BGZ 22, 240 (244).

317 *Soergel- Hadding,* § 54 Rn. 3; *Staudinger- Weick,* § 54 BGB, Rn. 54; *Grothe,* Ausländische Kapitalgesellschaft & Co., S. 120; *Nitschke,* Die körperschaftliche Personengesellschaft, S. 141;.

318 RGZ 143, 212 (213); *Staudinger- Großfeld,* Internationales Gesellschaftsrecht, Rn. 400; *Fischer,* IPRax 1991, 100; *Kruse,* Grenzüberschreitende Sitzverlegung, 39.

zelkaufmann bzw. Nichtkaufmann gem. § 2 Abs. 1 HGB anzusehen sein[319].

a. Problematisch ist die Einordnung als Personenhandelsgesellschaft vor allem bei körperschaftlich strukturierten Gesellschaften. Ausländische Kapitalanleger können durch die Anwendung der Sitztheorie zu persönlich haftenden oHG-Gesellschaftern aufsteigen. Kleinaktionäre werden plötzlich einem "Haftungsdurchgriff" ausgesetzt. Für den Fall des Übergangs eines nicht rechtsfähigen Vereins in eine oHG durch Aufnahme eines Handelsgeschäfts formulierte bereits *Otto v. Gierke*: "Es wäre doch auch hart, daß wenn etwa der Vorstand eines nicht eingetragenen Vereins auf den Gedanken verfällt, zur Füllung der Vereinskasse unter dem Vereinsnamen einen schwunghaften Handel mit importierten Cigarren oder ein Bankiergeschäft zu betreiben, alle vielleicht ahnungslosen Mitglieder, die einen Jahresbeitrag zahlen, in die unbeschränkte und unbeschränkbare Haftung des offenen Gesellschafters verstrickt würden."[320].

Dieses Ergebnis läuft gegen das von der Sitztheorie immer wieder hervorgehobene Ziel des Anteilsinhaberschutzes und erscheint selbst den Vertretern der Sitztheorie zum Teil unbillig[321]. Zwar kennt auch das deutsche Recht zwei vergleichbare Probleme: Auch auf den nichtrechtsfähigen Verein, der ein Handelsgewerbe betreibt, kommen - wie eben beschrieben - nach ganz herrschender Auffassung die Vorschriften über die Personenhandelsgesellschaft zur Anwendung[322]. Es entsteht eine körperschaftlich strukturierte Personengesellschaft. Zweitens hat die Rechtsprechung in den Fällen "abgebrochener" Gründungen von Kapitalgesellschaften entschieden, daß durch die Aufnahme des Geschäftsbetriebes auch bei einer vielleicht anderen Bezeichnung eine oHG entstehen soll[323].

In beiden Fällen liegt aber eine konkludente Änderung des Gesellschaftsvertrages vor. Durch die Zustimmung zur Aufnahme des Ge-

---

319 *Heinrich*, Ausländische Kapitalgesellschaft & Co., S. 109; *Bogler*, DB 1991, 848 (850);

320 *O. v. Gierke*, ArchBürgR 19 (1901), 114 (136).

321 *Eidenmüller/Rehm*, ZGR 1997, 89 (103).

322 BGHZ 22, 240 (244); OLG Hamburg, JZ 1952, 436; *Soergel- Hadding*, § 54 Rn. 3.

323 BGHZ 22, 240 (244); WM 65, 246; *Baumbach/Hopt*, § 105 Rn. 12.

schäftsbetriebes wird das Mitglied des nichtrechtsfähigen Vereins zum oHG- Gesellschafter. Gleiches gilt für den Fall der abgebrochenen Gründung einer Kapitalgesellschaft[324].

Dieser Gedanke läßt sich auf die nach ausländischem Recht gegründete Kapitalgesellschaft übertragen: Ein ausdrücklicher oHG-Gesellschaftsvertrag wird im Regelfall nicht vorliegen, da der ausländische Gesellschaftsvertrag nicht ohne weiteres in einen Gesellschaftsvertrag einer oHG umgedeutet werden kann. Er wurde lediglich zur Errichtung der ausländischen Kapitalgesellschaft abgeschlossen. In Betracht kommt nur ein stillschweigend geschlossener Vertrag durch konkludentes Handeln. Bei ausländischen Anteilsinhabern, die von der Tätigkeit der Gesellschaft in einem anderen Staat keinerlei Kenntnis haben, kann von einem konkludenten Umgründungswillen aber kaum ausgegangen werden. Die fehlende Kenntnis kann auch nicht einfach fingiert werden. Entscheidend sollte daher die Frage sein, ob den Anteilsinhabern der Geschäftsbetrieb im Ausland überhaupt bekannt ist. Da nur diejenige Außengesellschaft oHG ist, bei der alle Gesellschafter nach § 128 HGB haften, wird der Tatbestand des "ausländischen Rechtsgebildes als oHG" erst dann erfüllt sein, wenn bei sämtlichen Mitgliedern das subjektive Merkmal vorliegt. Nur für diesen Fall besteht Personengleichheit zwischen denjenigen, die im Rechtsverkehr als Unternehmensträger ausgegeben werden und denjenigen, die als Anteilsinhaber auftreten.

Werden Kleinanleger des ausländischen Rechtsgebildes mangels Kenntnis der Verlegung des Verwaltungssitzes keine Gesellschafter des inländischen Rechtsgebildes, stellt sich die Frage, ob sie dennoch Mitglieder einer eigenständigen fehlerhaften oHG sein können, wenn die Gesellschaft in Vollzug gesetzt wird[325]. Das hängt zunächst davon ab, ob bei Anwendung der Grundsätze der fehlerhaften Gesellschaft die Vereinbarungen im Gesellschaftsvertrag zur Anwendung kommen, die gerade die Fehlerhaftigkeit des Gesellschaftsvertrages herbeigeführt haben. Es handelt sich hier aber um den Fall eines fehlerhaften Beitritts von Gesellschaftern. Ein solcher fehlerhafter Beitritt kann aber nur dann zur Anwendung der Grundsätze über die fehlerhafte Gesellschaft führen, wenn ein dem Beitritt ein rechtsgeschäftliches Handeln der Ge-

---

324 BGHZ 22, 240 (244).

325 Vgl. *Bechtel,* Umzug von Kapitalgesellschaften, S. 124.

sellschafter zugrunde liegt[326]. Fehlt die notwendige Mitwirkung der Gesellschafter insgesamt, kommt eine Einbeziehung der Kleinanleger über die Lehre von der fehlerhaften Gesellschaft nicht in Betracht[327].

Hinzu kommt folgende Überlegung: Die Lehre von der fehlerhaften Gesellschaft begründet sich vor allem darauf, daß das Vertrauen in einen bestimmten gesellschaftsrechtlichen Zustand nicht enttäuscht wird[328]. Der Vollzug des Gesellschaftsvertrages verwirklicht also eine Personengemeinschaft, auf deren Bestand sich der Rechtsverkehr verläßt. Diese Konstellation ist bei dem ausländischen Rechtsgebilde grundsätzlich anders, da der inländische Rechtsverkehr nicht auf das Bestehen einer oHG vertraut, sondern davon ausgehen wird, daß tatsächlich eine rechtsfähige ausländische Gesellschaft vorliegt. Aus diesem Grund sollten Kleinanleger, die nicht an der konkludenten Gesellschaftsgründung mitgewirkt haben, nicht über die Lehre von der fehlerhaften Gesellschaft mit in die oHG einbezogen werden.

Daher bleibt nur die Möglichkeit, die nach ausländischem Recht gegründeten Gesellschaft als fehlerhafte oHG ohne die Kleinanleger anzusehen[329]. Auch dies ist eine Auslegungsfrage des Gesellschaftsvertrages. Diese kann ergeben, daß die Parteien den Gesellschaftsvertrag auch ohne die fehlenden Kleinanleger abgeschlossen hätten. In diesem Fall läßt sich die Unwirksamkeit des Vertrages auf die Mitgliedschaft der Kleinanleger beschränken[330]. Liegen diese Voraussetzungen nicht vor, kommt nur eine Rechtsscheinhaftung der ausländischen Gesellschaft in Betracht. Bei Fehlen eines kaufmännischen Gewerbes hat die Rechtsprechung ohnehin diese Richtung bereits eingeschlagen: Eine niederländische Stiftung, die in jeder Hinsicht den Anschein erweckt habe, selbst Trägerin von Rechten und Pflichten zu sein, müsse sich "mindestens in der Rolle der Beklagten als parteifähig behandeln lassen"[331]. Schafft eine juristische Person dadurch eine zweideutige Lage, daß sie unter einem anderen Recht auftritt, als es am Ort ihres Sat-

---

326 BGH WM 1962, 1353 (1354); Münchener Kommentar- *Ulmer,* § 705 Rn. 282; Schlegelberger- *K.Schmidt,* § 105 HGB Rn. 220.

327 Münchener Kommentar- *Ulmer,* § 705 Rn. 282.

328 Münchener Handbuch GesR Bd. 1- *Bälz,* § 17 Rn. 4.

329 vgl.: *Schmidt,* Die oHG im System der Handelsgesellschaften, S. 185.

330 vgl. :Münchener Handbuch GesR Bd. 1- *Bälz,* § 17 Rn. 118.

331 BGH IPRspr 1960/61, 590.

zungssitzes gilt, muß sie die hieraus erwachsenen Nachteile tragen. Dritten gegenüber, die auf die ordnungsgemäße Organisation vertrauen, könne sie sich nicht auf die fehlende Rechtsfähigkeit berufen[332].

Selbst wenn Kleinanleger Kenntnis von der Sitzverlegung haben, ist es außerordentlich fraglich, ob sie die Voraussetzungen für eine oHG- Gesellschafterstellung erfüllen, oder ob sie nur als stille Gesellschafter an der oHG beteiligt sein können:

Durch konkludenten Vertragsschluß können nur solche Anteilsinhaber der nach ausländischem Recht gegründeten Kapitalgesellschaft oHG-Gesellschafter werden, wenn ihr Wille, das Handelsgewerbe zu betreiben, durch das konkludente Handeln erkennbar geworden ist. Dieses Element wird bei Kleinanlegern einer nach ausländischem Recht gegründeten Gesellschaft fraglich sein. Geht man mit *Karsten Schmidt* davon aus, daß Voraussetzung für eine oHG- Gesellschafterstellung die im Gesellschaftsvertrag zum Ausdruck gekommene "nach außen erkennbare gewollte Mitunternehmerschaft"[333] ist, kann die Aufnahme des Geschäftsbetriebes allein nicht ohne weiteres ausreichend sein, um die oHG Gesellschafterstellung des ausländischen Kapitalanlegers zu begründen. Gewollte Mitunternehmerschaft ist der (durch konkludentes Handeln) "betätigte Wille, gemeinsam, auch mit Wirkung nach außen, Träger eines gemeinschaftlichen Unternehmens zu sein"[334]. Wenn das gesellschaftsrechtliche Engagement des Anteilsinhaber auf eine bloße Kapitalanlage beschränkt ist, ohne in irgendeiner Weise die Geschicke der Gesellschaft mitzubestimmen, kann von der gewollten Mitunternehmerschaft nicht ohne weiteres ausgegangen werden. Nur bei Gesellschaftern mit Einfluß auf die Gesellschaft ist in der Regel anzunehmen, daß sie ihre Beteiligung nicht nur im Sinne einer Vermögensverwaltung halten, sondern Einfluß auf die Geschicke der Gesellschaft nehmen wollen.

Die Kleinanleger der ausländischen Gesellschaft könnten daher mangels Mitunternehmerschaft allenfalls als stille Gesellschafter an der oHG beteiligt sein. Das wird ihrer Interessenslage weitgehend entsprechen, da ihre Erfolgsbeteiligung an der Gesellschaft auf diesem Wege

332 *Soergel- Lüderitz,* EGBGB, Art. 10 Anh. Rn. 9.

333 *Schlegelberger- Schmidt,* § 105 HGB, Rn. 32; *ders.,* Die oHG im System der Handelsgesellschaften, S. 185.

334 *K. Schmidt,* Die oHG im System der Handelsgesellschaften, S. 185.

weiterhin gesichert bleibt. Das gesellschaftsrechtliche Engagement ist auf eine bloße Kapitalanlage beschränkt, ohne in irgendeiner Weise die Geschicke der Gesellschaft mitzubestimmen. Die konkludent vorgenommene Änderung des Gesellschaftsvertrages sollte daher in dem Sinne auszulegen sein, daß eine Beteiligung der Kleinaktionäre regelmäßig nur als stille Gesellschafter in Betracht kommt.

Wird der Kleinanleger nicht zum Gesellschafter der oHG, stellt sich als Kehrseite heraus, daß ihm nach deutschem Recht keine Erfolgsbeteiligung an der Gesellschaft zusteht. Aus seiner Sicht wird daher einiges davon abhängen, wie das Recht des Inkorporationsortes auf die Verlegung des Verwaltungssitzes reagiert.

Noch einmal soll an dieser Stelle ein kurzer rechtsvergleichender Seitenblick auf die Rechtsordnungen von Italien und der Schweiz unternommen werden:

Art. 25 Abs. 1 ItalIPRG lautet:

"Gesellschaften, Vereine, Stiftungen und alle anderen juristischen Personen, seien sie öffentlicher oder privater Natur, unterliegen, auch wenn sie keinen Verbandscharakter haben, den Gesetzen des Staates, in dessen Herrschaftsbereich das Verfahren ihrer Gründung beendet worden ist. Jedoch ist italienisches Recht anwendbar, wenn der Verwaltungssitz in Italien ist oder wenn der Hauptgegenstand dieser juristischen Person in Italien befindet."[335]

Verlegt eine Gesellschaft ihren Verwaltungssitz also aus Italien in einen Drittstaat, bleibt nach Art. 25 Abs. 1 Satz 1 ItalIPRG italienisches Recht auf die Gesellschaft anwendbar. Aus italienischer Sicht tritt kein Statutenwechsel ein. Die italienische Rechtsordnung kumuliert damit im Ergebnis Inkorporations- und Sitztheorie: Im Inland gegründete Gesellschaften unterliegen dem italienischen Gesellschaftsrecht, gleich wo ihr Verwaltungssitz liegt. Auf Gesellschaften, die im Ausland gegründet worden sind, findet gem. Art. 25 Abs. 1 Satz 2 ItalIPRG italienisches Gesellschaftsrecht italienisches Recht Anwendung, wenn sie in Italien ihren Verwaltungssitz haben[336]. Es bestehen somit bei der

335 Übersetzung nach: *Behrens,* Die Gesellschaft mit beschränkter Haftung im internationalen und europäischen Recht, S. 1027.

336 *Kreuzer,* Die grenzüberschreitende Mobilität von Gesellschaften im Gemeinsamen Markt, S. 15.

Verlegung des Verwaltungssitzes einer in Italien gegründeten Gesellschaft nach Deutschland zwei gesellschaftsrechtliche Strukturen nebeneinander, die unterschiedlichen Rechtsordnungen unterliegen[337].

Auch aus schweizer Sicht führt die Verlegung des Verwaltungssitzes ins Ausland keinen Statutenwechsel herbei. Art. 154 Abs. 1 IPRG hat folgenden Wortlaut:

“Gesellschaften unterstehen dem Recht des Staates, nach dessen Vorschriften sie organisiert sind, wenn sie die darin vorgeschriebenen Publizitäts- und Registrierungsvorschriften dieses Rechts erfüllen oder, falls solche Vorschriften nicht bestehen, wenn sie sich nach dem Recht dieses Staates organisiert haben.”

Subsidiär untersteht eine Gesellschaft nach Art. 154 Abs. 2 IPRG dem Recht des Staates, in dem sie tatsächlich verwaltet wird, wenn die Voraussetzungen des Abs. 1 nicht gegeben sind. Das führt dazu, daß das Recht des Verwaltungssitzes dann zur Anwendung kommt, wenn Registrierungs- und Publizitätspflichten des Gründungsstaates nicht beachtet sind, d.h. wenn eine fehlerhafte Gründung vorliegt[338]. Die Gesellschaft bleibt damit bei einer Verlegung des Verwaltungssitzes ins Ausland gem. Art. 154 Abs. 1 IPRG der schweizerischen Rechtsordnung unterworfen.

Italienische und schweizer Rechtsordnung sichern somit die Erfolgsbeteiligung der Kleinanleger durch Anwendung ihrer Rechtsregeln auf die (Kapital)gesellschaft auch bei Verlegung des Verwaltungssitzes ins Ausland ab. Im deutschen Recht gilt, wie unten darzustellen sein wird, nichts anderes. Natürlich mag es Fälle geben, in denen nach dem Recht des Wegzugstaates die Verlegung des Verwaltungssitzes ins Ausland zu einem Statutenwechsel führt. Allerdings wird es den Kleinanlegern nach der hier vertretenen Lösung in den meisten Fällen möglich bleiben, an der Gesellschaft als stille Gesellschafter beteiligt zu bleiben.

---

337 Vgl. auch: *Bechtel,* Umzug von Kapitalgesellschaften, S. 119.

338 *Moor,* Internationales Gesellschaftsrecht, S. 103.

2. Geschäftsführungs- und Vertretungsbefugnis

Als oHG kann die Gesellschaft unter ihrem Namen Rechte und Pflichten erwerben und Verbindlichkeiten eingehen, § 124 HGB. Die aus dem Blickwinkel der Sitztheorie fälschliche Bezeichnung der Gesellschaft als ausländische Kapitalgesellschaft ändert daran nichts. *Großfeld* ist zwar der Auffassung, daß die entsprechenden Rechtsgeschäfte unwirksam seien, da dem Dritten ein Vertragspartner aufgedrängt würde, mit dem er nicht gerechnet habe[339]. Doch ist der Gebrauch einer falschen Firma nach deutschem Recht unbeachtlich: Es handelt sich um den Fall des unternehmensbezogenen Handelns, bei dem die Erklärungen der Beteiligten in der Regel so auszulegen sind, daß das Unternehmen selbst berechtigt und verpflichtet wird. Nach Ansicht des BGH geht der Wille der am Vertragsschluß Beteiligten im Zweifel dahin, daß der tatsächliche "Unternehmensträger", d.h. auch der hinter einer unzulässigen firmenrechtlichen Bezeichnung stehende Rechtsträger Vertragspartner werden soll[340]. Der dagegen von *Eidenmüller/Rehm* vorgebrachte Einwand, das Rechtsinstitut des "unternehmensbezogenen Geschäfts" betreffe nur die Abgrenzung von Eigen- und Fremdgeschäften, nicht aber die hier relevante Frage, welcher von mehreren in Betracht kommenden Dritten durch das Rechtsgeschäft berechtigt und verpflichtet werden soll, überzeugt nicht[341]. Am Vorliegen eines Fremdgeschäfts bestehen zwar in der Tat keine Zweifel. Aus deutscher international-privatrechtlicher Sicht liegt bei Anwendung der Sitztheorie überhaupt nur *eine* Gesellschaft vor, über deren rechtsgeschäftliche Verpflichtung zu entscheiden ist. Das deutsche Recht erkennt nur das sich im Inland befindliche Rechtsgebilde, das unter einer falschen Bezeichnung firmiert[342].

Vertretungsberechtigt sind grundsätzlich alle Gesellschafter. Einzelne Gesellschafter können allerdings von der Vertretungsbefugnis und Ge-

339 *Staudinger- Großfeld,* Internationales Gesellschaftsrecht, Rn. 407.

340 BGH WiB 1996, 498; BGHZ 22, 240; *Haß,* DB 1997, 1504 (1506); den umgekehrten Fall, daß ein ausländischer Rechtsträger anstelle einer nicht existenten inländischen Gesellschaft berechtigt und verpflichtet wird behandelt LG Karlsruhe ZIP 1995, 1818.

341 *Eidenmüller/Rehm,* ZGR 1997, 89 (93).

342 wie hier: *Müller,* ZIP 1997, 1049 (1051); *Schuck,* BB 1994, 1538 (1539); *Zimmer,* Internationales Gesellschaftsrecht, S. 300; a.A. LG Köln, GmbHR 1986, 314 (315); *Staudinger- Großfeld,* Internationales Gesellschaftsrecht, Rn. 407; *Eidenmüller/Rehm,* ZGR 1997, 89 (93); *Fischer,* IPRax 1991, 100 (101).

schäftsführung ausgeschlossen werden. Anhaltspunkte lassen sich aus dem konkludenten Handeln der Gesellschafter erschließen, wobei hierfür auch der ausländischen Gesellschaftsvertrag herangezogen werden kann. Gem. § 125 Abs. 4 HGB sind aber von der gesetzlichen Regelung abweichende Vertretungsregelungen in das Handelsregister einzutragen. Obwohl der Eintragung keine konstitutive Bedeutung zukommt, kann ihr Fehlen doch wegen der negativen Publizität des § 15 HGB wichtig sein: Rechtsgeschäfte, die ein Gesellschafter für die Gesellschaft vornimmt, muß die Gesellschaft gegen sich gelten lassen, sofern die abweichende Regelung dem Dritten nicht bekannt gewesen ist. In der Praxis wird dies aber nicht häufig der Fall sein: Geht der Vertragspartner von dem Bestehen einer inländischen oHG aus, da er das Auseinanderfallen von Satzungs- und Verwaltungssitz erkannt hat, wird er im Regelfall auch von den gesellschaftsinternen Vertretungsbeschränkungen Kenntnis haben. Meistens wird der Dritte auf das Fortbestehen einer ausländischen Kapitalgesellschaft vertrauen. In diesem Fall wird er ohnehin nur mit den berufenen Vertretern der Gesellschaft kontrahieren.

Zweiter Problempunkt ist das Prinzip der Selbstorganschaft, wonach zumindest ein Gesellschafter die Vertretungs- und Geschäftsführungsfunktion wahrnehmen muß[343]. Das ist bei ausländischen Gesellschaften problematisch, bei denen ausschließlich Nichtgesellschafter Vorstandsmitglieder oder Geschäftsführer sind. Folge eines Verstoßes gegen das Prinzip der Selbstorganschaft wäre es, daß sich entweder die Gesellschaft auflöst oder es zu einem Wiederaufleben der Vertretungsmacht der Gesellschafter als Gesamtvertretungsmacht kommt[344]. Da eine Fortführung der Gesellschaft im Interesse der Gesellschafter liegen wird, wird im Regelfall letzteres anzunehmen sein. Allerdings wurde der Grundsatz der Selbstorganschaft von der Rechtsprechung im Falle von Publikumsgesellschaften, die als Personenhandelsgesellschaft organisiert sind, beschränkt. Das Prinzip der Selbstorganschaft verbietet es zwar, daß sämtliche Gesellschafter von der Vertretung und Geschäftsführung der Gesellschaft ausgeschlossen sind, zulässig ist es aber, Dritte durch Gesellschafterbeschluß in weitem Umfang mit Geschäftsführungsaufgaben und umfassenden Vollmachten auszustat-

---

343 BGHZ 26, 330 (333); *Baumbach/Hopt,* § 114 HGB Anm. 2A; Münchener Handbuch GesR, Bd.2- *Wirth,* § 3 Rn. 15.

344 BGHZ 22, 105 (108); *Schlegelberger- Schmidt,* § 125 HGB Rn. 16.

ten[345]. Nichts anderes sollte für den Fall der "dauerhaft nichtrechtsfähigen Kapitalgesellschaft" gelten.

Liegt eine GbR vor, gilt der Grundsatz der Gesamtgeschäftsführungsbefugnis und der Gesamtvertretungsmacht. Das Prinzip der Selbstorganschaft verbietet auch hier, sämtliche Gesellschafter von der Vertretungsmacht und Geschäftsführungsbefugnis auszuschließen[346]. Für den nicht-rechtsfähigen Verein gelten die Vorschriften der §§ 26 - 28 BGB entsprechend. Dem Vorstand unterliegt die Geschäftsführung und die Vertretung nach außen. Als Organe des Vereins sind die Geschäftsführer bzw. Vorstandsmitglieder anzusehen.

3. Einzelpunkte zur Haftung der Gesellschafter

Gesellschafter einer oHG haften nach § 128 Abs. 1 HGB persönlich als Gesamtschuldner. Diese Haftung ist gegenständlich und der Höhe nach unbeschränkt und gilt für gesetzliche und deliktische Verbindlichkeiten gleichermaßen, sofern es sich nicht um stille Gesellschafter handelt[347]. Die in einem ausländischen Gesellschaftsvertrag befindliche Haftungsbeschränkung ist nach § 128 Abs. 2 HGB unbeachtlich.

Wenn man dagegen eine Rechtsscheinhaftung bejaht, darf die Haftung der Anteilsinhaber nicht weiter gehen, als der gesetzte Rechtsschein, d.h. Handeln als im Inland anerkannte englische Ltd. oder als französische S.A.R.L. Die Haftung beschränkt sich auf den gesetzten Rechtsschein[348].

Liegt eine Einmann-Gesellschaft vor, soll nach der Rechtsprechung und der überwiegenden Literatur die unter der Firma der Gesellschaft auftretende Einzelperson als Einzelkaufmann behandelt werden, der aus den im Namen der Gesellschaft abgeschlossenen Verträgen persönlich berechtigt und verpflichtet wird[349]. Dies ist nicht unproblematisch, da

---

345 BGH WM 1982, 294; Münchener Handbuch GesR, Bd. 2- *Wirth,* § 3 Rn. 17.

346 Münchener Kommentar- *Ulmer,* § 709 BGB, Rn. 20.

347 *Soergel- Lüderitz,* Art 10 EGBGB Anhang, Rn. 8; *Staudinger- Weick,* § 54 BGB, Rn 54.

348 BGHZ 61, 59 ff.; BGHZ 69, 95 ff.

349 OLG Frankfurt, NJW 1964, 2355 (2356); OLG Hamburg, NJW 1986, 2199; *Staudinger- Großfeld,* Internationales Gesellschaftsrecht, Rn. 401; *Ebenroth,* Ver-

eine Auslegung der Willenserklärung des Erklärenden gem. §§ 133, 157 BGB in der Regel ergeben wird, daß er selbst nicht, sondern eine andere Person Vertragspartner werden sollte. In diesem Fall soll nach einem Teil der Literatur die Haftung des § 179 Abs. 1 BGB eingreifen, da der Erklärende im Namen einer nach deutschem Recht nicht existierenden juristischen Person gehandelt habe[350]. Sofern der Geschäftsgegner von der Nichtigkeit der Gesellschaft in Kenntnis war, kann § 179 Abs. 3 BGB eingreifen und die Haftung des Einzelkaufmanns entfallen.

4. Handelndenhaftung

Fraglich ist weiterhin, ob neben der Haftung der Gesellschafter eine Haftung der für das Rechtsgebilde Handelnden in Betracht kommt. Die ganz herrschende Meinung bejaht dies, um Gläubigern einen Ausgleich dafür zu geben, daß das ausländische Rechtsgebilde oder deren Gesellschafter im Ausland schwerer in Anspruch zu nehmen sind. Die Rechtsprechung erreicht dieses Ergebnis durch eine Analogie zu den § 11 Abs. 2 GmbHG, § 41 Abs. 1 Satz 2 AktG[351]. Nach diesen Vorschriften ist der persönlich für eine im Eintragungsstadium befindliche Gesellschaft Handelnde verantwortlich. Im innerstaatlichen Recht wird der Begriff des Handelnden eng definiert: Nur der bestellte Geschäftsführer oder Vorstand soll haften, wenn er die fraglichen Rechtsgeschäfte beeinflußt oder gekannt und hingenommen hat[352]. Prokuristen und Bevollmächtigte sind keine Handelnden[353]. Für die analoge Anwendung auf nach ausländischem Recht gegründete Gesellschaften wird der Begriff des Handelnden erheblich weiter gefaßt, als bei der Rechtsprechung zur Vorgesellschaft nach deutschem Recht. Als Handelnde werden nicht nur tatsächliche oder vermeintliche Geschäftsführer und Vor-

---

mögenszuwendungen, S. 373; *Ebenroth/Sura,* RabelsZ 43 (1979), 315 (341); *Bogler,* DB 1991, 848 (850); *v. Falkenhausen,* RIW 1987, 818 (820).

350 *Grothe,* Ausländische Kapitalgesellschaft & Co. S. 121.

351 OLG Hamburg, NJW 1986, 2199; KG NJW 1989, 3100 (3101); OLG Oldenburg, NJW 1990, 1422 (1423); OLG München DB 1986, 1767 (1768); OLG Düsseldorf, ZIP 1995 1009 (1013); LG Hamburg RIW 1990, 1020 (1021); LG Marburg NJW-RR 1993, 222 (223); LG Köln GmbHR 1986 314 (315); LG Stuttgart, IPRax 1991, 118 (119).

352 *Hachenburg- Ulmer,* GmbHG, § 11 Rn. 106; *Lutter/Hommelhoff,* GmbHG, § 11 Rn. 19; Kölner Kommentar AktG- *Kraft,* § 41 Rn. 35.

353 *Hachenburg- Ulmer,* GmbHG, § 11 Rn. 106; *Lutter/Hommelhoff,* GmbHG, § 11 Rn. 19; Kölner Kommentar AktG- *Kraft,* § 41 Rn. 35.

standsmitglieder angesehen, sondern sämtliche Personen, die als Vertreter der Gesellschaft im Rechtsverkehr auftreten[354]. Die international privatrechtliche Literatur ist dem zum großen Teil gefolgt[355]. Begründet wird die Annahme der Handelndenhaftung vor allem mit dem pragmatischen Argument, daß es den Gläubigern im Regelfall schwer fallen werde, die ausländische Gesellschaft selbst oder deren Gesellschafter in Anspruch zu nehmen[356]. Zudem könne über die Haftungssanktion Druck auf die Gesellschaft ausgeübt werden, eine Eintragung als deutsche Gesellschaft zu bewirken, oder den Verwaltungssitz ins Ausland zurückzuverlegen[357].

Die Analogie zu §§ 11 Abs. 2 GmbHG, 41 Abs. 1 Satz 2 AktG ist verfehlt. Voraussetzung einer Analogiebildung sollte sein, daß die Vorschriften keine Sonderregeln für die noch nicht eingetragenen rechtsfähigen Kapitalgesellschaft, sondern schlechthin die Rechtslage nicht rechtsfähiger Kapitalgesellschaften regeln würde. Im 19. Jahrhundert wurde eine solche Auffassung offensichtlich zu den Parallelvorschriften der Artt. 178 und 211 ADHGB vertreten[358]. Heute wird sie von der ganz herrschenden Auffassung abgelehnt. Die in § 11 Abs. 2 GmbHG und § 41 AktG festgelegten Haftungsgrundlagen betreffen nur das Durchgangsstadium zwischen Abschluß des Gesellschaftsvertrages und Erlangung der Rechtsfähigkeit.

Auch sonst paßt die ratio legis der Vorschriften der Handelndenhaftung nicht auf die nach ausländischem Recht gegründete Gesellschaft mit Verwaltungssitz im Inland. § 11 Abs. 2 GmbHG und § 41 Abs. 1 S. 2

---

354 OLG Oldenburg, NJW 1990, 1422 (1423); LG Köln, GmbHR 1986, 314; LG Marburg, NJW-RR 1993, 222 (223); *Staudinger- Großfeld,* Internationales Gesellschaftsrecht, Rn. 402.

355 Münchener Kommentar- *Ebenroth,* Nach Art. 10 EGBGB, Rn. 195; *Staudinger- Großfeld,* Internationales Gesellschaftsrecht, Rn. 402; *Ebenroth,* Vermögenszuwendungen, S. 373; *Grothe,* Ausländische GmbH & Co.KG, S. 123; *Berndt,* JZ 1995, 187 (188); *Ebenroth/Eyles* DB Beil. 2/1988, 1 (9); *Ebenroth/Wilken* JZ 1991, 1061 (1061); *Fischer,* Iprax 1991, 100 (102); *Eidenmüller/Rehm,* ZGR 1997, 89 (100); *Seipen,* IPRax 1986, 94; *Sonnenberger/Großerichter* RIW 1999, 721 (726).

356 LG Köln, GmbHR 1986, 314 (315); *Staudinger- Großfeld,* Internationales Gesellschaftsrecht, Rn. 402; *Fischer,* IPRax 1991, 100 (102).

357 *Staudinger- Großfeld,* Internationales Gesellschaftsrecht, Rn. 403; *Fischer,* IPRax 1991, 100 (102); *Grothe,* Die ausländische Kapitalgesellschaft & Co., S. 123.

358 *Schmidt,* Die oHG im System der Handelsgesellschaften, S. 250.

AktG sind als Überbleibsel aus der Zeit des Konzessionssystems heute weitgehend funktionslos geworden[359]. Der Sinn der Vorschriften wird heute darin gesehen, daß den Gläubigern ein Ausgleich dafür zu geben ist, daß die Kapitalgrundlage der haftenden Vorgesellschaft noch nicht in gleichem Maße kontrolliert und bekanntgemacht ist, wie bei einer im Handelsregister eingetragenen juristischen Person, auf deren Entstehung der Rechtsverkehr vertraut[360]. Sofern der Vertragspartner darüber in Kenntnis ist, daß es sich bei der Gesellschaft um eine nach ausländischem Recht gegründete juristische Person handelt, wird er aber nicht auf die Entstehung einer deutschen Aktiengesellschaft oder GmbH vertrauen[361]. Bei einer ausländischen Gesellschaft sind Gläubiger dagegen von vornherein darüber in Kenntnis, daß die ausländische Gesellschaft unterschiedlichen Mindestkapitalvorschriften unterliegt. Ein besonderer Vertrauensschutz ist darüber hinaus nicht erforderlich. Die Sanktionierung der Nichteintragung, der von dem international-privatrechtlichen Schrifttum betont wird, steht im Widerspruch zu der inzwischen ganz herrschenden Meinung im Recht der Vorgesellschaft. Der Druckfunktion wird dort nur noch ganz untergeordnete Bedeutung beigemessen[362]. Systemwidrig und mit einer zulässigen Analogiebildung keineswegs vereinbar ist schließlich die von der Rechtsprechung vorgenommene Ausweitung der Handelndenhaftung für nicht anerkannte ausländische Gesellschaften. Auch hier läuft die Handelndenhaftung auf einen "Sondertatbestand" für ausländische Gesellschaften hinaus, der mit dem heutigen Verständnis der Handelndenhaftung als Organhaftung überhaupt nicht zu vereinbaren ist[363].

Teilweise wird die Handelndenhaftung auch über § 179 Abs. 1 BGB begründet[364]. Eine Anwendung dieser Vorschrift ließe sich aber nur rechtfertigen, wenn der Abschluß einer Vereinbarung für eine rechtlich nicht vorhandenen Person dem Fall des Handelns für eine vorhandene Person ohne Vertretungsmacht gleichzustellen wäre. Die Vorschrift dient nämlich dazu, dem Gläubiger in dem Fall einen Schuldner zur

---

[359] *Hachenburg- Ulmer,* GmHG, § 11 Rn. 96.

[360] BGHZ 80, 182 (184); *Hachenburg- Ulmer,* GmbHG, § 11 Rn. 98.

[361] *Soergel- Lüderitz,* Art. 10 EGBGB Anhang Rn. 8.

[362] *Hachenburg- Ulmer,* GmbHG, § 11 Rn. 98.

[363] *Müller,* ZIP 1997, 1049 (1053); *Zimmer,* Internationales Gesellschaftsrecht, S. 297.

[364] LG Stuttgart, Iprax 1991, 118 (119); *Soergel- Lüderitz,* Nach Art. 10 EGBGB Rn. 8; *v. Falkenhausen,* RIW 1987, 818 (820).

Verfügung zu stellen, wenn der scheinbar Vertretene nicht verpflichtet werden konnte. Sofern ein gesellschaftsrechtliches Gebilde nach inländischem Gesellschaftsrecht die Voraussetzungen der §§ 105 HGB, 705 BGB erfüllt, ist eine Gesamthand als Rechtsträger aber existent[365]. Hinter dem als Vertreter handelnden Person verbirgt sich somit ein Rechtssubjekt, das bei entsprechender Vertretungsmacht auch rechtsgeschäftlich verpflichtet werden kann. § 179 BGB stellt aber nur bei dem Fehlen eines tatsächlich Verpflichteten einen anderen Schuldner bereit[366]. Für einen Analogieschluß fehlt es daher an der erforderlichen Rechtsähnlichkeit. Eine Handelndenhaftung ist daher generell abzulehnen.

5. Inanspruchnahme der Gesellschaft und Aktivprozesse

Die oHG haftet gem § 124 Abs. 1 HGB und ist durch die gesetzliche Anordnung parteifähig. Schwieriger ist die Inanspruchnahme, wenn kein Handelsgewerbe vorliegt. Eine Klage muß dann gegen alle Mitglieder der BGB- Gesellschaft gerichtet werden, § 736 ZPO[367]. Die Praxis behilft sich zum Teil -unabhängig von der Einordnung der Gesellschaft- mit Rechtsscheingrundsätzen oder einen analogen Anwendung des § 50 Abs. 2 ZPO: Das OLG Nürnberg hatte 1985 einen Fall zu entscheiden, in dem ein Kläger Forderungen gegen eine britische private limited company geltend machte, bei der es sich nach deutschem Recht mangels augeübtem Handelsgewerbe nur um eine GbR handeln konnte. Das Gericht führte aus, daß die Gesellschaft, obgleich sie eigentlich nach deutschem Recht keine Parteifähigkeit erlangt habe, dennoch als rechts- und parteifähig anzusehen sei, da sie im Rechtsverkchr als juristische Person aufgetreten sei und der Rechtsverkehr auf ihre Existenz als juristische Person vertraut habe[368].

Es kann aber nicht angehen, die Gesellschaft haftungsmäßig wie eine GbR zu behandeln, ansonsten aber Rechtsscheinsgrundsätze zur Anwendung kommen zu lassen. Erkennt das deutsche Recht die Gesellschaft als GbR, werden die Rechtsscheinsgrundsätze verdrängt. Das

---

365 *Grothe,* Die ausländische Kapitalgesellschaft & Co. S. 122; *Kruse,* Sitzverlegungen von Kapitalgesellschaften in der EG, S. 43.

366 *Zimmer,* Internationales Gesellschaftsrecht, S. 299; *Müller,* ZIP 1997, 1049 (1052).

367 BGH NJW 1981, 1953.

368 OLG Nürnberg, IPR 1985, 432.

Problem wäre allerdings dann beseitigt, wenn man mit der im Vordringen begriffenen Lehre der BGB- Gesellschaft bereits selbst aktive und passive Parteifähigkeit im Zivilprozeß zugesteht[369]. Dieser Schluß von der (umstrittenen) Teilrechtsfähigkeit der GbR auf die Parteifähigkeit ist jedoch fraglich: Dagegen spricht, daß der Gesetzgeber die Parteifähigkeit grundsätzlich nur juristischen Personen zukommen lassen wollte, deren Existenz in einem öffentlichen Register dokumentiert ist[370]. Eine Anerkennung der Parteifähigkeit wäre daher wohl nur als Rechtsfortbildung möglich[371]. Seit Inkrafttreten des Handelsrechtsreformgesetzes 1998 ist die Frage aber für den hier erörterten Fall aber nur noch von geringer Bedeutung: Aus dem Ausland kommende Rechtsgebilde werden im Regelfall als oHG anzusehen sein.

Der BGH erörterte kürzlich in einem Vorabentscheidungsersuchen an den EuGH die Frage, ob eine nach niederländischem Recht errichtete Gesellschaft mit Verwaltungssitz im Inland einen Aktivprozeß führen konnte[372]. Die Vorinstanz hatte die Klage abgewiesen, da die Gesellschaft nach deutschem Recht nach der Verwaltungssitztheorie nicht existent und damit nicht parteifähig sei[373]. Im Grundsatz folgte der BGH dieser Begründung[374]. Die Argumentation greift allerdings zu kurz: Zunächst hätte geprüft werden müssen, ob die Gesellschaft nach deutschem Recht als oHG anzusehen ist. Dann hätte ihr auch die aktive Parteifähigkeit zugestanden werden müssen.

6. Anwendung der Vorschriften des Mitbestimmungsgesetzes auf die Gesellschaft?

Nach einer neuerdings von *Zimmer*[375] vertretenen Auffassung können sachrechtlich die Vorschriften des Mitbestimmungsgesetzes auch auf die ausländischen Rechtsgebilde anwendbar sein, die ihren Verwaltungssitz ins Inland verlegt haben und deshalb von der deutschen

---

369 Vgl. *Krebs,* DB 1997, 2013 ff.; *Haß,* DB 1997, 1504 (1507).

370 Münchener Kommentar- *Ulmer,* § 718 Rn. 42.

371 Münchener Kommentar- *Ulmer,* § 718 Rn. 43.

372 BGH, BB 2000, 1106 ("Überseering"); Vorinstanz: OLG Düsseldorf 5 U 1/98; nicht rechtskräftig.

373 OLG Düsseldorf, a.a.O.

374 BGH a.a.O.

375 *Zimmer,* Internationales Gesellschaftsrecht, S. 161.

Rechtsordnung als oHG oder GbR behandelt werden. Die Einordnung als oHG erfolge nur dazu, die haftungsrechtlichen Probleme des Rechtsgebilde in den Griff zu bekommen. Es sei daher durchaus möglich, die Vorschriften des MitBestG zur Anwendung kommen zu lassen. Das ist unzutreffend. Sie widerspricht der eindeutigen Vorgabe des Gesetzgebers, das Mitbestimmungsgesetz nur auf die in § 1 Abs. 1 MitbestG enumerativ aufgezählten Kapitalgesellschaften anzuwenden. Die Einordnung in den numerus clausus der deutschen Gesellschaftsrechtsformen erfolgt anhand objektiver Merkmale. Es geht auch nicht an, einer Gesellschaft haftungsrechtlich das Haftungsprivileg zu nehmen, sie mitbestimmungsrechtlich aber wie eine deutsche Kapitalgesellschaft zu behandeln. Auch systematisch überzeugt die Auffassung von *Zimmer* nicht: Die Nichteinbeziehung der Personengesellschaften in das Mitbestimmungsregime beruht nach allgemeiner Ansicht darauf, daß die paritätische Unternehmensmitbestimmung mit der persönlichen Mitarbeit und persönlichen Haftung der Gesellschafter strukturell unvereinbar ist[376].

7. Umwandlung in inländische Kapitalgesellschaft

Wird die ausländische Gesellschaft von der deutschen Rechtsordnung als oHG behandelt, drängt sich die weitere Frage auf, ob die Gesellschaft nach dem UmwG in eine Kapitalgesellschaft deutschen Rechts umgewandelt werden kann. Voraussetzung ist wiederum, daß das ausländische Recht den Wegzug des Unternehmens nicht mit der Auflösung der Gesellschaft sanktioniert. Das ausländische Recht muß bei der Verlegung der Gesellschaft nach Deutschland "mitspielen"[377]. Nach § 191 Abs. 1 Nr. 1 UmwG ist eine oHG ein umwandlungsfähiger Rechtsträger. Auf die Eintragung im Handelsregister kommt es für die Entstehung nicht an. Entscheidend ist nur die Aufnahme des kaufmännischen Handelsgewerbes. Übt die Gesellschaft kein kaufmännisches Handelsgewerbe aus, so kommt nach dem UmwG eine Rückumwandlung in eine Kapitalgesellschaft nicht in Betracht.

Problematisch erscheint in diesem Zusammenhang allerdings wiederum, daß die durch § 1 Abs. 1 UmwG gegebene Beschränkung des An-

---

[376] Bericht der Sachverständigenkommission der Bundesregierung, BT-Drucks. 6/334, 116; *Bayer,* Grenzüberschreitender Beherrschungsvertrag, S. 108; *Wiedemann,* Gesellschaftsrecht, S. 608 f.

[377] *Lutter- Lutter,* UmwG, Einleitung Rn. 33.

wendungsbereichs des Gesetzes auf "Rechtsträger mit Sitz im Inland". Die Gesellschaft wird nach ihrer Verlegung des Verwaltungssitzes weiterhin im Ausland eingetragen sein. Es ist bei Kapitalgesellschaften umstritten, ob die Formulierung in § 1 Abs. 1 UmwG allein auf den tatsächlichen Verwaltungssitz abstellt, oder auf den Satzungssitz der Gesellschaft. Geht man davon aus, daß das Kollisionsrecht dem Sachrecht vorgelagert ist, kann das UmwG unabhängig von der Formulierung überhaupt nur dann zur Anwendung kommen, wenn der Verwaltungssitz der Gesellschaft im Inland liegt und damit deutsches Sachrecht aufgerufen wird[378].

Damit ist aber noch nicht für alle Gesellschaftsformen gesagt, daß § 1 Abs. 1 UmwG stets auf den Satzungssitz abstellt. Die sachrechtliche Anknüpfung ist vielmehr nach der jeweiligen Gesellschaftsart zu bestimmen. Behandelt das deutsche Recht das "ausländische Rechtsgebilde" als oHG, kommt dem Satzungssitz nur deklaratorische Bedeutung zu: Im Recht der Personenhandelsgesellschaften ist gesellschaftsrechtlich Sitz der Gesellschaft der Ort, wo sich die Geschäftsführung befindet[379]. An diesem Ort ist die Gesellschaft zur Anmeldung in das Handelsregister anzumelden (§ 106 Abs. 1 HGB).

§ 191 Abs. 3 UmwG steht dem nicht entgegen, da es sich bei der oHG nicht um eine aufgelöste (inländische) Gesellschaft handelt. Die Gesellschaft wird daher bei richtigem Verständnis nicht als oHG mit ausländischem Satzungssitz zu verstehen sein. Dies wäre nach deutschem Recht auch überhaupt nicht möglich. Es handelt sich vielmehr um einen Rechtsträger, der überhaupt nicht im Register eingetragen worden ist. Damit kann § 198 Abs. 2 Satz 1 UmwG auf den Rechtsträger angewendet werden. Diese Vorschrift regelt genau den Fall, daß der formwechselnde Rechtsträger bislang nicht im Register eingetragen ist.

Gegen diese Umwandlungsmöglichkeit spricht nun in keinem Fall das oben bereits besprochene Argument, daß der Gesetzgeber mit der Regelung des Umwandlungsgesetzes grenzüberschreitende Sachverhalte ausnehmen wollte. Wenn das deutsche Recht die Anknüpfung so umfassend und einnehmend vornimmt, geht es nicht an, den ausländischen Gesellschaften nur die Nachteile der inländischen Rechtsordnung zuteil werden zu lassen. Ihnen muß auch der Vorteil der weitgehenden Um-

---

378 *Lutter- Lutter,* UmwG, Einleitung Rn. 32.

379 *Baumbach/Hopt,* § 106 Rn. 8; *Schlegelberger/Martens,* § 106 Rn. 12.

wandlungsmöglichkeiten in Deutschland zukommen[380]. Eine identitätswahrende Umwandlung kann daher über dem Zwischenschritt der Verlegung des Verwaltungssitzes einer Gesellschaft in die Bundesrepublik und dadurch eintretende "Umwandlung" in eine oHG mit anschließender Rückumwandlung in eine Kapitalgesellschaft bereits jetzt erreicht werden. Rechtstechnisch handelt es sich eigentlich um eine Umwandlung nach der Sitzverlegung[381]. Restlos befriedigend ist dies nicht. Die ausländische Kapitalgesellschaft erkauft sich den Statutenwechsel mit einer zwischenzeitlichen persönlichen Haftung der Gesellschafter durch die Behandlung als oHG. Zu beachten ist, daß die Umwandlung in eine Kapitalgesellschaft auch insoweit nur dann erfolgreich sein wird, wenn das ausländische Recht die Verlegung des Satzungssitzes in die Bundesrepublik identitätswahrend zuläßt. Als Kapitalgesellschaft mit ausländischem Satzungssitz kann die Gesellschaft nicht in das Handelsregister eingetragen werden.

---

380 *Lutter- Lutter,* UmwG, § 1 Rn. 8.

381 *Bechtel,* Umzug von Kapitalgesellschaften, S. 107.

§ 7 Verlegung des Verwaltungssitzes ins Ausland

I. Zuzugstaat folgt Sitztheorie

1. Kollisionrecht

Im internationalen Privatrecht werden allseitige und einseitige Kollisionsnormen unterschieden. Unter einseitigen Kollisionsnormen versteht man solche Normen, die auf der Rechtsfolgenseite allein die inländische Rechtsordnung zur Anwendung kommen lassen. Allseitige Kollisionsnormen sind dagegen allgemeingültig formuliert, so daß je nach Fallkonstellation auf die ausländische oder inländische Rechtsordnung verwiesen wird[382].

Im Gegensatz zu der von *Raape*[383] begründeten und heute vor allem von *Großfeld*[384] und *Ebenroth*[385] vertretenen Auffassung soll hier die Meinung vertreten werden, daß die Verlegung des Verwaltungssitzes ins Ausland einer wirksam nach deutschem Recht gegründeten Gesellschaft nicht zu einem Statutenwechsel führt. Der Verwaltungssitz einer Gesellschaft bestimmt nur, wann inländisches Recht zur Anwendung kommt, er verweist nicht auch auf ausländisches Recht[386]. Die oben genannten Autoren entscheiden anders: Sie knüpfen auch in diesem Fall das Gesellschaftsstatut an den Ort an, an dem sich die tatsächliche Hauptverwaltung des Unternehmens befindet, die tatsächliche Verlegung des Verwaltungssitzes ins Ausland bewirkt also einen Wechsel des Gesellschaftsstatuts[387]. Auch die neuere Rechtsprechung scheint der Auffassung zu sein, daß die Verlegung des Verwaltungssitzes den Verlust der innerstaatlich verliehenen Rechtsfähigkeit zur Folge

382 vgl. nur: *Kropholler,* IPR § 12 III, S. 85.

383 *Raape,* Internaitonales Privatrecht, S. 197.

384 *Staudinger- Großfeld,* Internationales Gesellschaftsrecht, Rn. 555; ebenso: Großkommentar Aktiengesetz- *Ebenroth,* Einl. Rn. 566; *Heinrich,* Ausländische juristische Person & Co., S. 24.

385 Münchener Kommentar- *Ebenroth,* Nach Art. 10 EGBGB, Rn. 220; *Ebenroth/Auer,* RIW Beil. 3/1992, 1 (6); *dies.,* GmbHR 1994, 18 f.

386 im Ergebnis ebenso: *Soergel- Lüderitz,* Nach Art. 10 EGBGB, Rn. 48; *Süss,* Festschrift Lewald, 608; *Wiedemann,* Gesellschaftrecht, S. 793.

387 *Raape,* Internationales Privatrecht, 197, 203; *Staudinger- Großfeld,* Internationales Gesellschaftsrecht, Rn. 356 ff.

hat[388]. Sofern der Zuzugstaat ebenfalls der Sitztheorie folgt, nimmt er die Verweisung aus dem deutschen Recht an. Die ehemals in Übereinstimmung mit deutschem Recht (dem ursprünglichen Verwaltungssitz) errichtete Gesellschaft ist nunmehr allein nach dem Recht des Zuzugstaates zu beurteilen. Die innerstaatliche Rechtsfähigkeit geht dagegen (trotz der weiterhin bestehenden Eintragung) verloren. Ein Verfahren nach § 144 a FGG analog ist die sachrechtliche Folge[389].

Die ältere Rechtsprechung tendierte in Übereinstimmung mit der hier vertretenen Auffassung dazu, für den Fall der Verlegung des Verwaltungssitzes einer bereits bestehenden Gesellschaft an den statutarischen Sitz anzuknüpfen[390]. Zwar finden sich überhaupt nur wenige höchstrichterliche Entscheidungen, die die Verwaltungssitzverlegung unter Beibehaltung des Satzungssitzes im Inland kollisionsrechtlich behandeln. Die meisten Urteile, auf die in diesem Zusammenhang immer wieder verwiesen wird, sind nicht einschlägig, da allein die Verlegung des Satzungssitzes in Frage stand[391]. In dem einzigen Fall, in dem das Reichsgericht Farbe bekennen mußte, da es ausschließlich um die isolierte Verlegung des Verwaltungssitzes ging, knüpfte es ohne weiteres an den Satzungssitz an: Eine Gesellschaft mit Verwaltungssitz und Satzungssitz im Inland, bei der ein ausländischer Gesellschafter sämtliche Anteile erwarb und die Gesellschaft schließlich aus Ungarn leitete, erkannte das Gericht: "Eine Verlegung ihres Sitzes ins Ausland ist hingegen nicht möglich, vielmehr wird die Verwaltung, wenn sie vom Ausland her geführt wird, dadurch vom Sitz der Gesellschaft getrennt. Die Gesellschaft aber behält ihren Sitz und ihre Inländereigenschaft"[392]. Ebenso entschied das OLG Hamburg 1970 bei einer Verlegung des Verwaltungssitzes einer Gesellschaft nach Israel[393]. Diese Auffassung wird teilweise mit sachrechtlichen Erwägungen gestützt. Eine inländische Gesellschaft mit ausländischem Verwaltungssitz scheint sachrechtlich ohne weiteres zulässig: Nach dem Wortlaut des Gesetzes ist

388 BayObLGZ 1992, 113; OLG Hamm, ZIP 1997, 1696 (beide allerdings für die gleichzeitige Verlegung von Verwaltungssitz und Satzungssitz).

389 *Staudinger- Großfeld,* Internationales Gesellschaftsrecht, Rn. 83.

390 RG JW 1934, 2696; OLG Hamburg, RIW/AWD 1970, 570 vgl auch: *Herz,* Die Einordnung grenzüberschreitender Kapitalgesellschaften, S. 82; *Werner,* AG 1990, 1 (3).

391 auf diesen Umstand weist *Knobbe-Keuk,* ZHR 154 (1990), 325 (353) hin.

392 RG, JW 1934, 2696.

393 OLG Hamburg,RIW/ AWD 1970, 570.

es gerade nicht erforderlich, daß sich der Verwaltungssitz einer Gesellschaft im Inland befindet. Es bestehe durch den inländischen Satzungssitz ein "Anwendungswille" des inländischen Sachrechts.

Das Sachrecht knüpft an die Verlegung des Verwaltungssitzes zwar grundsätzlich keine Konsequenzen[394]. § 5 AktG selbst kann aber nicht als einseitige, die Verwaltungssitztheorie derogierende, zwingende Eingriffsnorm (oder: versteckte Kollisionsnorm) verstanden werden. Die Vorschrift setzt wie jede andere Sachnorm grundsätzlich die Anwendbarkeit deutschen Rechts voraus.

Muß damit ein Ansatz aus dem Kollisionsrecht selbst entwickelt werden, ist wiederum nach dem charakteristischen Inhalt des durch die Sitzverlegung geschaffenen Rechtsverhältnisses zu fragen. Dabei ist nun vor allem zu berücksichtigen, daß das inländische Gesellschaftsrecht als Schutzrecht für Minderheitsgesellschafter und Gläubiger konzipiert ist. Da die Interessen der Partei, denen das materielle Recht eine besondere Bedeutung schenkt, bei der Schaffung einer Kollisionsnorm zu berücksichtigen ist, spricht das Parteiinteresse für die Maßgeblichkeit des Statuts des Satzungssitzes. Kollisionsrechtlich läßt sich die Auffassung mit dem Gedanken untermauern, daß der Schutzzweck, der der Sitztheorie zugrunde liegt, konterkariert wird, wenn bei der Verlegung des Verwaltungssitzes ins Ausland ein Statutenwechsel eintritt[395]. Es entspricht dem Schutzinteresse inländischer Betroffener (Gläubiger und Arbeitnehmer), auf solche Gesellschaften weiterhin deutsches Recht zur Anwendung kommen zu lassen. Dies gilt vor allem dann, wenn lediglich die Verwaltung der Gesellschaft ins Ausland verlegt wird, die hauptsächliche Geschäftstätigkeit aber im Inland verbleibt. In diesem Fall ist es in der Tat nicht einzusehen, warum das deutsche Recht eigene Restkontrolle aufgeben und Anknüpfungsunsicherheit herstellen sollte, solange sich noch ein tauglicher Anknüpfungspunkt im Inland befindet[396]. Problematischer ist dies, wenn tatsächlich auch der Schwerpunkt der Geschäftstätigkeit in das Ausland verlagert wird. Nach § 5 Abs. 2 AktG ist eine solche Verlagerung sach-

---

394 *Soergel- Lüderitz*, Nach Art. 10 EGBGB Rn. 10 unter Berufung auf RG JW 1934, 2969; ROHG 21, 37; KGJ 13, 45; KG, OLGRspr. 25, 50; OG Danzig, LZ 1930, 401; OLG Karlsruhe IPRSpr. 1934, 290 Nr. 151; ähnlich *Knobbe-Keuk,* ZHR 154 (1990), 325, 350; *Flume,* Juristische Person, S. 178.

395 *Wiedemann,* Gesellschaftsrecht, S. 792.

396 *Soergel- Lüderitz,* Nach Art. 10 EGBGB, Rn. 48.

rechtlich aber in der Regel nur zulässig, wenn die Gesellschaft einen zulässigen Satzungssitz im Inland aufrecht erhält. Dies wird bedeuten, daß die Gesellschaft im Inland einen Geschäftsbetrieb aufrechterhält, mit dem sie am Geschäftsbetrieb teilnimmt[397]. Der dagegen erhobene Einwand, § 5 Abs. 2 AktG stelle nur eine Regelvermutung auf, die auch einen innerstaatlichen Satzungssitz bei einer vollständigen Verlagerung ins Ausland zulasse[398], verfängt nicht. Es sind kaum Fallkonstellationen denkbar, die es rechtfertigen würden, ein schutzwürdiges Interesse der vom gesetzlichen Regelfall abweichenden Sitzwahl zu bejahen.

Wichtiger ist noch folgendes: Zuvor wurde die Rechtfertigung der Anknüpfung an den Verwaltungssitz allein durch den "präventiven und selbstregulierenden" Charakter vorgenommen. Diese Wirkung tritt bei dem Wegzugsfall aus deutscher Sicht nicht ein: Zu einem "forum shopping", das gegen die Regulierungsinteressen des deutschen Rechts läuft, kann es in diesem Fall nicht kommen. Im Gegenteil: Die Sitztheorie ermöglicht es der Gesellschaft erst, sich inländischer Schutzbestimmungen zu entledigen, in dem der Geltungsanspruch des deutschen Rechts zurückgenommen wird.

Verfassungsrechtlich stellt sich zusätzlich die Frage, ob der Verlust der deutschen Rechtsfähigkeit, der von der Sitztheorie durch den Statutenwechsel herbeigeführt wird, rechtsstaatlichen Erfordernissen gerecht wird. Inländische juristische Personen sind nach Art. 19 Abs. 3 GG Grundrechtsräger. Nun stellt sich zwar die Frage, ob sie mit der Verlegung ihre Eigenschaft als Grundrechtsträger (nur inländische juristische Personen genießen Grundrechtsschutz) verlieren. Da sie im Inland ihren Satzungssitz haben, unterliegen sie aber weiterhin der Kontrolle der Registergerichte, sind daher deutscher Hoheitsgewalt unterworfen. Ihnen darf nicht ohne gesetzliche Grundlage die innerstaatliche Rechtsfähigkeit entzogen werden, wenn sie ihre Geschäftsleitung verlegen. Rechtsanwendungsrecht ist trotz seines "Vorschaltcharakters" einfaches Recht, dem nicht eine bestimmende Wirkung innerhalb des Verfassungsrechts zukommen kann[399]. Wenn allerdings das Grundrechtskollisionsrecht ebenfalls an der Sitztheorie gemessen wird, ließe sich die Auffassung vertreten, die Grundrechte kämen nach einer Verlegung

---

397 *Wiedemann,* Festschrift für Kegel, S. 199.

398 *Heinrich,* Die ausländische juristische Person & Co. KG., S. 86.

399 *Bungert,* Das Recht ausländischer Kapitalgesellschaften auf Gleichbehandlung, S. 215.

des Verwaltungssitzes nicht mehr auf die (vormals) juristische Person zur Anwendung. Damit ist keine Frage des Grundrechtskollisionsrechts angesprochen. Es geht allein um den Anwendungsbereich der allgemeinen Handlungsfreiheit des Art. 2 Abs. 1 GG. Die Verlagerung des Verwaltungssitzes fällt damit unter den Vorbehalt des Gesetzes. Ein Eingriff in den rechtlichen Bestand der Gesellschaft muß gesetzlich abgedeckt sein. Der Verlust der Rechtsfähigkeit durch den Wegzug von Verwaltungsorganen ist aber gesetzlich keineswegs zu untermauern. Die Grundlage kann keinesfalls im Gewohnheitsrecht gesehen werden. Darunter ist nur eine über längere Zeit hindurch tatsächlich in der Rechtsanwendung mit der entsprechenden opinio iuris befolgte Rechtsregel zu sehen. Die Rechtsprechung hat aber bei einer Verlegung des Verwaltungssitzes ins Ausland gerade anders entschieden. Zudem ist die Sitztheorie selbst stets umstritten gewesen. Von einer gewohnheitsrechtlichen Anerkennung des Verlustes der nach deutschem Recht verliehenen Rechtsfähigkeit bei einer Verlegung des Verwaltungssitzes kann daher keine Rede sein. Auch eine richterliche Analogiebildung kann nicht weiterhelfen, da eine planwidrige Gesetzeslücke nicht besteht.

Zugegeben: Gegen die Annahme der Fortgeltung deutschen Rechts steht das von Art. 4 Abs. 1 EGBGB verfolgte Ziel des internationalen Entscheidungseinklangs: Erkennt man es als ein legitimes Schutzziel der Sitztheorie an, daß stets die Interessen des am meisten betroffenen Staates durch die Anwendung seines Sachrechts gewahrt werden müssen, so spricht das dafür, die Sitztheorie als allseitige Kollisionsnorm zu verstehen. Das Gebot des kollisionrechtlichen Entscheidungseinklangs hilft aber zumindest nicht über die verfassungsrechtliche Hürde hinweg.

Die hier vertretene Ansicht entspricht im wesentlichen der Auffassung von *Wiedemann*[400], *Koppensteiner*[401] und *Lüderitz*[402]. Einen von dieser Lösung nicht weit entfernten Ansatz hat erst kürzlich *Zimmer* mit der sogenannten Kombinationslehre vorgestellt[403]. Sie behandelt Sitztheorie und Gründungstheorie nicht als unversöhnliche Widersprü-

400 *Wiedemann,* Festschrift für Kegel, S. 199.

401 *Koppensteiner,* Internationale Unternehmen im deutschen Gesellschaftsrecht, S. 105 ff; ebenso: Großkommentar Aktiengesetz- *Brändel,* § 5 Rn. 48.

402 *Soergel- Lüderitz,* EGBGB, Nach Art. 10 Rn. 48.

403 *Zimmer,* Internationales Gesellschaftsrecht, S. 415.

che, sondern stellt das internationalgesellschaftsrechtliche Anknüpfungsystem aus einer Kombination von Sitz- und Gründungstheorie her. Zu entscheiden soll nicht zwischen beiden Theorien sein, sondern unter welchen Voraussetzungen von der einen Rechtsordnung auf die andere überzugehen ist. Damit wahrt *Zimmer* die Einheitlichkeit des Gesellschaftsstatuts. Grundsätzlich soll das Recht, das die Gesellschafter als maßgeblich bestimmt haben, als Gesellschaftsstatut auf die Gesellschaft Anwendung finden. Ein anderes würde gelten, wenn bei dem Statutenwechsel oder zu einem späteren Zeitpunkt substantielle Verbindungen nur zu einem Staat bestehen. In diesem Fall soll das Recht dieses Staates Gesellschaftsstatut sein[404].

2. Gesellschaftsrecht

Nach der hier vertretenen Auffassung verändert die Verlegung des Verwaltungssitzes das Gesellschaftsstatut nicht. Allerdings muß die Gesellschaft die durch das Sachrecht an den Satzungssitz gestellten Voraussetzungen erfüllen: Eine AG muß in der Regel ihren Satzungssitz gem. § 5 Abs. 2 AktG an dem Ort haben, an dem die Gesellschaft einen Betrieb hat, oder wo sich die Geschäftsleitung bzw. die Verwaltung geführt wird. Zudem ist zu prüfen, ob es sich bei dem inländischen Satzungssitz um einen rechtsmißbräuchlich gewählten Sitz handelt. Dies ist dann der Fall, wenn der Satzungssitz durch die Verlegung des Verwaltungssitzes rein fiktiv wird, d.h. die Gesellschaft zu dem gewählten Ort keine räumliche Beziehung mehr hat[405]. Nichts anderes gilt für die GmbH. Ein realer Bezugspunkt zum Inland muß in beiden Fällen erhalten bleiben. Erforderlich hierfür ist, daß die Gesellschaft am Satzungssitz noch eine Betriebsstätte unterhält oder in sonstiger Weise dort geschäftlich tätig ist[406]. Sind diese Voraussetzungen erfüllt, kommt eine Nichtigkeitsklage gem. § 275 AktG nicht in Betracht, da ein Nichtigkeitsgrund nicht vorliegt. Auch ein Verfahren gem. § 144 a FGG scheidet aus, da der Satzungssitz zutreffend angegeben ist. Ein

---

404 *Zimmer,* Internationales Gesellschaftsrecht, S. 415.

405 Vgl.: BayObLGZ 1987, 267; OLG Stuttgart GmbHR 1991, 316; OLG Zweibrücken BB 1991, 1730; *Scholz- Winter,* GmbHG, § 3 Rn. 5; *Baumbach/Hueck* GmbHG, § 3 Rn. 6; Münchener Handbuch des Gesellschaftsrecht- *Heinrich,* Bd. 3, Rn. 41.

406 *Wiedemann*, Gesellschaftsrecht I, S. 791; Münchener Kommentar- *Ebenroth,* Nach Art. 10 EGBGB Rn. 221; v. *Falkenhausen*, RIW 1987, 818 (819).

Mangel der Satzung liegt damit nicht vor[407]. Nur wenn diese Erfordernisse nicht erfüllt sind, ist der Satzungssitz wegen seines nunmehr fiktiven Charakters als nichtig anzusehen[408].

Zugleich stellt sich die Frage, ob die Verlegung des Verwaltungssitzes in einen Staat, der die Gesellschaft wegen ihres inländischen Verwaltungssitzes als Personengesellschaft behandelt, für Aktiengesellschaften nicht auf jeden Fall einer Entscheidung in der Form eines Beschlusses der Hauptversammlung bedarf. Die Beurteilung, ob es sich um eine gesetzlich nicht geregelte zustimmungspflichtige Strukturentscheidung handelt, muß in Orientierung an den gesetzlich ausdrücklich geregelten Tatbeständen erfolgen[409]. Kommt es durch die Sitzverlegung zu einem Statutenwechsel, kann es zu einer Durchgriffshaftung auf die Anteilsinhaber kommen. Das in § 119 Abs. 2 AktG eingeräumte Ermessen schlägt für diesen Fall in eine Pflicht zur Vorlage an die Hauptversammlung um, da der Vorstand vernünftiger Weise nicht damit rechnen kann, er dürfe die Entscheidung in ausschließlicher Weise treffen, ohne die Hauptversammlung zu beteiligen[410].

II. Zuzugstaat folgt Inkorporationstheorie

1. Kollisionsrecht

Selbst wenn von dem Wegzugsstaat allseitig an den Verwaltungssitz angeknüpft wird, kommt es zu keinem Statutenwechsel, wenn eine Gesellschaft ihren Verwaltungssitz in einen Staat verlegt, der selbst der Inkorporationstheorie folgt. In diesem Fall kommt es zu einer Rückverweisung des der Inkorporationstheorie folgenden Staates auf das deutsche Sachrecht. Die kollisionsrechtliche Rückverweisung nimmt das deutsche Recht gem. Art. 4 Abs. 1 Satz 2 EGBGB an, so daß ein Statutenwechsel nicht eintritt. Daher bestehen keine kollisionsrechtlichen Bedenken gegen die Zulässigkeit der Sitzverlegung, da der neue Sitzstaat die nach deutschem Recht erworbene Rechtsfähigkeit aner-

407 *Soergel- Lüderitz,* Nach Art. 10 EGBGB Rn. 10.

408 *Geßler/Hefermehl- Eckardt,* AktG, § 5 Rn. 22; *Hüffer,* AktG, § 5 Rn. 11; *Hachenburg- Ulmer,* GmbHG, § 3 Rn. 11; *Lutter/Hommelhoff,* § 3 Rn. 3; *Wessel,* BB 1984, 1057 (1059); a.A. BAyObLG DB 1982, 894; OLG Frankfurt, DNotZ 1980, 121; *Rowedder- Rittner/Schmidt-Leithoff,* GmbHG, § 3 Rn. 7.

409 BGHZ 83, 122 (131) ("Holzmüller").

410 BGHZ 83, 122 (131).

kennt und keine Neugründung nach seinem Recht verlangt[411]. Die Rechtspersönlichkeit der Gesellschaft nach deutschem Recht kann daher kollisionsrechtlich erhalten bleiben. Ein Statutenwechsel mit der Folge des "Handelns unter falschem Recht" tritt nicht ein.

2. Gesellschaftsrecht

Ein Teil der Literatur will selbst in diesem Fall einen sachrechtlichen Auflösungsgrund annehmen[412]. Demgegenüber vertritt ein anderer Teil der Literatur die Auffassung, daß sachrechtliche Einwände gegen die Verlegung des Verwaltungssitzes in einen der Inkorporationstheorie folgenden Staat nicht bestünden, die Verlegung insbesondere dann sachrechtlich möglich sei, wenn die Gesellschaft ihren Bezug zum Wegzugstaat nicht vollständig verliert[413]. *Großfeld* begründet das vor allem damit, daß sich die Gesellschaft mit dem Wegzug des Verwaltungssitzes einer Rechtsordnung unterstelle, von der man nicht wissen könne, ob sie tatsächlich auf das deutsche Recht zurückverweise[414]. Zudem sei die Durchsetzung bestehender Rechte bei einer Gesellschaft mit Verwaltungssitz im Ausland schwieriger.

Einen kollisionsrechtlichen Auflösungsgrund wegen Unsicherheit der Rechtsfolge eines gefaßten Beschlusses kennt das deutsche Recht allerdings nicht. Der Schutz von Gläubigern, Arbeitnehmern bleibt durch die fortbestehende Anwendbarkeit des deutschen Rechts ohne weiteres gesichert. Auch steuerrechtliche Wertungen sprechen nicht gegen dieses Ergebnis. Die Gesellschaft bleibt nach § 1 Abs. 1 KStG unbe-

---

411 OLG Hamburg RIW/AWD 1970, 518 (Sitzverlegung des Verwaltungssitzes nach Israel (Gründungstheoriestaat); *Widmann/Mayer,* Umwandlungsrecht, Anh. 1.-5. Teil Rn. 6579.16; Großkommentar AktG- *Assmann,* Einl. Rn 566; Münchner Kommentar- *Ebenroth,* Nach Art. 10 EGBGB Rn. 221; *Eyles,* Niederlassungsfreiheit, S. 334; *Ebenroth/Auer,* RIW Beil. 1/1992 1 (7); *Ebenroth/Wilken,* JZ 1991, 1019; *Ebenroth/Auer,* JZ 1993, 374; *Ebenroth/Eyles,* DB Beil. 2/1988 1 (8); *Heinrich,* Die ausländische juristische Person & Co.KG, S. 24; v. *Falkenhausen,* RIW 1987, 818 f.; *Runge/Schäfer,* IWB 1987, 553; *Hausmann* in: *Hausmann/Raupach,* Steuergestaltung durch doppelt ansässige Gesellschaften?, S. 29; *Wiedemann,* Gesellschaftsrecht I, S. 791

412 *Staudinger- Großfeld,* Internationales Gesellschaftsrecht, Rn. 577; *Ebke,* ZGR 1987, 245 (255); *Kaligin,* DB 1985 1449 (1455); offengelassen von OLG Stuttgart, IPRax 1995, 397 (399).

413 Münchner Kommentar- *Ebenroth,* Nach Art. 10 EGBGB Rn. 221; *Ebenroth/Auer,* GmbHR 1994, 16 (18); *Wessel/Ziegenhain,* GmbHR 1988, 423 (426);

414 *Staudinger- Großfeld,* Internationales Gesellschaftsrecht, Rn. 577.

schränkt steuerpflichtig, so daß eine Anwendung der §§ 11, 12 KStG von vornherein nicht in Betracht kommt. Problematisch ist allenfalls der Fall von Doppelbesteuerungsabkommen, in denen bei einem Auseinanderfallen von Satzungssitz und Verwaltungssitz der Verwaltungssitz als maßgeblicher Anknüpfungspunkt festgelegt wird. Aber auch dann kommt es nicht zu einer Auflösung der Gesellschaft: Sofern die Betriebsstätte innerhalb der Bundesrepublik verbleibt, gehen keine angesammelten stillen Reserven dem deutschen Steuerzugriff verloren. Hinzu kommt, daß nach der von *Großfeld* vorgeschlagenen Lösung das Sachrecht gegen die kollisionsrechtliche Wertung entscheiden würde. Art. 4 Abs. 1 EGBGB will bei einer Rückverweisung internationalen Entscheidungseinklanges erreichen. Dies würde aber bei einer Auslegung des Verlegungsbeschlusses als Auflösungsbeschluß ohne ersichtlichen Grund vereitelt. Der Verlegungsbeschluß ist daher auch sachrechtlich nicht von vornherein unzulässig.

Der renvoi führt also in jedem Fall dazu, daß die Gesellschaft trotz Verlegung des Verwaltungssitzes als deutsche Gesellschaft rechtsfähig bleiben kann, nicht aber, daß sie eine ausländische Rechtsform annehmen kann[415]. Besondere gesellschaftsrechtliche Voraussetzungen für die Verlegung des Verwaltungssitzes sind nicht erforderlich. Ein entsprechender Beschluß der Gesellschafterversammlung kann mit einfacher Mehrheit gefaßt werden.

---

415 *Knobbe-Keuk*, ZHR 154 (1990), 325 (350).

§ 8 Isolierte Verlegung des Satzungssitzes

I. Wegzug des Satzungssitzes

Deutsches Gesellschaftsrecht läßt einen ausländischen Satzungssitz einer inländischen Gesellschaft nach der ganz herrschenden Meinung nicht zu[416]. Bei einer Verlegung des Satzungssitzes würde der Gesellschaft in weitem Umfang die internationale Zuständigkeit innerstaatlicher Gerichte und Behörden zur Kontrolle der Gesellschaft entzogen[417]. Hinzu kommt, daß der deutsche Satzungssitz für die konstitutive Registereintragung erforderlich ist.

Mit der Verlegung des Satzungssitzes tritt sachrechtlich die oben beschriebene Konstellation ein, daß das deutsche Recht die nunmehr im Ausland inkorporierte Gesellschaft als "dauerhaft nicht-rechtsfähige Kapitalgesellschaft" behandeln würde: Da ein Statutenwechsel nicht eintritt, die Gesellschaft aber aus deutscher Sicht weiterhin inländischen Vorschriften unterliegt, ist sie als oHG oder BGB- Gesellschaft zu behandeln. Insoweit besteht ein Interesse der inländischen Rechtsordnung, ein Handeln unter falschem Recht zu verhindern. Die Auflösung der Gesellschaft ist aber auch hier nicht das richtige Mittel, um die isolierte Verlegung des Satzungssitzes zu verhindern. Nichtigkeit des Verlegungsbeschlusses gem. § 241 Abs. 1 Nr. 3 AktG ist ausreichend, um die innerstaatlichen Regelungsinteressen sicherzustellen. Zu einer Abwicklung kommt es in diesem Fall nicht.

II. Zuzug des Satzungssitzes

Knüpft der Wegzugstaat allseitig an den Verwaltungssitz an, kommt es aus der Sicht des Wegzugstaates nicht zu einem Statutenwechsel, da der Wegzugstaat die Gesellschaft weiterhin als inländische Gesellschaft behandelt. Aus deutscher Sicht kommt es zu einer identitätswahrenden Sitzverlegung nicht, da § 1 Abs. 1, 2 UmwG - wie im ersten Kapitel dargelegt wurde - einer Anwendung des UmwG entgegensteht. Die Gesellschaft kann demnach mangels einer gesetzlichen Grundlage in Deutschland nicht identitätswahrend eingetragen werden. Folgt der

416 *Ebenroth/Auer*, JZ 1993, 374 (375);

417 *Staudinger- Großfeld*, Internationales Gesellschaftsrecht, Rn. 600; *Ebenroth/Auer*, RIW Beilage 1 /1992, 1 (7).

Wegzugstaat der Inkorporationstheorie, liegt aus der Sicht des Wegzugstaates ein Statutenwechsel vor, der aus der Sicht des deutschen Kollisionsrecht angenommen wird, da deutsches Recht eine inländische Gesellschaft mit ausländischem Satzungssitz, bei der der Verwaltungssitz der Gesellschaft weiterhin im Ausland liegt, nach der hier vertretenen Auffassung nicht sanktioniert[418]. Sachrechtlich scheitert aber auch hier die identitätswahrende Eintragung im Inland.

Eine identitätswahrende Eintragung kommt daher auch insoweit nicht in Betracht.

418 *Ebenroth/Auer,* RIW Beilage 1/1992, S. 1 (8); *Kruse,* Sitzverlegung von Kapitalgesellschaften in der EG, S. 48.

§ 9 Sitzverlegung innerhalb der die Gründungstheorie festlegenden Staatsverträge

I. Staatsverträge

Multilaterale Staatsverträge zur Bestimmung des Gesellschaftsstatuts sind innerhalb Europas bislang nicht in Kraft getreten und haben wohl nur noch rechtshistorischen Wert. Das gilt sowohl für die Haager Konvention über die Anerkennung der Rechtspersönlichkeit ausländischer Gesellschaften, Vereine und Stiftungen vom 1.6.1965[419], als auch für das Brüsseler Übereinkommen über die gegenseitige Anerkennung von Gesellschaften vom 29.2.1968[420] sowie das Europäische Niederlassungsübereinkommen vom 20.1.1966[421]. Zahlreiche von der Bundesrepublik abgeschlossene bilaterale Staatsverträge bestätigen dagegen die Anwendung der Sitztheorie im zwischenstaatlichen Bereich[422]. Von der Bundesrepublik mit Frankreich[423], den Niederlanden[424], Irland[425] und Italien[426] abgeschlossene Staatsverträge knüpfen die An-

419 Text: RabelsZ 17 (1952), 269; ratifiziert durch Belgien, Frankreich und die Niederlande; am 30.9.1993 durch England und Luxemburg unterzeichnet; vgl. *Kreutzer,* Die grenzüberschreitende Mobilität von Gesellschaften im Gemeinsamen Markt, S. 12.

420 Das Übereinkommen ist von der Bundesrepublik 1972 ratifiziert worden (BGBl. II 1972, 370, Zustimmungsgesetz vom 18.5.1972 BGBl 1992 II 369). Es scheiterte vor allem an einer Ratifikation der Niederlanden. Zum Abkommen vgl.: Münchener Kommentar- *Ebenroth*, Nach Art. 10 Rn 14 ff.; *Eyles*, Niederlassungsfreiheit, S. 251.

421 European Treaty Series Nr. 57; bislang wurde das Übereinkommen nur von Belgien ratifiziert. Vgl. auch "Draft Convention on Conflicts of Law relating to Companies" der International Law Association, Report of the 49th Conference held at Hamburg 1960/61, S. 93 ff.; Entschließung des Institut de Droit International vom 10.9.1965 "Les sociétés anonymes en droit international privé", Annuaire 51 (1965) II 263 ff (deutscher Text: RabelsZ 31 (1967) 549 ff.

422 Ausführlich: *Soergel- Lüderitz,* Nach Art. 10 EGBGB mit ausführlichen Nachweisen der einzelnen Staatsverträge.

423 Art. VI Abs. 1 Niederlassungs- und Schiffahrtsvertrages vom 27.10.1956, BGBl. 1957 II 1662.

424 Vertrag zwischen dem Deutschen Reich und den Niederlanden über die gegenseitige Anerkennung der Aktiengesellschaften und anderer kommerzieller, industrieller oder finanzieller Gesellschaften vom 11.2.1907, RGBl. 1908, 65.

425 Art. XIII Handels- und Schiffahrtsvertrag v. 12.5.1930, RGBl. 1931 II, 116.

erkennung daran, daß die Gesellschaften nach dem Recht des Staates bestehen, in dem sie ihren Sitz haben. Staatsverträge mit den Vereinigten Staaten[427], Spanien[428] und der Türkei[429] knüpfen dagegen an das Recht an, nach dem die Gesellschaft gegründet worden ist. Als speziellere Regelungen durchbrechen staatsvertragliche Regelungen die allgemeinen Regeln des deutschen Kollisionsrechts (Art. 3 Abs. 2 Satz 1 EGBGB). Beispielhaft untersucht werden soll an dieser Stelle nur der bilaterale Staatsvertrag mit den Vereinigten Staaten.

Art. XXV Abs. 5 Satz 2 des deutsch-amerikanischen Freundschafts-, Handels- und Schiffahrtsvertrages (im folgenden: FCN- Vertrag) hat folgenden Wortlaut: "Gesellschaften, die gemäß den Gesetzen und sonstigen Vorschriften des einen Vertragsteils in dessen Gebiet errichtet sind, gelten als Gesellschaften dieses Vertragsteils; ihr rechtlicher Status wird in dem Gebiet des anderen Vertragsteils anerkannt". Wie jeder völkerrechtliche Vertrag hat die Norm durch die Umsetzung in innerstaatliches Recht einfachgesetzlichen Rang[430].

Problematisch ist zunächst, ob die Norm überhaupt einen eigenen kollisionsrechtlichen Gehalt hinsichtlich des Anerkennungsstatuts aufweist, oder ihr nur fremdenrechtlicher Charakter zukommt. Bereits diese Frage ist umstritten. Der Wortlaut von Art. XXV Abs. 2 FCN-Vertrag selbst spricht für einen kollisionsrechtlichen Charakter. Die verwendeten Formulierungen "Anerkennung" und "rechtlicher Status" deuten recht deutlich auf einen solchen Gehalt hin. Nicht recht verständlich ist allerdings, warum *Berndt* in dem Wortlaut der Vorschrift eine kollisionsrechtliche Hinwendung zur Sitztheorie sehen will[431]. Das Gegenteil ist der Fall. Die Norm stellt eben nicht auf den Sitz des Unternehmens ab, sondern eindeutig auf den Akt der Gesellschaftsgründung in einem Vertragsstaat ab ("in dessen Gebiet errichtet"). Insofern unterscheidet sich die Vorschrift von dem Vorgängervertrag von 1925, der ausdrücklich eine Hauptniederlassung im Gebiet des Gründungsstaates

426 Art. XXXIII Freundschafts-, Handels- und Schiffahrtsvertrag vom 21.11.1957, BGBl. 1959 II S. 950.

427 Art. XXV Nr. 5, Art. 7 II Nr. 1a Freundschafts-, Handels- und Schiffahrtsvertrag vom 29.10.1954, BGBl. 1956 II 487.

428 Art XV Abs. 2 Niederlassungsvertrag vom 23.4.1970 BGBl. 1972 II 1042.

429 Art. V Niederlassungsabkommen v. 12.1.1927, RGBl. 1927 II, 76.

430 vgl. nur: *Bungert*, ZVglRWiss 93 (1994) 117 (133).

431 *Berndt*, JZ 1996, 187 (189).

verlangte[432]. Für eine rein fremdenrechtliche Interpretation wird vor allem die systematisch versteckte Stellung der Norm und die Tatsache geltend gemacht, daß es sich bei dem Staatsvertrag zuvorderst um einen handelspolitischen, nicht aber um einen kollisionsrechtlichen Vertrag handele[433]. "Anerkennung des rechtlichen Status" bedeute daher lediglich die Anerkennung der Vorteile einer Inländergleichbehandlung und Meistbegünstigung[434]. Wie man einer Gesellschaft aber Inländergleichbehandlung zukommen lassen will, wenn man ihr bereits kollisionsrechtlich die Anerkennung versagt, bleibt bei dieser Argumentationslinie offen. Grundsätzlich kann wohl festgestellt werden, daß staatsvertraglichen Anerkennungsnormen, die die Rechtsstellung ausländischer Gesellschaften regeln, stets kumulativ kollisionsrechtlicher und fremdenrechtlicher Gehalt zukommt. So formulierte bereits *Beitzke*: Die Gewähr von Inländerbehandlung für ausländische Gesellschaften in Staatsverträgen setzt auch ohne ausdrückliche Feststellung der Rechtsfähigkeit die Anerkennung der Gesellschaft als selbstverständlich voraus[435]. Art. XXV Abs. 5 Satz 2 des Staatsvertrages kommt somit konstitutive Bedeutung zu. Er verdrängt in seinem Anwendungsbereich die Sitztheorie[436]. Nach den Vertragsbestimmungen ist eine in Übereinstimmung mit den U.S.-amerikanischen Vorschriften gegründete Gesellschaft als in der Bundesrepublik rechtsfähiges Gebilde anzuerkennen.

---

432 Freundschafts-, Handels- und Konsularvertrag zwischen dem deutschen Reich und den Vereinigten Staaten von Amerika, RGBl. 1925 II 795.

433 *Berndt,* JZ 1996, 187 (189); *Großfeld/Erlinghagen,* JZ 1993, 217 (227). In den Vereinigten Staaten wurde dem amerikanisch-französischem Niederlassungsabkommen vom 25.11.1959, T.I.A.S. No. 4625 in einer "student note" der kollisionsrechtliche Gehalt abgesprochen, 74 Harv.L.Rev. 1429, 1450 (1961).

434 *Berndt,* JZ 1996, 187 (190).

435 *Beitzke,* Festschrift Luther, 1 (5).

436 Münchener Kommentar- *Ebenroth,* Nach Art. 10 EGBGB, Rn. 125; *Bungert,* Das Recht ausländischer Kapitalgesellschaften auf Gleichbehandlung, S. 63; *Ebenroth,* 24 Int'l Law. 459, 462 (1990); *Höft,* Identitätswahrende Verwaltungssitzverlegung, S. 48; *Jacob/Hörmann,* BB 1990, 2377 (2378); *Knobbe-Keuk,* ZHR 154 (1990), 325 (330); *Ebenroth/Bippius,* NJW 1988, 2137 (2142); *Ebenroth/Bippius,* DB 1988, 842 (843); *Ebenroth/Bippius,* RIW 1988, 336 (337); *M. Ulmer,* IPRax 1996, 100 (101).

II. Sitzverlegung im Geltungsbereich der Staatsverträge?

Fraglich ist dann, ob der Staatsvertrag für den Fall, daß eine U.S. corporation ihren Verwaltungssitz nach Deutschland verlegt, eine Einschränkung der Sitztheorie verlangt. Die wohl herrschende Auffassung hält dies aus dem Vertragstext heraus für zwingend[437]. Vor dem Hintergrund des Regelungsgehaltes des Staatsvertrages, der sich mit den fremdenrechtlichen Tätigkeiten von Gesellschaften auf dem Territorium des anderen Vertragsstaat befaßt, wird aber auch vertreten, eine Regelung des Sitzverlegungsproblems könne der Vertrag selbst nicht enthalten[438]. Deshalb führe die Verlegung des Verwaltungssitzes einer U.S. corporation ohne weiteres zu einer Nichtanerkennung der Gesellschaft.

Begründet wird diese Auffassung zum Teil damit, man könne nicht davon ausgehen, daß die Unterhändler der jeweiligen Vertragspartner beabsichtigt hätten, die Rechtsordnungen der Vertragsstaaten entscheidend zu ändern, ohne dies entsprechend deutlich zu machen und ausführlich zu begründen. Voraussetzung für eine Trennung der Sitzverlegungsproblematik von dem FCN- Vertrag ist aber, daß der Begriff der "Anerkennung" in dem Vertrag nicht als umfassende Verweisung auf das Gesellschaftsstatut zu verstehen ist, sondern nur die Anerkennung der Rechts- Geschäfts- und Handlungsfähigkeit der Gesellschaft in Deutschland beinhaltet[439].

---

437 OLG Düsseldorf, WM 1995, 808; Münchner Kommentar- *Ebenroth,* Nach Art. 10 EGBGB, Rn. 128; *Ebenroth,* 24 International Law. 459, 462 (1990); *Ebenroth/Auer,* RIW 1992 Beil. 1, 1 (4); *Ebenroth/Bippius,* NJW 1988, 2137 (2138); *dies.,* DB 1988, 842 (843); *Ebenroth/Dillon,* 28 Tex.J.Int'l. L. 269 (1993); *Bungert,* AG 1995, 489 (493); *Bungert,* ZVglRWiss 93 (1994) 117; *Bungert,* WM 1995, 2125.

438 *Staudinger- Großfeld,* Internationales Gesellschaftsrecht, Rn. 206; *Steiger,* Grenzüberschreitende Fusion und Sitzverlegung, S. 184; *Kruse,* Sitzverlegung von Kapitalgesellschaften in der EU, S. 232; *Baranowski,* IWB Fach 3, Gruppe 4, S.331 (333); *Debatin,* GmbHR 1991, 164 (168); *Dötsch,* DB 1989, 2296 (2297); *Großfeld/Erlinghagen,* JZ 1993, 217 (223); *Berndt,* JZ 1996, 187.

439 *Staudinger- Großfeld,* Internationales Gesellschaftsrecht, Rn. 206; *Steiger,* Grenzüberschreitende Fusion und Sitzverlegung, S. 184; *Kruse,* Sitzverlegung von Kapitalgesellschaften in der EU, S. 232; *Baranowski,* IWB Fach 3, Gruppe 4, S.331 (333); *Debatin,* GmbHR 1991, 164 (168); *Dötsch,* DB 1989, 2296 (2297); *Großfeld/Erlinghagen,* JZ 1993, 217 (223); *Berndt,* JZ 1996, 187.

Enthält der Vertrag aber eine Entscheidung für die Anerkennung der ausländischen Gesellschaften, kann das nur umfassend gelten. Zugegeben: Die Vertragsregelungen enthalten keine ausdrücklichen Aussagen zum Problem der Sitzverlegung. Vordringliches Ziel der Regelungen mag es auch durchaus gewesen sein, juristischen Personen des anderen Vertragsstaates durch die Anerkennung der Rechtsfähigkeit Zugang zu den Gerichten zu eröffnen. Die Anerkennung der Rechtsfähigkeit stellt sich aber nach deutschem Recht erst dann als Problem, wenn Satzungssitz und Verwaltungssitz auseinanderfallen. Andernfalls ist die Gesellschaft automatisch anzuerkennen. Eine systematische Regelung der Sitzverlegungsproblematik ist bei einer Anerkennung der Gründungstheorie dann nicht mehr erforderlich, da es zu einem Statutenwechsel nicht kommt. Die Sitztheorie ist also bei der Sitzverlegung amerikanischer Gesellschaften aufgrund des Vertrages abbedungen. Da das Recht der amerikanischen Bundesstaaten der Gründungstheorie folgt, wird der Wechsel des Verwaltungssitzes nicht mit einer Auflösung der Gesellschaft sanktioniert.

Von *Wessel/Ziegenhain*[440] und *Bungert*[441] ist die Auffassung entwikkelt worden, die Regelung des Staatsvertrages auf die Anerkennungsfrage zu beschränken, das Innenstatut dagegen unberührt lassen. Die wohl herrschende Meinung vertritt dagegen die Auffassung, daß eine Gesamtverweisung auf das U.S-amerikanische Inkorporationsrecht vorliege[442]. Dies zu recht: Zwischen den Regelungsbereichen des Gesellschaftsrechts besteht ein funktionaler Zusammenhang, der nicht ohne zwingenden Grund aufgelöst werden sollte. Soweit die Gegenmeinung insoweit auf das amerikanische Gesellschaftsrecht als Vorbild verweist, ist zu entgegnen, daß eine getrennte Behandlung der Rechtsfähigkeit von den übrigen gesellschaftsrechtlichen Rechtsfragen nur dann möglich sein sollte, wenn die materiellen Gesellschaftsrechte in Herkunft und Anlage gleichartig strukturiert sind, wie im Fall der Gesellschaftsrechtsordnungen der U.S.-amerikanischen Einzelstaaten[443]. Die materiellen Rechtsordnungen der Bundesrepublik unterscheidet sich von diesen Rechtsordnungen zu sehr, als daß eine Anwendung

---

440 *Wessel/Ziegenhain,* GmbHR 1988, 423 (431).

441 *Bungert,* ZVglRWiss 93 (1994), 117; *ders.,* AG 1995, 489 (493).

442 *Ebenroth/Bippius*, DB 1988, 842 (844), *Höft,* Identitätswahrende Verwaltungssitzverlegung, S. 60; *Wiedemann,* Gesellschaftsrecht, S. 796.

443 *Höft,* Identitätswahrende Verwaltungssitzverlegung, S. 60.

deutschen Sachrechts auf eine in den U.S.A. inkorporierte Gesellschaft möglich und sinnvoll erscheint.

Als Grenze staatsvertraglicher Anerkennungspflicht wird von der neueren Rechtsprechung[444] und einem Teil der Literatur[445] allenfalls der völkerrechtliche *genuine link* Grundsatz gesehen[446]. Nach *Ebenroth* handelt es sich dabei um einen allgemeinen Rechtsgrundsatz, der gem. Art. 25 GG dem Niederlassungsabkommen vorgehe[447]. Er versagt daher einer nach US-Recht gegründeten Gesellschaft die Anerkennung im Inland, wenn keine tatsächlichen Beziehungen zu dem Gründungsstaat mehr bestehen[448]. Gegen diese Überlegung läßt sich allerdings einwenden, daß der *genuine link* Grundsatz - sollte er sich überhaupt für juristische Personen bereits zu Völkergewohnheitsrecht verdichtet haben - durch die Anerkennungsregelung im FCN-Vertrag als lex specialis abbedungen ist[449].

Nur der ordre public (Art. 6 EGBGB) sollte der Anerkennung U.S.-amerikanischer Gesellschaften kollisionsrechtliche daher Grenzen setzen[450]. Dabei ist aber zu beachten, daß der deutsche ordre public im Rahmen der vertraglichen Vereinbarung nur so weit Geltung beanspruchen, als er mit dem ordre public des Vertragspartners übereinstimmt d.h. die Nichtanerkennung auch der Rechtsordnung der Vereinigten Staaten entspricht. Der ordre public Vorbehalt greift damit gerade dann nicht ein, wenn es sich um eine herkömmlich als "Umgehungsgründung" bezeichnete Fallkonstellation handelt, sich unter einer laxeren Rechtsordnung zu gründen, um dann im Zuzugstaat gesellschaftlichen Tätigkeiten zu entfalten. Dies ist in den Einzelstaaten der U.S.A., die der Inkorporationstheorie folgen, ohne weiteres zulässig.

---

444 OLG Düsseldorf, WM 1995, 808.

445 *Ebenroth/Bippius,* DB 1988, 842 (844).

446 I.C.J.Reports 1955, 4.

447 *Ebenroth/Bippius,* DB 1988, 842 (844).

448 *Ebenroth/Bippius,* DB 1988, 842 (844).

449 *Bungert,* ZVglRWiss 93 (1994) 117 (154), *ders.,* WM 1995, 2125 (2129); *M. Ulmer,* IPRax 1996, 100 (101).

450 OLG Düsseldorf, WM 1995, 808; *M. Ulmer,* IPRax 1996, 100 (101)

III. Eintragung der zuziehenden Gesellschaft im Handelsregister

Fraglich ist schließlich, ob die ausländische Gesellschaft mit inländischem Verwaltungssitz im Handelsregister eintragungspflichtig ist.

Teilweise wird eine analoge Anwendung der Vorschriften über Zweigniederlassungen ausländischer Gesellschaften angenommen[451]. Da der inländische Rechtsverkehr in gleicher Weise betroffen wird, wie bei einer inländischen Hauptniederlassung, wird die Zweigniederlassung einer inländischen Hauptniederlassung gleichgestellt. Grundgedanke der gesetzlichen Regelung über die Zweigniederlassungen ausländischer Gesellschaften ist es, die Zweigniederlassung so zu behandeln, als ob eine Hauptniederlassung einer inländischen Gesellschaft vorläge[452]. Der Eintragung als Zweigniederlassung liegt die Überlegung zugrunde, daß die ausländische Gesellschaft durch ihre Zweigniederlassung im Inland von einer organisatorisch verfestigten Geschäftsbasis aus tätig wird[453]. Bei einer Verlegung des Verwaltungssitzes ins Inland besteht ein vergleichbare organisatorische und wirtschaftliche Verfestigung der Gesellschaft im Inland. Im Ergebnis ist die Analogie abzulehnen, da es eben nicht um die Eintragung einer Zweigniederlassung, sondern um die Erfassung der Gesellschaft selbst geht[454].

Eine Lösung findet sich in § 33 HGB. Regelungsgegenstand der Vorschrift ist die Eintragungspflicht derjenigen juristischen Personen, deren Eintragung nicht bereits durch andere Bestimmungen gewährleistet ist, die aber dennoch den Vorschriften des Handelsgesetzbuches unter-

---

[451] Vgl. *Höft,* Identitätswahrende Verlegung des Verwaltungssitzes, S. 62.

[452] *Staub- Hüffer,* § 13b HGB Rn. 19.

[453] *Staub- Hüffer,* § 13b HGB Rn. 9; *Heinrich,* Die ausländische juristische Person & Co. KG, S. 253.

[454] *Höft,* Identitätswahrende Verlegung des Verwaltungssitzes, S. 62.

liegen, da sie ein Handelsgewerbe gem. § 1 HGB betreiben. Der gesetzgeberischen Zwecksetzung nach soll das Handelsregister möglichst umfassend über sämtliche Personen und Organisationen Auskunft geben, die im Sinne der §§ 1,2 HGB ein Handelsgewerbe betreiben[455]. Einzutragen sind nach § 33 Abs. 2 Satz 2 HGB neben Firma und dem Satzungssitz, Gegenstand und Zeitdauer der Gesellschaft und die Darstellung der Vertretungsbefugnisse.

455 *Staub- Hüffer,* § 33 HGB Rn. 4; *Grothe,* Die ausländische Kapitalgesellschaft & Co. S. 257.

Drittes Kapitel: Das primäre Gemeinschaftsrecht als Maßstab der Sitzverlegung

§ 10 Niederlassungsfreiheit der Artt. 43, 48 EGV und gleichzeitige Verlegung von Satzungssitz und Verwaltungssitz

Seit der Entscheidung des EuGH in der Rechtssache *Reyners*[456] steht außer Frage, daß Art. 43 EGV seit dem Ablauf der Übergangsfrist am 31. Dezember 1969 unmittelbare Geltung beansprucht[457]. Unter "Niederlassung" versteht Art. 43 EGV die Aufnahme und Ausübung von selbständiger Erwerbstätigkeit in anderen Mitgliedstaaten, sofern es sich um eine Teilnahme am Wirtschaftsleben handelt[458]. Abzugrenzen ist die Niederlassungsfreiheit von der sog. aktiven Dienstleistungsfreiheit (Art. 50 EGV), für die sich der Leistende vorübergehend in den Staat des Dienstleistungsempfängers begibt, um dort Leistungen zu erbringen[459]. Bei der Erbringung einer Dienstleistung bleibt der Ausübende dem Wirtschaftssystem des Ursprungslandes verhaftet, bei der Niederlassungsfreiheit wird er vollständig in die Rechtsordnung des Bestimmungslandes integriert[460]. Abgrenzungsmerkmale sind dabei die Dauer, Häufigkeit, regelmäßige Wiederkehr und Kontinuität der Leistungserbringung[461]. Probleme tauchen dann auf, wenn der Lei-

---

456 EuGH v. 21.6.1974, Rs. 2/74 ,Reyners, Slg. 1974, 631.

457 EuGH v. 21.6. 1974, Rs. 2 /74, Reyners, Slg. 1974, 631; *Knobbe-Keuk*, EuZW 1991, 649 (651); *Grabitz/Hilf- Randelshofer* Art. 53 EGV Rn. 6; *Behrens*, RabelsZ 52 (1988) 498 (503 ff.); *Jarass*, RIW 1993, 1 (7).

458 EuGH v. 25.7.1991, Rs C-221/89, Factortame Ltd. II, Slg. 1991, I-3905 (3965); EuGH v. 4.10.1991, Rs. C-246/89, Kommission/Großbritannien, Slg. 1991, I-4585 (4614).

459 *Hailbronner/Klein/Magiera/Müller-Graff- Hailbronner,* EGV, Art. 59, Rn. 6; davon zu unterscheiden ist die sog. "passive Dienstleistungsfreiheit" (der Empfänger der Dienstleistung begibt sich in das Land des Dienstleistenden) und die "Korrespondenzdienstleistung" (Empfänger und Leistender behalten ihren Standort bei, die Dienstleistung wird grenzüberschreitend erbracht) sowie der Fall, daß sich der Leistende und der Empfänger zur Erbringung der Dienstleistung in ein anderen Mitgliedstaat begeben (z.B. Reiseführer und Reisegruppe). Zu den einzelnen Varianten vgl. die Darstellung bei *Schnichels,* Reichweite der Niederlassungsfreiheit, S. 33; *Oppermann,* Europarecht, Rn. 1496; *Weber,* EWS 1995, 292.

460 *Grabitz/Hilf- Randelshofer,* EGV, Art. 52 Rn. 8.

stende im Mitgliedstaat Einrichtungen errichtet, um die Leistung zu erbringen, zum Beispiel Büros nutzt oder Lagerräume einrichtet. Wenn diese nicht von Dauer, und zur Erbringung der Dienstleistung erforderlich, bleibt Art. 50 EGV anwendbar[462].

I. Reichweite der Niederlassungsfreiheit

Die Diskussion um die Reichweite der Niederlassungsfreiheit in der Gemeinschaft ist inzwischen zu einem (vorläufigen) Abschluß gekommen. Sämtliche Grundfreiheiten sind nach der Rechtsprechung des Gerichtshofes einheitlich als Beschränkungsverbote anzusehen. Dementsprechend ist die Niederlassungsfreiheit von einem Gebot der Inländergleichbehandlung zu einem umfassenden Beschränkungsverbot ausgebaut worden[463]. Der lange Zeit die Dogmatik der Grundfreiheiten beherrschende Streit über die Reichweite des Art. 43 EGV bedarf nur noch einer knappen Darstellung[464].

1. Diskriminierungsverbot

Aus dem Wortlaut der Artt. 43, 48 EGV war schon immer eindeutig, daß durch die Vorschriften hauptsächlich das Gebot der Inländergleichbehandlung begründet und eine spezielle Ausprägung des allgemeinen Diskriminierungsverbot des Art. 6 EGV statuiert wird[465]. Dies

---

461 EuGH v. 30.11.1995, Rs. C-55/94, Gebhard, Slg. 1995, I-4194 (4194); EuGH v. 21.6.1974, Rs. 2/74 Reyners, Slg. 1974, 631 Rn. 21; *Grabitz/Hilf- Randelshofer,* EGV, Art. 52 Rn. 8; *Hailbronner/Klein/Magiera/Müller-Graff- Hailbronner,* EGV, Art. 52 Rn. 4; *Jerrentrup,* Das Niederlassungsrecht im Gemeinsamen Markt, S. 56.

462 EuGH v. 30.11.1995, Rs. C-55/94, Gebhard, Slg. 1995, I-4165 (4194).

463 grundlegend: EuGH v. 30.11.1995, Rs. C-55/94, Gebhard, Slg. 1995, I-4165 (4195).

464 Ausführlich: *Ahlt,* Europarecht, S. 111 f. ; *Grothe,* Ausländische Kapitalgesellschaft & Co., S. 164 ff.; *Knobbe-Keuk,* DB 1991, 298; *Kruse,* Sitzverlegungen von Kapitalgesellschaften in der EG, S. 81 ff.; *Roth,* RabelsZ 55 (1991), 623 (647), *Everling,* DB 1990, 1853 (1857); *ders.,* GS Knobbe-Keuk, S. 607 ff.; *Groeben/Thiesing/Ehlermann- Troberg,* EWGV, Art. 52 Rn. 31; *Grabitz/Hilf- Randelshofer,* EGV, Art. 52 Rn. 43; *Hailbronner,* JuS 1991, 917 (919); *Groß,* AG 1990, 530 (536); *Nachbaur,* EuZW 1991, 470 (471); *Roth,* GS Knobbe-Keuk, S. 729 ff.; *Schnichels,* Reichweite der Niederlassungsfreiheit, S. 140 ff.; *Steindorff,* EuR 1988, 19 ff.; jeweils mit umfangreichen Nachweisen.

465 z.B. EuGH v. 21.6.1974 - Rs. 2/74 Reyners, Slg. 1974, 631, Tz. 24-28; EuGH v. 8.12.1987 - Rs. 20/87 Gauchard, Slg. 1987, 4879, Tz. 11; *Grabitz/Hilf- Randelzhofer,* EGV, Art. 52 Rn. 46; *Jerrentrup,* Das Niederlassungsrecht, S. 51;

entsprach auch den Absichten der Verfasser des EWG- Vertrages[466]. Die Niederlassungsfreiheit verbietet daher zunächst sämtliche fremdenrechtlichen nachteiligen Bestimmungen, die offen an die Staatsangehörigkeit bzw. an das Personalstatut eines fremden Rechtsträgers anknüpfen (offene Diskriminierung)[467]. Eine Rechtfertigung solcher Ungleichbehandlungen kommt nur über Art. 46 EGV in Betracht. Das Diskriminierungsverbot wurde später durch den EuGH auf versteckte Diskriminierungen ausgeweitet, d.h. Rechtsvorschriften, die aufgrund neutral gefaßter Tatbestandsvoraussetzungen eigentlich Inländer wie Ausländer gleichermaßen erfassen, aber auf tatsächliche Umstände abstellen, die ausschließlich oder vorwiegend nur bei ausländischen natürlichen oder juristischen Personen vorliegen werden und diese bei der Ausübung oder Aufnahme ihrer Tätigkeit behindern[468]. Vorschriften, die Inländer in der Regel automatisch durch ihre Inländereigenschaft erfüllen, Ausländer aber nicht, stellen in der Anwendung auf Ausländer somit eine versteckte Diskriminierung dar[469]. Typische Fälle sind Regelungen, die einen Wohnsitz im Bestimmungsland voraussetzen[470] oder inländische Sprachkenntnisse erfordern[471]. Parallel zur Cassis-Rechtsprechung im Recht des freien Warenverkehr schränkte der Gerichtshof anschließend den Schutzbereich ein: Eine Diskriminierung liegt dann nicht vor, wenn die in ihrer Wirkung eigentlich versteckt diskriminierende Regelung im Interesse des Allgemeinwohls ergangen

---

466 Vgl. *Grabitz/Hilf- Randelzhofer,* Art. 52 EGV Rn. 43; *Groeben/Thiesing/Ehlermann- Troberg,* EWGV Art. 52 Rn. 31 ff.; *Hailbronner/Klein/Magiera/Müller-Graff- Hailbronner,* Art. 52 EGV Rn. 12 ff.; *Eyles,* Niederlassungsrecht der Kapitalgesellschaften in der Europäischen Gemeinschaft, S. 71 ff.; *Everling,* Festschrift v.d. Groeben (1987), S. 111 ff.; *Everling,* DB 1990, 1853 (1857); *Nachbaur,* EuZW 1991, 470 (471f.).

467 Vgl. nur *Eyles,* Niederlassungsfreiheit, S. 51 m.w.Nw.

468 EuGH v. 28.4.1977, Rs. 71/76,Thierry, Slg. 1977, 765 (777); EuGH v. 28.6.1977; Rs. 11/77, Patrick, Slg. 1977, 1199 (1205ff.); EuGH v. 3.2.1982 verb. Rs. 62 und 63/81, Seco/Elvi, Slg. 1982, 223 (235); EuGH v. 7.7.1988, Rs. 143/87, Stanton, Slg. 1988, 3877 (3894); *Hailbronner/Klein/Magiera/Müller-Graff- Hailbronner* Art. 52 Rn. 8 f.; *Eyles,* Niederlassungsfreiheit, S. 52; Jarass, RIW 1993, 1 (5); *Kruse,* Sitzverlegung von Kapitalgesellschaften innerhalb der EG, S. 84.

469 *Groeben/Thiesing/Ehlermann- Troberg,* EWGV, Art. 52 Rn. 33.

470 EuGH v. 6.11.1984, Rs. 182/83, Fearon, Slg. 1984, 3677 (3686).

471 EuGH v. 28.111989, Rs. C-379/87, Groener, Slg. 1989, 3967 (3993).

ist und den Anforderungen des Verhältnismäßigkeitsprinzips genügt[472].

2. Beschränkungsverbot

Ob die Rechtsprechung des EuGH zu Art. 43 EGV darüber hinaus im Sinne eines allgemeinen Beschränkungsverbotes zu verstehen ist, war Gegenstand einer lange anhaltenden grundsätzlichen Kontroverse über die Dogmatik der Grundfreiheiten[473]. Die Entwicklung der Rechtsprechung zu einer Auslegung als allgemeines Beschränkungsverbot vollzog sich im wesentlichen anhand von drei Fallgruppen:

Meilenstein war die Rechtssache *Klopp*[474]: Einem deutschen Anwalt wurde die Niederlassung bei der Pariser Anwaltskammer versagt, da er seine Niederlassung in Deutschland aufrecht erhalten wollte, das französische Standesrecht eine Mehrfachzulassung von Anwälten aber nicht vorsah. Die darin von dem EuGH gesehene Verletzung der Niederlassungsfreiheit[475] konnte bereits nicht mehr unter das Verbot versteckter Diskriminierungen subsumiert werden, da das Problem der anwaltlichen Mehrfachzulassung Inländer wie Ausländer gleichermaßen betraf[476]. Auch in anderen zu der Problematik von Doppelniederlassungen ergangenen Entscheidungen deutete der EuGH die über das Diskriminierungsverbot hinausgehende Reichweite der Niederlassungsfreiheit an: Zu der Frage des Verbots der Doppelniederlassung von Ärzten wurde entschieden, daß Beschränkungen dann nicht mit dem Art. 43 EGV zu vereinbaren seien, wenn sie diskriminieren *oder* den

---

472 EuGH v. 4.10.1991 - Rs. 246/89, Kommission/Großbritannien, Slg. 1991. 4585.

473 Die herrschende Literatur verstand die Rechtsprechung des EuGH lange Zeit im Sinne eines weit auszulegendes Diskriminierungsverbotes: *Grabitz/Hilf- Randelshofer,* EGV, Art. 52 Rn. 43; *Everling,* DB 1990, 1853 ff.; *Everling,* Niederlassungsrecht, S. 21 ff.; *Everling,* EuR 1989, 338 (343); *Everling,* in: Festschrift von der Groeben, S. 111 (116); *Grabitz,* Festschrift Ipsen, S. 645 (661); *Groß,* AG 1990, 530 (536); *Ipsen,* Europäisches Gemeinschaftsrecht, S. 642; *Nachbaur,* EuZW 1991, 470 (471); *Wägenbaur,* EuZW 1991, 427 (430).

474 EuGH, Urt. v. 12.7.1984 - Rs. 107/83, Klopp, Slg. 1984, 2971.

475 Slg. 1984, 2971, Rz. 18.

476 *Knobbe-Keuk,* DB 1990, 2573 (2575); *Schnichels,* Reichweite der Niederlassungsfreiheit, S. 109; A.A. allerdings *Everling,* DB 1990, 1853 (1854); *Hailbronner/Nachbaur,* WiVerw 1992, 57 (79).

Zugang zu dem Beruf über das zur Erreichung der genannten Ziele erforderliche Maß hinaus behindern[477].

Zweite Fallgruppe, in denen der EuGH die Reichweite der Niederlassungsfreiheit über ein bloßes Diskriminierungsverbot ausdehnte, waren Entscheidungen zu sog. Wegzugs- und Rückzugsbeschränkungen: Prominentes Beispiel dieser Fallgruppe ist die *Daily Mail*- Entscheidung[478], in der der EuGH zu einer steuerlichen Wegzugsbeschränkung für Gesellschaften anmerkte, daß die in Art. 43 ff. EGV gewährten Rechte sinnentlehrt wären, "wenn der Herkunftsstaat Unternehmen verbieten könnte, auszuwandern, um sich in einem anderen Staat niederzulassen"[479]. Auch diese Auslegung von Art. 43 EGV ging bereits über ein bloßes Diskriminierungsverbot hinaus.

Konkretisiert wurden diese Erwägungen an einer dritten Fallgruppe, in der sich der EuGH mit der Anerkennung ausländischer Diplome beschäftige. In der Rechtssache *Vlassopoulou* stellte der Gerichtshof fest, daß nationale Qualifikationsvoraussetzungen, selbst wenn sie ohne Diskriminierung aufgrund der Staatsangehörigkeit angewandt werden, sich dahin auswirken können, daß sie die Staatsangehörigen der anderen Mitgliedstaaten in der Ausübung der Grundfreiheit beeinträchtigen. Regelungen eines Mitgliedstaates können gegen die Niederlassungsfreiheit verstoßen, die

"geeignet sind, die Ausübung der durch den EWG- Vertrag garantierten grundlegenden Freiheiten durch die Gemeinschaftsangehörigen einschließlich der Staatsangehörigen des Mitgliedstaates, der die Regelung erlassen hat, zu behindern oder weniger attraktiv zu machen[480]."

Seit der Entscheidung in der Rechtssache *Gebhard*[481] kann die Rechtsprechung des Gerichtshofes über die ursprünglich gebildeten Fallgruppen hinaus als gefestigt gelten: In der Entscheidung ging es um einen deutschen Staatsangehörigen, der in Deutschland als Anwalt zuge-

---

477 EuGH, Urt. v. 30.4.1986 - Rs. 96/85, Kommission/Frankreich, Slg. 1986, 1475.

478 EuGH, Urt. v. 27.9.1988 - Rs. 81/87, Daily Mail, Slg. 1988, 5483.

479 Slg. 1988, 5483 (5510), Rz. 16;

480 Slg. 1993, 1663 (1697), Rz. 32.

481 EuGH Urt. v. 30.11.1995 - Rs. C-55/94, "Gebhard", Slg. 1995, I 4165 ff. = NJW 1996, 589 ff.

lassen und als "freier Mitarbeiter" in einer deutschen Sozietät tätig war. Gleichzeitig betrieb er unter der Bezeichnung "avvocato" in Italien eine eigene Rechtsanwaltskanzlei. Die Mailänder Anwaltskammer leitete gegen ihn ein Disziplinarverfahren ein, da es ihm nach italienischem Recht nicht erlaubt sei, als nicht in Mailand zugelassener Rechtsanwalt dort unter dem Titel "avvocato" eine eigene Rechtsanwaltskanzlei zu führen. Gebhard legte gegen die Entscheidung der Rechtsanwaltskammer, ihm die Ausübung seiner Berufstätigkeit zu versagen, Rechtsbehelf ein. Der im Wege des Vorlageverfahrens nach Art. 177 EGV mit der Sache befaßte EuGH stellte zunächst fest, daß unterschiedslos anwendbare Bedingungen, die Vorausetzung der Berufsausübung seien, von dem Niederlassungswilligen grundsätzlich erfüllt werden müßten[482]. Allerdings nur unter folgender wichtiger Einschränkung: Nationale Maßnahmen, die die Ausübung der durch den Vertrag garantierten Freiheiten behindern oder weniger attraktiv machen, müßten in nicht diskriminierender Weise angewendet, aus zwingenden Gründen des Allgemeininteresses gerechtfertigt und verhältnismäßig sein[483]. Damit ist nun endgültig klargestellt, daß auch die Niederlassungsfreiheit nicht auf ein Diskriminierungsverbot begrenzt ist, sondern ebenso wie die Warenverkehrsfreiheit und die Dienstleistungsfreiheit ein allgemeines Beschränkungsverbot beinhaltet. Das Beschränkungsverbot kann seit der Entscheidung *Gebhard* nicht mehr auf Wegzugsbeschränkungen oder die Anerkennung ausländischer Diplome beschränkt werden. Es ist vielmehr für jede Prüfung der Grundfreiheit zu beachten.

3. Dogmatische Absicherung des Beschränkungsverbots

Das vom EuGH gefundene Ergebnis läßt sich durch eine teleologische Auslegung der Vorschrift anhand der Vertragsziele dogmatisch absichern: In den in Art. 3 lit. c EGV genannten Vertragszielen des EG-Vertrages wird auch die Beseitigung der Hindernisse für den freien Personen, Dienstleistungs- und Kapitalverkehr aufgeführt[484]. Im Lichte dieser Vorschrift reicht das Recht auf Inländergleichbehandlung zur Verwirklichung des Integrationszieles nicht aus. Im Bereich der Niederlassungsfreiheit besteht ein Gemeinsamer Markt eben erst dann, wenn der Niederlassungswillige sich unter Wahrung seiner Identität

482 Slg. 1995, I-4165 (4195).

483 Slg. 1995, I-4165 (4197).

484 *Kruse*, Sitzverlegung von Kapitalgesellschaften, S. 114.

niederlassen kann. Die Entwicklung der Grundfreiheiten von speziellen Diskriminierungsverboten zu Beschränkungsverboten wird damit allgemein getragen vom Integrationskonzept des EG- Vertrages.

Für eine Auslegung als Beschränkungsverbot spricht auch die systematische Parallelität zu den anderen Grundfreiheiten des EGV, insbesondere die Dienstleistungsfreiheit (Art. 50 EGV) und der Warenverkehr (Art. 28 EGV). Dagegen kann man nicht argumentieren, die Niederlassungsfreiheit sei nicht mit der Warenverkehrsfreiheit oder der Dienstleistungsfreiheit vergleichbar, da sich ein Niederlassungswilliger sich in weitaus höherem Maße in den Aufnahmestaat eingliedere und sich daher weitergehenden Regelungen zu unterwerfen habe. Im Hinblick auf die innerstaatliche Regelungskompetenz sollte es keinen Unterschied machen, ob ein Unternehmen dauerhaft Dienstleistungen über die Grenze erbringt, oder tatsächlich in dem anderen Mitgliedstaat niedergelassen ist. Allein aufgrund der stärkeren Verfestigung im Zuzugstaat den Gehalt der Grundfreiheit zu verkürzen, erscheint willkürlich.

Die Niederlassungsfreiheit verbietet daher - parallel zu den übrigen Grundfreiheiten - nicht nur offene oder versteckte Diskriminierungen, sondern auch unterschiedslos wirkende Maßnahmen, die geeignet sind, eine Niederlassung zu beschränken oder zu behindern. Kollisionsrechtliche und gesellschaftsrechtliche Normen, die in spezifischer Weise die grenzüberschreitende Niederlassungsfreiheit behindern, sind daher in einer am Allgemeinwohlinteresse orientierten Verhältnismäßigkeitsprüfung am Gemeinschaftsrecht zu messen.

II. Anwendung der Niederlassungsfreiheit auf Gesellschaften gem. Art. 48 EGV

Träger der Niederlassungsfreiheit sind neben natürlichen Personen nach Art. 48 EGV auch die nach der Rechtsordnung eines anderen Mitgliedstaates errichteten Gesellschaften, die ihren satzungsmäßigen Sitz oder ihre Hauptverwaltung innerhalb der Gemeinschaft haben. Nach der Definition des Abs. 2 werden nur solche Personenvereinigeungen von der Niederlassungsfreiheit ausgeschlossen, die keinen Erwerbszweck verfolgen. Unter Erwerbstätigkeit wird eine Tätigkeit verstanden, die regelmäßig gegen Geld erbracht wird[485]. Das Entgelt muß weder ko-

[485] vgl. EuGH v. 6.11.1984, Rs. 182/83, Fearon, Slg. 1984, 3677, Rn. 8; *Groeben/Thiesing/Ehlermann- Troberg,* EGV, Art. 52 Rn.25; *Grabitz/Hilf- Randelzhofer,* EGV, Art. 52 Rn. 19.

stendeckend sein, noch zur Lebensgrundlage dienen. Auf Gewinnerzielungsabsicht kommt es ebenfalls nicht an[486].

Eine Gesellschaft muß, um die Gleichstellungsvoraussetzungen des Art. 48 EGV zu erfüllen, die Rechtsvorschriften eines Mitgliedstaates beachten und in einem entsprechenden Register eingetragen sein[487]. Hinzu kommen die Merkmale des satzungsmäßigen Sitzes, der Hauptverwaltung oder der Hauptniederlassung innerhalb der Gemeinschaft. Dem eindeutigen Wortlaut der Norm entsprechend sind diese Anknüpfungsmerkmale alternativ zu verstehen[488].

Einer niederlassungswilligen Gesellschaft stehen nun zwei Möglichkeiten zur Wahrnehmung der Niederlassungsfreiheit im Sinne von Art. 43 EGV zur Verfügung. Zum einen kann sie ihren Betriebsmittelpunkt an ihrem bisherigen Standort aufgeben oder dort nur eine abhängige Betriebsstätte zurücklassen (primäre Niederlassungsfreiheit)[489] oder unter Beibehaltung des bisherigen Betriebsmittelpunktes die Gründung einer Agentur, Zweigniederlassung oder Tochtergesellschaft in dem anderen Mitgliedstaat errichten (sekundäre Niederlassungsfreiheit)[490]. Beide Formen der Niederlassungsfreiheit sind grundsätzlich gleichwertig[491].

1. Verwirklichung der primären Niederlassungsfreiheit durch gleichzeitige Verlegung von Verwaltungssitz und Satzungssitz

Die gleichzeitige Verlegung von Satzungssitz und Verwaltungssitz stellt sich allein als Problem der primären Niederlassungsfreiheit[492].

---

486 EuGH v. 23.3.1982, Rs. 53/81, Levin, Slg. 1982, 1035 (1050).

487 *Groeben/Thiesing/Ehlermann- Troberg,* EGV, Art. 58 Rn. 6.

488 So die herrschende Meinung: *Groeben/Thiesing/Ehlermann- Troberg,*Art. 58 Rn. 6; *Ebenroth/Eyles*, DB 1989, 413 (415 ff.); *Luchsinger*, Niederlassungsfreiheit, S. 104 ff.

489 *Groeben/Thiesing/Ehlermann- Troberg,* EWGV, Art. 52 Rn. 12.

490 *Groeben/Thiesing/Ehlermann- Troberg,* EWGV, Art. 52 Rn. 12; *Ebenroth/Eyles*, DB 1989, 363 (364); *Wägenbaur*, EuZW 1991, 427.

491 EuGH v. 28.1.1986, Slg. 1986, 273 (305).

492 *Groeben/Thiesing/Ehlermann- Troberg,* Art. 52 EWGV Rn. 12.

Die Verlegung des Verwaltungssitzes als typischer Tätigkeitsschwerpunkt der Gesellschaft fällt ohne weiteres in den Schutzbereich der Niederlassungsfreiheit[493]. Fraglich ist indessen, ob auch die Verlegung des Satzungssitzes in den Schutzbereich der Niederlassungsfreiheit fällt. Der Begriff der Niederlassung verlangt eine tatsächliche wirtschaftliche Betätigung an dem Ort der Niederlassung, eine bloße Registrierung im Handelsregister reicht hierfür nicht aus. Wenn bei der isolierten Verlegung des Satzungssitzes die Geschäftstätigkeit der Gesellschaft im Wegzugsstaat verbleibt, fehlt es an einer wirtschaftlichen Tätigkeit, die die Niederlassung begründet. Die gleichzeitige Verlegung des Satzungs- und Verwaltungssitzes stellt aber einen einheitlichen gesellschaftsrechtlichen Organisationsakt dar und sollte daher insgesamt in den Schutzbereich der Artt. 43, 48 EGV fallen[494].

2. Identitätswahrung im Schutzbereich der Niederlassungsfreiheit?

Fraglich ist zudem, ob auch die Sitzverlegung unter *Wahrung der rechtlichen Identität* von dem Schutzbereich der Artt. 43, 48 EGV erfaßt wird[495]. Es wurde oben bereits dargestellt, daß eine Sitzverlegung ohne weiteres durch vorherige Auflösung im Wegzugstaat und Neugründung im Zuzugstaat möglich ist. Bei der Verlegung einer Vermögensmasse ohne Rechtspersönlichkeit handelt es sich dann aber um die Wahrnehmung der Niederlasssungsfreiheit durch die Gesellschafter, nicht durch die Gesellschaft selbst[496]. Sollte man den Schutzbereich der Niederlassungsfreiheit auf diese Form der "faktischen Sitzverlegung" beschränken, wäre Art. 48 EGV auf die sekundäre Niederlassungsfreiheit reduziert. Die primäre Niederlassungsfreiheit wäre sinnentleert. Man könnte nun den Versuch unternehmen, eine Divergenz zwischen der Niederlassungsfreiheit von Gesellschaften und der Niederlassungsfreiheit von natürlichen Personen durch den Charakter der juristischen Person zu erklären, die eben nur kraft Rechtssatz existiert.

---

493 *Hailbronner/Klein/Magiera/Müller-Graff- Hailbronner,* EGV, Art. 58 Rn. 12.

494 *Kruse,* Sitzverlegung von Kapitalgesellschaften innerhalb der EG, S. 67.

495 Vgl. dazu den Vorlagebeschluß des AG Heidelberg, RIW 2000, 557; dazu: *Behrens,* EuZW 2000, 385.

496 *Hailbronner/Magiera/Klein/Müller-Graff- Hailbronner,* Art. 58 Rn. 12; *Eyles,* Niederlassungsfreiheit, S. 100; *Schnichels,* Reichweite der Niederlassungsfreiheit, S. 42; *Knobbe-Keuk,* ZHR 154 (1990), 325 (345); *dies.* DB 1990, 2578 f.; *Kruse,* Sitzverlegung von Kapitalgesellschaften, S. 68; a.A. wohl *Großfeld,* Internationales Unternehmensrecht, S. 87.

Der Wortlaut des Art. 48 EGV gibt für eine solche Einschränkung aber keine Handhabe. Im Gegenteil: Die Gleichstellungsklausel hat gerade den Zweck, die Unterschiede zwischen natürlichen und natürlichen Personen im Bereich des Art. 43 EGV zu überwinden. Auch eine teleologische Interpretation spricht für die Einordnung der identitätswahrenden Sitzverlegung in den Schutzbereich der Niederlassungsfreiheit. Ziel der Vorschriften ist es, den Gesellschaften eine ökonomisch orientierte Standortwahl zur optimalen Ausnutzung der Ressourcen zu treffen. Es würde gegen den telos der Vorschrift verstoßen, die Nachteile, die durch die Auflösung entstehen, aus dem Schutzbereich der Norm herauszudefinieren[497].

3. Daily Mail - Entscheidung des EuGH

Der so definierte Anwendungsbereich der Niederlassungsfreiheit steht allerdings in Widerspruch zu den Entscheidungsgründen der '*Daily Mail*" Entscheidung des Gerichtshofes[498].

Der Sachverhalt dieser Entscheidung ergab sich aus dem Versuch der "*Daily Mail* and General Trust plc", einer nach britischem Recht gegründete Holding- und Investment-Gesellschaft, den Sitz ihrer Geschäftsleitung von Großbritannien in die Niederlande unter Beibehaltung ihres registered office in Großbritannien zu verlegen. Dies erfolgte mit dem Ziel, nach der Errichtung des Verwaltungssitzes in den Niederlanden einen Großteil der Wertpapiere des Betriebsvermögens zu veräußern und aus dem Erlös eigene Aktien zu kaufen, ohne die nach britischem Steuerrecht für den Zuwachs des Betriebsvermögens anfallenden Steuern zu zahlen. Nach der zum damaligen Zeitpunkt geltenden Section 482 (1) a des Income and Corporation Tax Act von 1970 erforderte eine solche Verlagerung des Sitzes der Geschäftsleitung eine Genehmigung des Finanzministeriums. Als die Genehmigung verweigert wurde, erhob die plc Klage und machte dabei geltend, Artt. 43, 48 EGV gewährten ihr das unmittelbare Recht, ohne vorherige Zustimmung des Heimatstaates den Verwaltungssitz in einen Mitgliedstaat der Gemeinschaft zu verlegen, bzw. eine derartige Genehmigung ohne Bedingung zu erhalten. Der angerufene High Court of Justice setzte das Verfahren aus und legte dem Gerichtshof die Frage zur Vorabentschei-

---

497 *Kruse*, Sitzverlegung von Kapitalgesellschaften, S. 68.

498 EuGH v. 27. 8. 1988, Rs. 81/87, Daily Mail, Slg. 1988, 5483 ff. = JZ 1989, 384 ff. = DB 1989, 269 ff.

dung vor, ob es einem Mitgliedstaat der Gemeinschaft durch die Artt. 43, 48 EGV verboten sei, die Verlegung des Verwaltungssitzes von einer behördlichen Genehmigung abhängig zu machen.

Der Gerichtshof bestätigte zunächst, daß die Bestimmungen der Niederlassungsfreiheit als grundlegende Freiheit des EGV unmittelbare Anwendung genießen, d.h. das Recht auf freie Niederlassung sowohl natürlichen als auch juristischen Personen zusteht[499]. Vor allem stünden auch nicht-diskriminierende Vorschriften der Niederlassungsfreiheit entgegen, mit denen ein Mitgliedstaat die Niederlassung der nach seinem Recht inkorporierten Gesellschaften in einem anderen Mitgliedstaat behindere. Die in den Artt. 43, 48 EGV niedergelegten Rechte wären sinnlos, wenn es der Herkunftsstaat einem Unternehmen verbieten könnte, auszuwandern, um sich in einem anderen Mitgliedstaat niederzulassen. Allerdings sei bei dem derzeitigen Stand des Gemeinschaftsrecht zu beachten, daß die nationalen Gesellschaftsrechte der Mitgliedstaaten sowohl hinsichtlich der kollisionsrechtlichen Regelungen, als auch der steuerlichen Folgen einer grenzüberschreitenden Sitzverlegung noch erhebliche Differenzen aufweisen. Im Gegensatz zu natürlichen Personen seien Gesellschaften Einheiten, die aufgrund einer Rechtsordnung, und zwar beim gegenwärtigen Stand des Gemeinschaftsrechts einer nationalen Rechtsordnung, geschaffen werden. Ihre einzige Existenzgrundlage bildeten die verschiedenen Rechtsordnungen, die für ihre Errichtung und Funktionsweise maßgeblich sind. Somit sei festzustellen, daß der EWG- Vertrag die Unterschiede in den nationalen Rechtsordnungen hinsichtlich der für ihre Gesellschaften verlangten Anknüpfungspunkte sowie der Möglichkeit einer Verlegung des *tatsächlichen oder satzungsmäßigen Sitzes*[500] einer Gesellschaft nationalen Rechts von einem Mitgliedstaat in einen anderen zu verlegen, nicht garantiere[501].

Diese Formulierung ist oft dahingehend verstanden worden, daß der EuGH den identitätswahrende Statutenwechsel, d.h. die Wahrnehmung der primären Niederlassungsfreiheit für Gesellschaften insgesamt, aus dem Schutzbereich der Artt. 43, 48 EGV ausgeschlossen habe[502]. Die-

---

499 Slg. 1988, 5483 (5509).

500 Hervorhebung durch den Verfasser.

501 Slg. 1988, 5483 (5510) Rz. 15.

502 *Ebenroth/Wilken,* JZ 1991, 1014 (1018); *Ebenroth/Eyles*, DB 1989, 363 (372); *Großfeld,* WM 1992, 2121 (2124); *Schlemmer-Schulte,* EWS 1992, 333 (334).

se Einschätzung ergibt sich aber nicht von selbst. Um die gleichzeitige Verlegung des Satzungssitzes und Verwaltungssitzes ging es in dem Verfahren nicht. In der Rz. 24 des Urteils urteilt selbst der Gerichtshof auch deutlich vorsichtiger: Artt. 43, 48 EGV gewährten den Gesellschaften kein Recht, den Sitz der Geschäftsleitung unter "Bewahrung ihrer Eigenschaft als Gesellschaften des Mitgliedstaates ihrer Gründung in einen anderen Mitgliedstaat zu verlegen"[503]. Daraus könnte man folgern, daß allein die Dissoziierung von Verwaltungssitz und Satzungssitz nach der Entscheidung nicht in den Anwendungsbereich der Niederlassungsfreiheit fallen soll, die Identitätswahrung bei der gleichzeitigen Verlegung von Verwaltungs- und Satzungssitz aber vom Anwendungsbereich der Artt. 43, 48 EGV erfaßt sein soll[504].

Die Begründung des EuGH setzt aber deutlich weiter an: Die Modalitäten der Sitzverlegung stellen nach seiner Formulierung Problemkreise dar, die durch die Regeln über die Niederlassungsfreiheit nicht gelöst sind, sondern der Regelung durch gesetzgeberische Maßnahmen oder Übereinkommen bedürfen. Vor allem Art. 293 EGV (ex Art. 220 EGV) sehe den Abschluß eines Übereinkommens zur Sitzverlegung vor, Art. 44 Abs. 2 lit. g EGV eröffne zudem die Möglichkeit, harmonisierende Richtlinien zu erlassen. Solange ein derartiges Übereinkommen nicht in Kraft sei oder eine harmonisierende Regelung nicht in Kraft sei, komme eine Anwendung der Niederlassungsfreiheit auf Gesellschaften nicht in Betracht. Aus diesen Hinweisen läßt sich recht deutlich die Tendenz des Gerichtshofes ablesen, die identitätswahrende Verlegung von Verwaltungs- und Satzungssitz insgesamt aus dem Schutzbereich der Niederlassungsfreiheit herauszudefinieren.

Mit der Argumentationsweise ist der Gerichtshof in der Literatur auf wenig Gegenliebe gestoßen. In der Literatur besteht inzwischen fast einhellig die Auffassung, daß Art. 293 EGV keine Stellung als lex specialis, sondern lediglich subsidiäre Bedeutung zukommt, die die Reichweite der Niederlassungsfreiheit nicht einschränken kann.[505]

---

503 Slg. 1988, 5483 (5512).

504 *Lutter/Hommelhoff,* GmbHG, § 3 Rn. 5; *Roth* ZEuP 1994, 5 (22).

505 *Bechtel,* Umzug von Kapitalgesellschaften, S. 192; *Groeben/Thiesing/Ehlermann- Schwartz,* Art. 220 Rn. 21; *Hailbronner/Klein/Magiera/Müller-Graff- Klein,* Art. 220 EGV Rn. 5; *Wolfahrt/Everling/Glaesner/Sprung- Everling,* Art. 58 Rn. 6b; *Eyles,* Niederlassungsrecht, S. 145; *Grothe,* Die ausländische Kapitalgesellschaft & Co. S. 151; *Heinrich,* Die ausländische juristische Person & Co. KG, S. 134; *Kruse,* Sitzverlegun-

Dafür spricht schon die systematische Stellung der Vorschrift. Die Vorschrift rangiert im letzten Teil des Vertrages unter der Überschrift "Allgemeine und Schlußbestimmungen". Zusätzlich deutet die Entstehungsgeschichte der Vorschrift auf den subsidiären Charakter: Die Vorschrift wurde kurz vor der Unterzeichnung des Vertrages eingefügt, offenbar da Unsicherheit darüber bestand, ob grenzüberschreitende Umstrukturierungen von Gesellschaften bereits von dem Vertrag erfaßt wurden bzw. einer harmonisierenden Regelung durch den Rat zugänglich sind. Rein vorsorglich sollte eine zusätzliche Ermächtigungsgrundlage geschaffen werden[506]. Es wäre systemwidrig, aus der Vorschrift eine Beschränkung des Inhalts der Niederlassungsfreiheit abzulesen. Mit der früheren Rechtsprechung konfligiert dies ohnehin: In der Rechtssache *Mutsch* entschied der Gerichtshof zu Art. 48 EGV, daß aus dem Fehlen eines Übereinkommens gem. Art. 293 EGV nicht geschlossen werden könnte, daß eine unmittelbare Anwendung einer Grundfreiheit nicht in Betracht komme. Art. 293 EGV stellt eben nur eine Zielvorgabe dar, die die Reichweite von Art. 48 EGV nicht einschränken könne[507].

Bemerkenswert ist zudem, daß der EuGH den umgekehrten Fall anders entscheidet: Wie ist die Rechtslage zu beurteilen, wenn auf der Grundlage von Art. 293 EGV ein Abkommen tatsächlich abgeschlossen wurde? Nach der Systematik der *Daily Mail-* Entscheidung müßte durch die Spezialität der Norm auch dann eine Prüfung am gemeinschaftsrechtlichen Primärrecht ausscheiden. Diesen Schritt geht der EuGH indessen nicht: Beispiel ist eine Rechtssache hinsichtlich einer französischen steuerrechtlichen Regelung, der von der Kommission diskriminierende Wirkung gegenüber ausländischen Zweigniederlassungen zugeschrieben wurde[508]. Die französische Regierung berief sich auf Doppelbesteuerungsabkommen mit den Mitgliedstaaten, die diese Regelungen erlaubten. Der EuGH stellte dagegen fest, daß die Anwend-

---

gen von Kapitalgesellschaften innerhalb der EG, S. 74; *Schnichels,* Reichweite der Niederlassungsfreiheit, S. 162; *Behrens,* RabelsZ 52 (1988), 506; *Beitzke,* Festschrift Hallstein, 1 (17); *Timmermanns,* RabelsZ 48 (1984), 38 ff.; a.A. *Ebenroth/Eyles,* DB-Beilage 2/1988 1 (12); *Ebke,* ZGR 1987, 251 f.; *Großfeld,* IPRax 1986, 351 (353 f.).

506 *Schnichels,* Reichweite der Niederlassungsfreiheit, S. 162; *Heinrich,* Die ausländische juristische Person & Co. KG, S. 134.

507 EuGH v. 11.7.1985, Rs. 137/84, Mutsch, Slg. 1985, 2686.

508 EuGH v. 28.1.1986, Rs. 270/83, Kommission/Frankreich, Slg. 1986, 273 ff.

barkeit einer Grundfreiheit nicht von einem mit einem anderen Mitgliedstaat geschlossenen Abkommen abhängig gemacht werden könne. Ein zweiter Fall behandelte den Arrestgrund der Auslandsvollstrekkung[509]. Die Anwendbarkeit des allgemeinen Diskriminierungsverbotes von Art. 6 EGV wurde von dem Gerichtshof gerade unter Berufung auf Art. 293 EGV bejaht. Wäre der EuGH auch in diesem Fall von einer Spezialität von Art. 293 EGV ausgegangen, hätte er konsequent prüfen müssen, das EuGVÜ für diesen Fall eine abschließende Regelung bereithält, insbesondere, ob die Verweisung des Art. 24 EuGVÜ auf nationales Recht gegenüber Art. 6 EGV speziell wäre.

Wenig überzeugend ist schließlich der Versuch des Gerichtshofs, aus Art. 44 Abs. 2 lit g. EGV einschränkende Wirkung für die Niederlassungsfreiheit abzuleiten. Auch hier stellte sich der EuGH in*Daily Mail* - ohne dies weiter auszuführen - konträr gegen seine sonst feststehende Rechtsprechung: Bereits in der Rechtssache *Reyners* hatte der EuGH[510] festgestellt, daß die unmittelbare Geltung der Niederlassungsfreiheit gerade nicht von der Verabschiedung der in Art. 44 Abs. 2 lit g. EGV vorgesehenen Richtlinien abhängig sein kann. Auch später wurde diese Erkenntnis nicht mehr in Frage gestellt[511]. Teleologisch ist nur dies die richtige Sichtweise: Zwar ist die Angleichung im Gesellschaftsrecht von einer Vollendung weiterhin weit entfernt[512], wenn man die Niederlassungsfreiheit aber vom Erlaß von Sekundärrecht abhängig macht, hätten es die Organe der Gemeinschaft praktisch selbst in der Hand, den Zeitpunkt der Verwirklichung der Niederlassungsfreiheit zu bestimmen[513]. Das gemeinschaftsrechtliche Ziel des Binnenmarktes (Art. 7 a EGV) wäre von ihrem Ermessen abhängig[514]. Da die gemeinschaftsrechtlichen Organe aber nicht zur Rechtsangleichung verpflichtet sind, wäre das Ziel des Binnenmarktes auf unbestimmte Zeit verschoben. Die auf der Grundlage der Vorschrift ergangenen Richtlinien können die Niederlassungsfreiheit daher zwar fördern und

509 EuGH v. 10.2.1994, Rs.398/92, Mund u.Fester/Hatrex International Transport, EuZW 1994, 216.

510 EuGH v. 21.6.1974, Rs 2/74, Slg. 1974, 631 (652).

511 EuGH v. 6.11.1984 Rs. 182/83, Fearon Slg. 1984, 3677; EuGH v. 28.1.1986 Rs. 270/83, Kommission/Frankreich, Slg. 1986, 273; EuGH v. 10.7.1986 Rs. 79/85,Segers, Slg. 1986, 2375.

512 *Heinrich,* Die ausländische juristische Person & Co. KG, S. 135.

513 *Behrens,* RabelsZ 52 (1988), 498 (506).

514 *Schnichels,* Reichweite der Niederlassungsfreiheit, S. 166.

erleichtern, die unmittelbare Geltung des Art. 43 EGV steht aber nach dem Ablauf der Übergangsfrist nicht mehr unter dem Vorbehalt der Verabschiedung von Sekundärrecht[515].

Inzwischen ist auch der EuGH von dieser Sichtweise wieder abgerückt: In der *Centros* - Entscheidung, die die Versagung der Eintragung einer Zweigniederlassung einer in England gegründeten Gesellschaft in Dänemark[516] - also einen Fall der Wahrnehmung der sekundären Niederlassungsfreiheit durch eine Gesellschaft - zum Gegenstand hatte, stellte der Gerichtshof in Tz. 28 ausdrücklich fest, daß es für die Wahrnehmung der Niederlassungsfreiheit unerheblich sei, daß das Gesellschaftsrecht in der Gemeinschaft nicht vollständig harmonisiert sei. Es sei dem Rat jederzeit überlassen, aufgrund der ihm in Art. 44 EGV (alt Art. 54 EGV) übertragenen Befugnisse die Harmonisierung zu vervollständigen. Die Begründungslinie aus der *Daily Mail* Entscheidung wurde nicht einmal mehr erwähnt.

An der Begründung von *Daily Mail* sollte daher insgesamt nicht festgehalten werden, die Entscheidung hat das internationale Gesellschaftsrecht in eine Sackgasse geführt. Die ratio decidendi der Entscheidung steht ohnehin der hier vertretenen Schutzbereichsdefinition nicht entgegen. Zumindest die über den eigentlichen Fall hinausgehenden Argumente des EuGH können nicht verallgemeinert werden. Der identitätswahrende Statutenwechsel fällt damit unter den Schutzbereich der Artt. 43, 48 EGV. Dies führt aber keineswegs dazu, daß der Stand der Rechtsangleichung für die Anwendung der Artt. 43, 48 EGV bedeutungslos ist. Solange erhebliche Unterschiede innerhalb der Gesellschaftsrechtsordnungen bestehen, können diese zur Rechtfertigung etwaiger Beschränkungen der Niederlassungsfreiheit bei einem grenzüberschreitenden Sachverhalt herangezogen werden. Beschränkungen grenzüberschreitender Tatbestände sind nach der ständiger Rechtsprechung nur dann zuzulassen, wenn diese erforderlich sind, um zwingenden Erfordernissen des Gemeinwohls Rechnung zu tragen und das Verhältnismäßigkeitsgebot gewahrt wird.

---

515 *Heinrich,* Die ausländische juristische Person & Co. KG, S. 138; *Schnichels,* Die Reichweite der Niederlassungsfreiheit, S. 166; *Knobbe-Keuk,* DB 1990, 2579.

516 EuGH v. 9.3.1999, Centros/Erhversog Selskabsstyrelsen, EuZW 1999, 216; zu dieser Entscheidung ausführlich unten S. 174ff.

4. Ergebnis:

Die gem. Art. 48 Abs. 2 EGV natürlichen Personen gleichgestellten Unternehmen sind Träger der Niederlassungsfreiheit des Art. 43 EGV. Die Grundfreiheit gibt den Unternehmen ein eigenes Recht auf primäre und sekundäre Niederlassung innerhalb des Gebietes der Gemeinschaft. Die Sitzverlegung stellt eine Ausübungsform der Niederlassungsfreiheit dar, fällt somit in den sachlichen Schutzbereich des Art. 43 EGV. Sofern das Sachrecht an den Statutenwechsel Behinderungen gleich welcher Art knüpft, ist dies nur dann mit Gemeinschaftsrecht vereinbar, wenn zwingende Gründe des Allgemeininteresse für eine solche Behinderung sprechen. Dies gilt sowohl bei der Verlegung von Satzungssitz und Verwaltungssitz, als auch bei der Verlegung des Verwaltungssitzes allein. Nur die letztere Aussage steht im Gegensatz zu Aussagen des EuGH in der *Daily Mail*- Entscheidung. Nicht zu übersehen ist allerdings, daß die Entscheidung die Rechtspraxis hinsichtlich grenzüberschreitender Tatbestände gelähmt hat.

§ 11 Wegzug von Verwaltungssitz und Satzungssitz einer Kapitalgesellschaftinnerhalb der Niederlassungsfreiheit

Werden Gesetzgeber und die deutschen Gerichte nun durch das Gemeinschaftsrecht zu Korrekturen gezwungen, zu denen sie sich im Rahmen des nationalen Rechts nicht durchzuringen vermochten? Möglicherweise werden die gemeinschaftsrechtlichen Impulse auch auf das ursprünglich einen grenzüberschreitenden Tatbestand ausschließende Recht durchschlagen. Vielleicht kann am Ende der durch das Gemeinschaftsrecht eingeleiteten Entwicklung auch für die Sitzverlegung die Äußerung von *Großfeld* wahrhaftig werden, daß das europäische Recht eine Schneise in das Nationalgestrüpp endloser Konstruktionen schlage und die als Wissenschaft verbrämten lokalen Rechtswucherungen überwindet[517].

Steht fest, daß die identitätswahrende Sitzverlegung als Ausübung der primären Niederlassungsfreiheit in den Schutzbereich der Artt. 43, 48 fällt, kann das Sachrecht der Mitgliedstaaten die Niederlassungsfreiheit nur insoweit beschränken, als dies zur Durchsetzung zwingender Erfordernisse des Allgemeinwohls erforderlich ist. Sofern das innerstaatliche Sachrecht den Vollzug des Statutenwechsels beim Wegzug behindert, indem es der Gesellschaft die Rechtspersönlichkeit nimmt und eine Neugründung verlangt, ist dies geeignet, die Sitzverlegung teuerer zu machen und Gesellschaften von dem Statutenwechsel abzuhalten[518].

Anders herum formuliert: Die in Artt. 43, 48 EGV für juristische Personen statuierte Niederlassungsfreiheit hat zum Ziel, die grenzüberschreitende Umstrukturierung auch durch Sitzverlegungen zu ermöglichen. Aus Art. 5 EGV in Verbindung mit Art. 43 EGV erwächst die Verpflichtung der Mitgliedstaaten, die notwendigen Maßnahmen auf gesellschaftsrechtlichem Gebiet zu treffen. Die Maßnahmen der Mitgliedstaaten brauchen und können dabei nicht vollkommen einheitlich sein. Im Rahmen des von Art. 43 EGV erlaubten können die Mitgliedstaaten ihre eigenen Schutzmechanismen aufrechterhalten. Die gemeinschaftsrechtlichen Voraussetzungen hat der nationale Richter aber gem. der aus Art. 10 EGV Pflicht zur Gemeinschaftstreue gerecht werden, indem er das nationale Recht gemeinschaftskonform handhabt. Er kann

---

517 Die von *Großfeld* gemachte Äußerung bezieht sich allerdings auf die Staatshaftung aufgrund von Gemeinschaftsrecht, JuS 1993, 710 (715)

518 *Schnichels,* Reichweite der Niederlassungsfreiheit, S. 180.

so zu Lösungen gelangen, die gemeinschaftsrechtlichen Vorgaben entsprechen, auf der anderen Seite aber auch bei rein nationalen Sachverhalten eine vertretbare Rechtsanwendung darstellen würden.

I. Art. 10 EGV und innerstaatliche Durchsetzungspflicht

Durch die Anerkennung der unmittelbaren sachrechtlichen Wirkung der Artt. 43, 48 EGV sind gesetzliche Regelungen nicht entbehrlich. Art. 43 EGV verlangt die Ermöglichung der Mobilität von Kapitalgesellschaften durch eindeutige Rechtsgrundlagen. Fehlende eindeutige Regelungen allein können Unternehmen von dem Vorhaben einer grenzüberschreitenden Sitzverlegung abhalten. Die Erfüllung der Verpflichtung kann -muß aber nicht- auf dem Weg des Art. 293 EGV erfolgen. Die Blockierung der grenzüberschreitenden Sitzverlegung durch das Unterlassen der Schaffung gesellschaftsrechtlicher Grundlagen stellt die praktische Wirksamkeit des Gemeinschaftsrechts und damit das Vertragsziel der Niederlassungsfreiheit im Binnenmarkt in Frage.

Der Anwendungsbereich des Grundsatzes der Gemeinschaftstreue erschöpft sich jedoch nicht in der Verpflichtung des Staates als Normgeber. Effektiven Rechtsschutz zur Durchsetzung dieses Rechtsanwendungsbefehls gewährleistet innerhalb der Gemeinschaft entweder der EuGH oder ein nationales Gericht. Wenn dem EuGH nicht ausdrücklich eine Zuständigkeit verliehen wurde, sind die nationalen Gerichte "als Gemeinschaftsrichter" zur Verwirklichung des Rechtsschutzes zuständig[519]. Dies gilt auch für den Schutz derjenigen Rechte, die aus der unmittelbaren Wirkung des Gemeinschaftsrechts folgen. Aus Art. 10 Abs. 1 EGV folgt daher die Verpflichtung des nationalen Richters, gemeinschaftsrechtlich begründeten Rechte des einzelnen effektiv zu schützen. Den Rechtsschutz hat er grundsätzlich mit Hilfe nationalen Rechts zu gewähren. Klassisches Mittel zur Erreichung dieses Zweckes ist die gemeinschaftsrechtskonforme Auslegung. Gegenstand ist das am Sinn, Zweck und Ziel des EG- Rechts ausgerichtete Verständnis nationaler Normen[520]. Umfaßt ist damit die abstrakt-generelle Prüfung, ob die Anwendung der nationalen Norm bzw. deren Rechtsfolge mit den im primären und sekundären Gemeinschaftsrecht verankerten Rechtssätzen vereinbar ist.

---

519 *Toth*, Legal Protection, S. 185.

520 *Ehricke*, RabelsZ 59 (1995), 598 ff.

II. Öffnung des UmwG aufgrund des gemeinschaftsrechtlichen Verhältnismäßigkeitsgebots?

Diese Überlegungen bringen die Betrachtung wieder auf das UmwG zurück: Bietet der durch das UmwG gegebene Schutzmechanismus einen ausreichenden Schutz der genannten Gruppen, soweit sie gemeinschaftsrechtlich schutzwürdig sind, liegt kein zwingendes Erfordernis vor, um einen Auflösungszwang zu rechtfertigen. Dies wurde oben für den Wegzug von Gesellschaften für nicht möglich gehalten, da § 1 Abs. 2 UmwG i.V. mit § 192 UmwG ausländische Zielrechtsformen aus dem Formwechsel ausschließt. Gibt das Umwandlungsrecht einen ausreichenden Schutz, existiert ein aus deutscher Sicht weniger einschneidendes Mittel zur Regelung des Sachverhaltes, der Auflösungszwang wäre auf jeden Fall unverhältnismäßig. In der Nichtanwendung liegt ein Verstoß gegen Art. 10 EGV. Eine gemeinschaftskonforme Auslegung von §§ 1 Abs. 2 i.V.m. § 192 UmwG hat demnach zwei Voraussetzungen: Einerseits muß das UmwG einer gemeinschaftskonformen Auslegung überhaupt zugänglich sein. Ist dies nicht der Fall, scheidet die Anwendung auf den grenzüberschreitenden Sachverhalt von vornherein aus. In einem zweiten Schritt ist zu untersuchen, ob mit einer Anwendung des UmwG Ergebnisse zu erzielen sind, die den zwingenden Erfordernissen des Allgemeinwohls des Wegzugsstaates Rechnung tragen.

1. Allgemeines zur gemeinschaftsrechtskonformen Auslegung

Um einen Konflikt der nationalen Norm mit Gemeinschaftsrecht von vornherein zu vermeiden, kann der Versuch gemacht werden, die Norm gemeinschaftskonform auszulegen. In der gemeinschaftsrechtskonformen Auslegung sind daher die Rechtsfolgen, die eine andere Auslegung für die Geltung der Grundfreiheiten bedeuten würde, zu berücksichtigen. In einem ersten Schritt ist daher zu entscheiden, ob eine Rechtsanwendung der nationalen Norm überhaupt erfolgen darf.

a. Bei der teilweise ähnlichen gelagerten Problematik der richtlinienkonformen
Auslegung wird diskutiert, ob die gemeinschaftsrechtskonforme Auslegung erst dann zum Zuge komme, wenn sich nach dem herkömmlichen Auslegungskanon mehrere Ergebnisse vertreten lassen[521], oder

521 *Spetzler,* RIW 1991, 579 (580).

ob das Gemeinschaftsrecht bereits im Rahmen der einzelnen Auslegungsmethoden zu berücksichtigen ist[522]. Nach der ersten Auffassung würde die gemeinschaftsrechtskonforme Auslegung eine Inhaltskontrolle darstellen, um die nach nationalen Recht auffindbaren unterschiedlichen Ergebnisse auf die Vereinbarkeit mit dem Gemeinschaftsrecht zu überprüfen und diejenige Auslegung zu wählen, die der dem Zweck des Gemeinschaftsrechts am nächsten kommt[523]. Das würde bedeuten, daß nur dort, wo die herkömmliche Auslegungsmethodik zwei Möglichkeiten offenläßt, eine gemeinschaftsrechtskonforme Auslegung als fünfte Auslegungsmethode hinzukommt[524]. Dem Vorrang des Gemeinschaftsrechts wird dies aber kaum gerecht. Ob eine Anwendung deutschen Rechts möglich ist, soll gerade der Gegenstand der Auslegung sein, über den das Gemeinschaftsrecht entscheidet. Das Gemeinschaftsrecht ist demnach bei der richtlinienkonformen Auslegung im Rahmen der einzelnen Auslegungsschritte zu beachten[525].

Weiterhin umstritten ist bei der richtlinienkonformen Auslegung die Frage, ob der mögliche Wortsinn als Grenze der gemeinschaftsrechtskonformen Auslegung anzusehen ist. Eine Auffassung sieht in der gemeinschaftsrechtskonformen Auslegung eine neue, selbständige Interpretationsmethode, die absoluten Vorrang vor den klassischen Auslegungsregeln (auch dem eindeutigen Wortlaut) zukommen soll[526]. Die Gegenauffassung sieht in ihr eine relative Vorrangregel, die die herkömmlichen Auslegungsmethoden zwar modifiziert, aber nicht über den möglichen Wortsinn einer Vorschrift hinweggehen könne, da sich Richtlinien an die Mitgliedstaaten wenden und keine unmittelbare Wirkung zwischen Privaten entfalten. Als Unterfall der teleologischen Auslegung könne sie sich gegenüber historischer Auslegung könne sich die gemeinschaftsrechtskonforme Auslegung durchsetzen, der Ausle-

---

522 *Dänzer-Vanotti,* StVj 1991, 1 (6); *Hommelhoff,* AcP 192 (1992), 71 (96); *Ehricke,* RabelsZ 59 (1995), 598 (610); *Möllers,* EuR 1998, 20 (41); *Grundmann,* ZEuP 1996, 399 (402).

523 BVerfGE 75, 223 (242f.); *Brechmann*, Die richtlinienkonforme Auslegung, S. 259; *Mengel*, Umwandlungen im Arbeitsrecht, S. 100.

524 Vgl. speziell für das UmwG: *Lutter- Lutter*, UmwG, Einl., Rn. 20 ff.

525 *Schmidt,* RabelsZ 59 (1995), 567 (590).

526 *Ehricke,* RabelsZ 59 (1995), 598 (612).

gungsfreiraum würde jedoch begrenzt durch den möglichen Wortsinn der gesetzlichen Norm[527].

b. Anders als bei der Frage der richtlinienkonformen Auslegung ist die Frage der Reichweite der gemeinschaftskonformen Auslegung weitgehend geklärt. Ebenso wie bei der richtlinienkonformen Auslegung sollte das Gemeinschaftsrecht in dem gesamten Auslegungskanon berücksichtigt werden. Hinsichtlich der Frage, ob der Wortlaut die Grenze gemeinschaftskonformer Auslegung darstellt, ergibt sich allerdings eine Unterscheidung zur richtlinienkonformen Auslegung: Da der gemeinschaftsrechtlichen Primärnorm ohnehin unmittelbare Anwendung zukommt, stellt sich das Problem der Grenze des gemeinschaftskonformen Auslegung nicht in der gleichen Schärfe. Selbst wenn der Wortlaut der Norm entgegensteht, verdrängt die Gemeinschaftsnorm das nationale Recht. Die gemeinschaftsrechtliche Primärnorm erlaubt es also, sich über die Grenzen des Wortlauts hinwegzusetzen[528]. Dogmatisch gesprochen handelt es sich nicht mehr um eine gemeinschaftskonforme Auslegung, sondern um eine gemeinschaftskonforme Rechtsfortbildung[529].

2. Gemeinschaftskonforme Öffnung von § 1 Abs. 2 i.V.m. 191 Abs. 2 UmwG auf den grenzüberschreitenden Wegzug

Wendet man die oben angestellten Überlegungen auf den Wegzugsfall an, so zeigt sich, daß der Wortlaut des § 1 Abs. 2 i.V.m. § 192 Abs. 2 UmwG einer Anwendung auf den grenzüberschreitenden Wegzug nicht entgegensteht, wenn das Analogieverbot den kollisionsrechtlichen Verweisungstatbestand nicht erfaßt. Oben wurde gezeigt, daß diese Auffassung noch mit dem Wortlaut der Vorschrift vereinbar ist[530]. Die historische Auslegung deutet zwar auf eine Begrenzung des UmwG auf den Inlandsfall hin, genau für diesen Fall greift aber vorrangig die gemeinschaftskonforme Auslegung ein. Einer gemeinschaftskonformen Rechtsfortbildung bedarf es daher nicht.

---

527 *Brechmann,* Die richtlinienkonforme Auslegung, S. 226 ff.; vgl. auch *Möllers,* EuR 1998, 20 (43). m.w.Nw.

528 EuGH v. 4.2. 1988, Slg. 1988, 629; BverfGE 85, 191 (204); *Möllers,* EuR 1998, 20 (40); *Ehricke,* RabelsZ 59 (1995), 598 (633).

529 *Möllers,* EuR 1998, 20 (40); *Ehricke,* RabelsZ 59 (1995), 598 (633).

530 Siehe oben S. 59.

Allerdings ist die Öffnung davon abhängig, daß mit dem -eigentlich auf einen inländischen Tatbestand zugeschnittenen- Normgefüge ein gemeinschaftsrechtlich ausreichender Schutz der in Frage stehenden zwingenden Gemeinwohlinteressen erreicht werden kann[531].

III. Können die Allgemeininteressen durch das UmwG hinreichend gewahrt werden?

1. Grundsätzliche Entsprechung der Rechtsformen

Eine entsprechende Anwendung des UmwG auf den grenzüberschreitenden Sachverhalt ist nur dann gerechtfertigt, wenn die Zielrechtsform im Zuzugstaat hinsichtlich im wesentlichen den in § 191 Abs. 2 UmwG aufgeführten Rechtsformen entsprechen. Nur die Unterschiede, die auch bei dem innerstaatlichen zwischen den Rechtsordnungen durch das UmwG "überbrückt" werden können, können bei dem grenzüberschreitenden Tatbestand ebenfalls von dem UmwG aufgefangen werden. Ansonsten versagen die Schutzmechanismen des UmwG von vornherein. Das führt nun einerseits dazu, daß der Registerrichter vor der Eintragung der Umwandlung das ausländische Recht ermitteln muß. Zu unüberwindbaren Schwierigkeiten sollte das nicht führen; zur Klärung von Zweifelsfragen können Rechtsgutachten eingeholt werden[532].

2. Gläubigerschutz

Eine zentrale Zielfunktion des deutschen Umwandlungsrechts kommt dem Gläubigerschutz zu[533]. In der Literatur wird daher zum Teil verlangt, einen Wegzug nur in Staaten zuzulassen, in denen materiellrechtlich ein "ausreichender Gläubigerschutz" gesichert ist[534]. Diese Betrachtungsweise ist jedoch zu eng: Wird die Sitzverlegung als Formwechsel begriffen, kommen für die Gläubiger der Gesellschaft die innerstaatlichen Schutzvorschriften zur Anwendung. Bevor die Frage gestellt wird, ob ausländische Gesellschaftsrechtsordnungen entspre-

---

531 davon geht auch *Ziegler,* Gesellschafts- und steuerrechtliche Probleme der Fusion, S. 38 f., aus, ohne dies aber weiter zu begründen.

532 *Kallmeyer,* ZIP 1996, 535 (537).

533 *Kübler,* ZHR 159 (1995), 550 (555); *Zöller- Geimer,* ZPO, IZPR Rn. 279.

534 vgl. *Wiedemann,* Gesellschaftsrecht, S. 873.

chende Gläubigerschutzvorschriften enthalten, muß vorrangig geprüft werden, ob die innerstaatlichen Bestimmungen geeignet sind, die Gläubiger im Fall der grenzüberschreitenden Sitzverlegung zu schützen. Dies folgt ohne weiteres aus dem hier vertretenen Anknüpfungsmodell: Ist in der Rechtsordnung des Zuzugstaates kein entsprechender Schutzmechanismus vorgesehen, setzt sich die deutsche Rechtsordnung gegenüber der ausländischen faktisch durch: Die innerstaatlichen Regelungen für den Formwechsel stellen kollisionsrechtlich den "Mindeststandard".

a. Sicherheitsleistung und Schadensersatzanspruch

§§ 204, 22 UmwG gewähren dem Gläubiger einen Anspruch auf Sicherstellung, sofern er glaubhaft macht, daß er in der Erfüllung seiner Forderungen gefährdet wird. Nach dieser Vorschrift ist den Altgläubigern der an der Umwandlung beteiligten Rechtsträgern Sicherheit zu leisten, sofern sie ihren Anspruch innerhalb von sechs Monaten nach dem Wirksamwerden der Umwandlung gelten machen.

Auf die durch eine Veränderung der Unternehmensverfassung, insbesondere die Änderung der Kapitalerhaltungsvorschriften resultierenden Gläubigergefährdungen zielt auch der durch diese Vorschriften statuierte Schutzmechanismus ab: So können durch den Formwechsel einer Kapitalgesellschaft in eine Personengesellschaft ebenfalls Kapitalschutzvorschriften (§ 30 GmbHG, § 57 AktG) entfallen. Den Anteilsinhabern steht es dann, ganz wie im Falle des Wegzugs einer Kapitalgesellschaft in eine Rechtsordnung, die keine dem deutschen Recht vergleichbare Kapitalerhaltungsvorschriften kennt, frei, dem Unternehmensträger zum Nachteil der Gläubiger durch Entnahmen Vermögen zu entziehen. Die Norm deckt also das identische Problem ab, materiell-rechtlich besteht kein Grund, einen gesonderten internationalen Gläubigerschutz einzufordern.

Problematisch ist nur, ob mit einer weniger strengen Kapitalbindung stets die Gefährdung der Forderung glaubhaft gemacht werden kann. Entsprechend dem allgemeinen zivilprozessualen Grundsatz sollte ausreichend sein, daß nach Darlegung des Gläubigers die überwiegende Wahrscheinlichkeit für die Gefährdung der Erfüllung der Forderung spricht[535]. Wegen der bei einem Formwechsel gegebenen Identität der

---

535 BGH VersR 1976, 928 (929); *Lutter- Decher,* UmwG, § 204 Rn. 9.

Haftungsmasse ist aber die Wahrscheinlichkeit einer Gläubigergefährdung nicht ohne weiteres darzustellen. Eine Gefährdung ergibt sich erst aus einem zukünftigen Verhalten der Gesellschafter, welches durch die weniger strenge Kapitalbindung der ausländischen Gesellschaft ermöglicht wird. Es können unter Umständen Rücklagen aufgelöst und sonstiges Vermögen der Gesellschaft ausgeschüttet werden. Den Gläubigern dürfte eine Glaubhaftmachung solcher Maßnahmen schwerfallen, wenn die verschieden ausgestaltete Kapitalbindung per se noch keine konkrete Gefahr hinsichtlich der Erfüllung der Forderungen indiziert. Entsprechende Behauptungen hätten ohne weitere Substantiierung spekulativen Charakter und würden eine Forderungsgefährdung nicht wahrscheinlich erscheinen lassen. In den Gesetzesmaterialien wird aber das Entfallen von zwingenden Kapitalschutzvorschriften durch den Formwechsel gerade als Beispiel für die Schutzbedürftigkeit der Gläubiger erwähnt[536].

Zuzugeben ist allerdings, daß der institutionelle Kapitalschutz bei Kapitalgesellschaften von der konkreten Gläubigergefährdung gerade unabhängig ist. Von daher ist nicht ohne weiteres einleuchtend, daß eine Absenkung des Niveaus des institutionellen Gläubigerschutzes mit der konkreten Forderungsgefährdung gleichgestellt werden kann. Wertungsmäßig ist aber auch dem Gesetz einer derartige Gleichstellung nicht fremd: Rechtsfolge des § 22 UmwG ist ein Anspruch des Gläubigers auf Sicherheitsleistung. Den gleichen Anspruch räumt das Gesetz in § 58 Abs. 1 Nr. 2 GmbHG dem Gläubiger einer GmbH ein, der einer Kapitalherabsetzung widerspricht. Die Absenkung des Niveaus des institutionellen Gläubigerschutzes und die konkrete Gläubigergefährdung werden von dem Gesetzgeber also mit derselben Rechtsfolge belegt - in anderen Worten wertungsmäßig auf eine Stufe gestellt. Diese Überlegung sollte es erlauben, eine konkrete Gläubigergefährdung auch dann anzunehmen, wenn durch die Umwandlung die institutionellen Schutzvorkehrungen zuungunsten der Gläubiger gelockert werden.

(1) Aktiengesellschaften

a. Die Gläubigerschutzvorschriften sind bei der Aktiengesellschaft durch die gesellschaftsrechtlichen Richtlinien weitgehend harmonisiert.

---

[536] vgl. *Ganske*, S. 230.

Die erste[537] und zweite[538] gesellschaftsrechtliche Richtlinie des Rates haben eine weitgehende Rechtsangleichung im Bereich der handelsrechtlichen Gründungs- und Satzungspublizität erreicht[539]. Durch die zweite gesellschaftsrechtliche Richtlinie wurde das System des festen Kapitals gemeinschaftsweit festgelegt[540]. Kapitalschützende Wirkung kommt auch der Begrenzung des Erwerbs eigener Aktien (Art. 18-24) zu[541]. Im Bilanzrecht ist eine Angleichung durch die vierte, siebte und achte gesellschaftsrechtliche Richtlinie erreicht worden[542]. Nach Art.

537 Richtlinie vom 9.3.1968 (68/151/EWG), ABl. EG Nr. L 65 v. 14.3.1968, S. 8 ff.

538 Richtlinie vom 13.12.1976 (77/91/EWG), Abl. EG Nr. L 26 v. 31.1.1977, S. 1 ff.

539 Jeder Mitgliedstaat ist nach der Richtlinie verpflichtet, ein Handelsregister zu führen, das den Gläubigern umfassende Information über die Kapitalgesellschaft ermöglicht. Publizitätspflichtig sind die Gründungsdokumente der Gesellschaft, das Gesellschaftskapital, die Offenlegung der personellen Besetzung der Leitungs- und Kontrollorgane der Gesellschaft, sowie die Vertratungsbefugnisse (Art. 2 der 1. Richtlinie), Kapitalerhöhung und Kapitalherabsetzung. (Artt. 25, 30 der 2. Richtlinie). Auch die Publizitätswirkungen sind weitgehend harmonisiert. Artt. 11, 12 der ersten Richtlinie reduziert zudem die Nichtigkeitsgründe bei Gründungsmängeln. Durch Art. 3 der Publizitätsrichtlinie wurden die Publizitätsmittel vereinheitlicht. Die Mitgliedstaaten sind verpflichtet, ein Register zu führen und Eintragungen in das Register öffentlich bekannt zu machen.

540 Das Kapital wurde in Art. 6 Abs. 1 auf zumindest 25.000 ECU festgelegt. Artt. 6-14 regeln ausführlich die Aufbringung des Kapitals bei Gründung der Gesellschaft: Aktien dürfen vor allem nicht unter Nennbetrag ausgegeben werden (Art. 8 - Verbot der Unter-pari-Emission). Ein Erlaß von Einlageverpflichtungen von Aktionären ist nicht zulässig. Einlagen auf ausgegebene Aktien müssen zum Zeitpunkt der Gründung der Gesellschaft mindestens zu einem Viertel geleistet werden. Bei Sacheinlagen muß die vollständige Leistung innerhalb von fünf Jahren vollständig erfolgen. Als Einlagen kommen nur solche Vermögensgegenstände in Betracht, deren wirtschaftlicher Wert feststellbar ist. Vor allem die Vorschrift des Art. 15 dient der Kapitalerhaltung: Das Gesellschaftskapital wird durch das Verbot der Ausschüttung von anderen Beträgen als dem Gewinn (Art. 15 Abs. 1).

541 In den Ausnahmefällen der Artt. 19, 20 (Erwerb zur Abwehr eines schweren Schadens, zur Weitergabe an Arbeitnehmer, zur Abfindung von Gesellschaftern) ist der Erwerb von 10% des Grundkapitals der Gesellschaft von den Mitgliedstaaten zuzulassen. Darüber hinaus können die Mitgliedstaaten den Erwerb auch generell zulassen. Ein allgemeines Ausnahme bedarf aber einer ausdrücklichen Ermächtigung durch die Hauptversammlung und ist ebenfalls nur bis zu 10% des Grundkapitals zulässig (Art. 18). Kapitalherabsetzungen (Artt. 30-39) sind gem. Art. 34 nur durch Beschluß der Hauptversammlung zulässig. Zulässig sind sie nur bis auf den gesetzlichen Mindestbetrag und mit Sicherheitsleistung an die Gläubiger der Gesellschaft möglich.

542 Insbesondere in der 4. gesellschaftsrechtlichen Richtlinie (Bilanzrichtlinie) und in der 7. gesellschaftsrechtlichen Richtlinie (Konzernbilanzrichtlinie) findet der

3 der Bilanzrichtlinie ist die Vermögens-, Finanz- und Ertragslage der Gesellschaft so darzulegen, daß ein den tatsächlichen Verhältnissen entsprechendes Bild vermittelt wird. Allerdings gewährt die Richtlinie bei Bewertungsgrundsätzen, Rückstellungsmöglichkeiten und Abschreibungsmodalitäten Wahlrechte, die den unterschiedlichen Bilanzphilosophien Rechnung tragen, so daß die Frage berechtigt erscheint, ob im Bilanzrecht eine echte Angleichung erfolgt ist. Zumindest ist aber eine Vergleichbarkeit der Bilanzen erreicht, gerade dadurch, daß die bilanziellen Wahlrechte im Anhang der Bilanzen angegeben werden müssen[543].

b. Dennoch bleiben Unterschiede: Vor allem das deutsche Recht geht über die Richtlinienbestimmungen der zweiten gesellschaftsrechtlichen Richtlinie hinaus. Damit bleibt die Frage, ob die über die Angleichung hinausschießenden Gläubigerschutzbestimmungen der Einzelstaaten es rechtfertigen, bei der Sitzverlegung ein zwingendes Erfordernis der Allgemeinheit darstellen können, um die Niederlassungsfreiheit von juristischen Personen zu beschränken. Dies ist unabhängig von der Problematik, ob die Kapitalschutzrichtlinie selbst eine Minimal- oder Maximalregelung darstellt. Die herrschende Meinung versteht die Richtli-

---

Gläubigerschutz Niederschlag. Ziel der Richtlinien ist, Kapitalanlegern und Kapitalgebern in den Mitgleidstaaten gleichwertige Informationen über die Finanz-, Vermögens- und Ertragslage der Gesellschaften zu geben; vgl. *Lutter,* Europäisches Unternehmensrecht, S. 139. Die Bilanzrichtlinie regelt den Einzelabschluß von Kapitalgesellschaften. Dabei bestimmt sie die Betandteile des Jahresabschlusses und legt Grundsätze für die Gliederung der Bilanz und der Gewinn- und Verlustrechnung sowie die wesentlichen Berwertungsgrundsätze fest. Die Bilanzierung unterscheidet sich allerdings nach der Unternehmensgröße. Nur große Unternehmen unterliegen uneingeschränkt der Bilanzrichtlinie. Für kleinere und mittlere Unternehmen gelten hinsichtlich des Bilanzumfangs, der Publizität und der Prüfung gewisse Erleichterungen: Mittelstandsrichtlinie: Richtlinie v. 8.11.1990 (90/605/EWG) zur Änderung der Richtlinie 78/660/EWG über den Jahresabschluß sowie der Richtlinie 83/349/EWG über den konsolidierten Abschluß hinsichtlich der Ausnahmen für kleine und mittlere Gesellschaften sowie der Aufstellung und Offenlegung von Abschlüssen in ECU (90/604/EWG), Abl. EG Nr. L 317 v. 16.11.1990, S. 57ff.

543 *Schnichels,* Reichweite der Niederlassungsfreiheit, S. 188; *Kruse,* Sitzverlegung von Kapitalgesellschaften in der EG, S. 166; dagegen: *Nowotny* in: Koppensteiner, Der Weg in den Binnenmarkt, S. 253 (266); *Lutter,* Europäisches Unternehmensrecht, S. 60. Die Konzernbilanzrichtlinie gewährleistet, daß auch die Rechnungslegung auch im verbundenen Unternehmen ein zutreffendes Bild der Vermögens- Ertrags- und Finanzlage der Gesellschaft vermittelt. Dies kann bei verbundenen Unternehmen durch einen konsolidierten Abschluß erfolgen, der einer Prüfungs- und Offenlegungspflicht unterliegt.

nie nach ihrem Wortlaut als Mindestvorschrift, da der Worlaut klarstelle, daß der Zweck der Kapitalrichtlinie nur darin liege, beim Schutz der Aktionäre einerseits und der Gläubiger andererseits ein Mindestmaß an Gleichwertigkeit sicherzustellen[544]. Weiterhin wird aus der Tatsache, daß kein ausdrückliche Anordnung der abschließenden Regelung in der Richtlinie selbst erfolgt ist, gefolgert, daß strengere Regelungen der Mitgliedstaaten weiterhin zulässig seien[545].

Es geht hier nur um die Frage, ob es bei einer mitgliedstaatlichen Regelung des grenzüberschreitenden Tatbestandes gemeinschaftsrechtlich zulässig ist, die über die Harmonisierung hinausgehenden Unterschiede in den Gläubigerschutzbestimmungen als zwingendes Allgemeininteresse anzusehen, das eine beschränkende Wirkung rechtfertigen könnte. Im Rahmen des grenzüberschreitenden Sachverhalts können sich die angeglichenen Rechtsvorschriften nämlich als Maximalnormen herausstellen, so daß eine Beschränkung bei Wahrnehmung des Niederlassungsrechts zur Sicherung des "überschießenden" Regelungsgehalts eines Mitgliedstaates innerhalb der Schrankendogmatik des Art. 43 EGV nicht mehr zu rechtfertigen wäre.

Der Wortlaut von Art. 44 Abs. 2 lit. g EGV spricht für eine solche Auslegung. Die Gleichwertigkeit der harmonisierten Rechtsvorschriften ist gerade das Ziel der Angleichung. Auch teleologisch spricht einiges dafür, die Gläubigerschutzbestimmungen für grenzüberschreitende Sachverhalte als "vergemeinschaftet" anzusehen[546]. Zudem scheint Art. 44 Abs. 2 lit g. EGV seiner systematischen Stellung entsprechend auch der Durchsetzung der Niederlassungsfreiheit zu dienen[547]. Einigkeit besteht daher darüber, daß Art. 44 Abs. 2 lit. g EGV nicht vollkommen losgelöst von der Systematik des Niederlassungsrechts gesehen werden kann[548].

---

544 *Hopt,* ZGR 1992, 265 (285f.); *Lutter,* Festschrift Everling, S. 765 ff.; *Hüffer,* AktG, § 27; dagegen: *Bleckmann,* ZGR 1992, 364 (372f.); *Steindorff,* EuZW 1990, 251 ff.; umfassend jetzt: *Drinkuth,* Die Kapitalrichtlinie - Mindest oder Höchstnorm?

545 *Hopt,* ZGR 1992, 265 (285f.); *Lutter,* Festschrift Everling, S. 765 ff.; *Hüffer,* AktG, § 27; dagegen: *Bleckmann,* ZGR 1992, 364 (372f.).

546 *Lutter,* Festschrift Everling, S. 765 (777).

547 *Knobbe-Keuk,* DB 1990, 2573 (2584); *Schnichels,* Reichweite der Niederlassungsfreiheit, S. 187; *Steindorff,* EuZW 1990, 251 (253).

548 *Grabitz/Hilf- Randelshofer,* EGV, Art. 54 Rn. 33.

Dagegen spricht auch nicht, daß neben der Niederlassungsfreiheit die Angleichung von Schutzbestimmungen auch Bedeutung für die Ausübung anderer Grundfreiheiten hat, zum Beispiel für die Kapitalverkehrsfreiheit[549]. Das Ziel, die Beschränkungen der Niederlassungsfreiheit aufzuheben, das Rat und Kommission durch Art. 44 Abs. 1 und 2 EGV aufgegeben wird, mag auf andere Grundfreiheiten ausstrahlen. Dadurch kann Art. 44 Abs. 2 EGV aber nicht eingeschränkt werden. Die Vereinheitlichung der Schutzbestimmungen erfolgt zuerst "im Interesse der Gesellschafter". Art. 44 Abs. 2 lit. g EGV soll daher die Freizügigkeit vereinfachen, gleichzeitig aber den betroffenen Interessen im Wegzugs- und Zuzugsstaat Rechnung tragen, so daß der Wegzug oder Zuzug nicht zu Gläubigerschädigungen führt[550]. Wenn Schutzbestimmungen durch die Richtlinien im Sinne des lit. g "gleichwertig" gestaltet sind, sollte der grenzüberschreitende Sachverhalt daher nicht durch überschießende Normen beschränkt werden können.

Im Schutzbereich der Niederlassungsfreiheit sollten daher alle Normen, die von der harmonisierenden Regelung erfaßt werden, als gleichwertig angesehen werden[551]. Die Gläubiger einer Gesellschaft können sich dementsprechend nicht auf schärferen Kapitalschutzvorschriften im Wegzugsstaat berufen. Entsprechen sie den Gläubigerschutzvorschriften der 2. gesellschaftsrechtlichen Richtlinie, sind sie als gleichwertig zu akzeptieren. Die Gläubigerinteressen sind insoweit "vergemeinschaftet"[552]. Eine Sicherstellung kann dann nicht mit der Begründung verlangt werden, daß in dem Zuzugstaat weniger strenge Kapitalisierungsvorschriften gelten. Die gesellschaftsrechtlichen Richtlinien können dem nationalen Gesetzgeber insoweit nur noch für Inlandssachverhalte Raum geben, über den Richtlinienstandard hinauszugehen. Wenn das für den grenzüberschreitenden Sachverhalt nicht zulässig ist, folgt zugleich, daß eine Gläubigergefährdung dann nicht gegeben ist, wenn sich ein Gläubiger auf "vergemeinschaftete" Schutzvorschriften beruft, für die im Zuzugstaat ein anderer Standard besteht.

---

549 *Grabitz/Hilf- Randelshofer,* EGV, Art. 54 Rn. 32.

550 *Grabitz/Hilf- Randelshofer,* EGV, Art. 54 Rn. 37.

551 *Kruse,* Sitzverlegung von Kapitalgesellschaften innerhalb der EG, S. 172; *Knobbe-Keuk,* DB 1990, 2573 (2584); *Roth* in: *Wouters/Schneider,* Current Issues of Cross-Border Establishment of Companies in the European Union, 29 (44).

552 *Kruse,* Sitzverlegung von Kapitalgesellschaften innerhalb der EG, S. 172.

Es bleiben für ein besonderes Schutzbedürfnis damit nur bislang nicht vergemeinschaftete Gläubigerschutzvorschriften. Zu nennen ist hier in erster Linie das von der deutschen Rechtsprechung für Kapitalgesellschaften entwickelte Kapitalersatzrecht[553]. Wenige andere Rechtsordnungen kennen diese Form der Umqualifizierung von Fremd- in Eigenkapital[554]. Vor diesem Hintergrund erscheint es gerechtfertigt, die Vorschriften zur Sicherstellung von Gläubigern einer wegziehenden Aktiengesellschaft zur Anwendung kommen zu lassen.

(2) Gesellschaften mit beschränkter Haftung

Besondere Probleme ergeben sich hinsichtlich der Gesellschaften mit beschränkter Haftung. Zwar gelten die 1., 4., 7. und 8. gesellschaftsrechtliche Richtlinie auch für diese Rechtsform, die 2. gesellschaftsrechtliche Richtlinie (Kapitalschutzrichtlinie) hat für die GmbH aber keine Geltung[555]. Die Angleichungsbemühungen der EG-Kommission sind im Gang, bislang ist aber ein Abschluß nicht in Sicht. Bei dieser Gesellschaftsform bestehen weiterhin Schutzlücken, die eine Sicherstellung der Gläubiger rechtfertigen sollten. Ganz in diese Richtung gehen auch die Überlegungen des EuGH in der bereits zitierten *Centros*-Entscheidung[556]. Der EuGH wies in diesem Fall ausdrücklich auf die Möglichkeit hin, Gläubigern einer Gesellschaft Sicherheiten für einen Fall einzuräumen, in dem eine Gesellschaft nach englischem Gesellschaftsstatut gegründet wurde und in einem Staat mit strengeren Mindestkapitalerfordernissen hauptsächlich tätig werden wollte. Hierin liege eine verhältnismäßige Beschränkung der Grundfreiheiten.

b. Verfahrensrechtliche Stellung der Gläubiger

Das Problem der Geltendmachung der aus der Umwandlung erwachsenen Ansprüche der Gläubiger wird innerhalb des Anwendungsbereichs des EuGVÜ entschärft:

---

553 Für Aktiengesellschaften vgl. OLG Düsseldorf AG 1991, 401; *Hüffer,* AktG, § 57 Rn. 17.

554 *Zimmer,* Internationales Gesellschaftsrecht, S. 277, weist darauf hin, daß die italienische Rechtsprechung zu ähblichen Ergebnissen kommt.

555 *G.H. Roth*, GmbH-Gesetz, Einleitung 3.2.2; *Hachenburg- Ulmer*, § 5 Rn. 8.

556 Ausführlich siehe unten S. 174 ff.

(1) Gerichtsstand im Ausland?

Innerhalb des Anwendungsbereichs des EuGVÜ kommt der Gerichtsstand des § 23 ZPO zwar nicht zur Anwendung. Bei noch nicht anhängigen Prozessen kann sich so nach den allgemeinen Grundsätzen der Gerichtsstand aufgrund des neuen Sitzes der Gesellschaft ändern. Während der Gläubiger bislang seine Forderung vor einem inländischen Gericht einklagen konnte, gilt nun grundsätzlich nach Art. 2 EuGVÜ der Gerichtsstand des Wohnsitzes des Beklagten im Ausland, Art. 53 Abs. 1 EuGVÜ. Im Regelfall wird aber auch nach dem Wegzug ein inländisches Gericht zur Entscheidung berufen sein: Das EuGVÜ sieht in Art. 5 ff. besondere Zuständigkeitsregelungen vor, insbesondere die des Erfüllungsortes der vertraglichen Leistung. Bei dem Zurückbleiben einer Zweigniederlassung ist nach Art. 5 Abs. 2 EuGVÜ das ursprünglich zur Entscheidung berufene Gericht zudem weiterhin zuständig. Einen Parteiwechsel in einem anhängigen Verfahren bewirkt die Sitzverlegung nicht, da die Gesellschaft den Statutenwechsel identitätswahrend vollzieht. Die fortbestehende Gesellschaft steht mit der Eintragung im ausländischen Handelsregister sofort fest. Es bedarf daher allenfalls einer kurzen Aussetzung des Verfahrens, um die Parteibezeichnungen zu ändern und dementsprechende Vollmachten etc. zu ändern. Ansonsten ändert sich der Gegenstand und der Zustand des Verfahrens grundsätzlich nicht. Eines besonderen Schutzes von Gesellschaftsgläubigern bedarf es insoweit nicht.

(2) *Vollstreckung im Ausland*

Die in einem anderen Vertragsstaat des EuGVÜ ergangenen Entscheidungen können ohne Durchführung eines besonderen Anerkennungsverfahrens vollstreckt werden (Artt. 26 ff. EuGVÜ). Ein Hinderungsgrund für die Vollstreckung könnte sich allenfalls aus einem Verstoß gegen den ordre public ergeben (Art. 27 EuGVÜ). Dies ist aber keine Besonderheit des Wegzugs juristischer Personen.

Nach der Rechtsprechung des EuGH kann im Anwendungsbereich des Gemeinschaftsrechts dementsprechend § 917 Abs. 2 ZPO nicht als Arrestgrund gegen wegziehende Unternehmen angewendet werden[557]. Der Gerichtshof sieht in dieser Vorschrift eine versteckte Diskriminie-

557 EuGH Urt. v. 10.2.1994-Rs. 398/92, Mund & Fester/Hatrix International Transport, Slg. 1994, 467 = EWS 1994, 216.

rung, da von der Vorschrift in der großen Mehrheit ausländische natürliche und juristische Personen betroffen seien. Eine Vollstreckung im Ausland allein rechtfertige noch nicht die Einschränkung von Grundfreiheiten.

Diese Erkenntnis mag man für bedenklich halten, da eine Vollstrekkung im Ausland naturgemäß mit einigen zusätzlichen Schwierigkeiten verbunden ist: Zunächst muß das Verfahren zur Erteilung einer Vollstreckungsklausel gem. Art. 31 EuGVÜ durchlaufen werden. Das Gericht kann nach Art. 48 Abs. 2 EuGVÜ eine Übersetzung des zu vollstreckenden Tenors verlangen. Nach Art. 36 EuGVÜ kann der Schuldner auch nach der Zulassung der Zwangsvollstreckung innerhalb eines Monats einen Rechtsbehelf einlegen. Vor Ablauf dieser Rechsbehelfsfrist ist die Vollstreckung auf Sicherungsmaßregeln beschränkt. Ein weiterer Unsicherheitsfaktor kann sich durch die Anerkennungsprognose innerhalb des EuGVÜ- Vollstreckungsverfahrens ergeben: Zwar werden Entscheidungen deutscher Gerichte nach Art. 24 EuGVÜ ohne besonderes Verfahren anerkannt, dennoch besteht gem. Art. 27 EuGVÜ die Möglichkeit der Versagung der Anerkennung deutscher Urteile im Ausland, wenn das Urteil gegen den ordre public des anerkennenden Staates verstößt.

Zuzugeben ist daher, daß auch das EuGVÜ keine vollkommene Gleichstellung zwischen Inlands- und Auslandsvollstreckung bewirkt. Die vollständige Identität ist aber gemeinschaftsrechtlich auch nicht erforderlich. Durch das EuGVÜ können die Hoheitsgebiete der Mitgliedstaaten vollstreckungsrechtlich als ein einheitliches Ganzes angesehen werden. Die Risiken, die mit der Vollstreckung von Entscheidungen und den durch diese verursachten Schwierigkeiten verbunden sind, sind in allen Mitgliedstaaten im wesentlichen gleichartig. Erweitert auf den Anspruch aus §§ 204, 22, 205 UmwG bedeutet das: Das EuGVÜ stellt den Gläubigern ein System zur Verfügung, daß eine Verkürzung ihrer Rechte nicht befürchten läßt, auch wenn die Wirkung erst im Ausland eintritt. Daher sollten innerhalb der Gemeinschaft aus der Sicht der Gläubiger keine Bedenken bestehen, eine grenzüberschreitende Umwandlung zuzulassen, wenn die Vollstreckung des umwandlungsspezifischen Ausgleichsanspruchs über das EuGVÜ gesichert ist. Für den grenzüberschreitenden Wegzug gilt daher: Die Auslandsvollstreckung stellt kein "zwingendes Erfordernis" dar, das eine Beeinträchtigung von Grundfreiheiten rechtfertigen kann. Innerhalb der Vertragsstaaten des EuGVÜ ist es dementsprechend gemeinschaftsrechtlich nicht mehr gerechtfertigt, von einer Gläubigergefährdung durch das Erfordernis der Auslandsvollstreckung auszugehen[558]. Ein besonderer Schutz der Klage- und Vollstreckungsmöglichkeiten von Gläubigern durch das internationale Gesellschaftsrecht wäre daher gemeinschaftsrechtlich unzulässig[559]

c. Ergebnis

Im Ergebnis ist daher der Wegzug einer Kapitalgesellschaft in einen Mitgliedstaat der Gemeinschaft unter dem Gesichtspunkt der Gläubigergefährdung bei Anwendung der umwandlungsrechtlichen Schutznormen für Gläubiger unbedenklich[560].

3. Anteilsinhaberschutz

Nach dem Vollzug der Sitzverlegung richten sich die Rechte und Pflichten der Anteilsinhaber nach der ausländischen Rechtsordnung. Das Schutzproblem für die Minderheitsgesellschafter ist evident[561]: Aufgrund der Identität der Mitgliedschaft werden sämtliche Rechtsverhältnisse dem nunmehr ausländischen Rechtssubjekt zugeordnet. Das führt nicht nur dazu, daß sich der Ort der Hauptversammlung ändert, so daß bei der gleichzeitigen Verlegung beider Sitze die Ausübung der Aktionärs- oder Gesellschafterrechte mit einem erhöhten Aufwand verbunden ist. Vom deutschen Gesellschaftsrecht garantierte Schutzrechte werden unter Umständen aufgegeben. Zu nennen sind zunächst qualifizierte Mehrheitserfordernisse für Änderungen des Gesellschaftsvertrages[562], Kapitalerhöhungen[563] oder den Abschluß von Unternehmensverträgen[564]. Hinzu kommen "technische Minderheitenschutzrechte" wie das Recht zur Einberufung einer außerordentliche Gesellschafter-

---

558 *Ehricke*, NJW 1991, 2189 (2191).

559 So auch: *Bechtel,* Umzug von Kapitalgesellschaften, S. 147.

560 Ebenso: *Bechtel,* Umzug von Kapitalgesellschaften, S. 149.

561 Teilweise wird dieses Schutzproblem aufgespalten in einen national und speziell international ausgerichteten Schutzmechanismus. Zum Beispiel: *Züllig,* Internationale Fusion, S. 59.

562 §§ 179 Abs. 2 AktG, 53 Abs. 2 GmbHG.

563 §§ 182 Abs. 1 AktG, 53 Abs. 2, 55 GmbHG.

564 § 293 Abs. 1, 2 AktG. Zur Frage der entsprechenden Anwendbarkeit dieser Vorschrift auf die GmbH siehe: BGHZ 105, 324, 332 ff.

versammlung oder die Beschlußfassung über bestimmte Gegenstände[565].

a. Materiell-rechtlich

§ 240 Abs. 1 Satz 1 UmwG verlangt für den Beschluß eines Formwechsels einer Kapitalgesellschaft in eine Kapitalgesellschaft anderer Rechtsform eine ¾ - Mehrheit der abgegebenen Stimmen oder des vertretenen Grundkapitals. Eine darunter liegende Mehrheit ist nach Satz 2 nicht zulässig. Für die grenzüberschreitenden Sitzverlegung stellt sich damit die Frage, ob dieses Quorum ausreicht, um Minderheitsgesellschafter ausreichend zu schützen. Ob wegen des möglichen Verlusts von Aktionärsrechten die Einstimmigkeit des Beschlusses erforderlich ist, wird in der Literatur unterschiedlich beurteilt[566]. Manche Autoren, die vor dem Erlaß des UmwG 1995 eine "Hinausfusion" für zulässig erachteten, verlangten wegen des hohen Gefährdungspotentials für die deutschen Anteilsinhaber Einstimmigkeit des Verschmelzungsbeschlusses[567]. Auch einige anderen Staaten, die die grenzüberschreitende Sitzverlegung gesellschaftsrechtlich für zulässig erachten, verlangen Einstimmigkeit für den Verlegungsbeschluß[568].

---

565 § 122 Abs. 2 AktG, 50 GmbHG.

566 Ein Einstimmigkeitserfordernis bejahen: *Behrens,* Die Gesellschaft mit beschränkter Haftung im internationalen und europäischen Recht, IPR Rn. 65; *Behrens,* ZGR 1994 1 (11); *Grasmann,* System des Internationalen Gesellschaftsrechts, Rn. 1077; *Thömmes,* DB 1993, 1021 (1025); verneinend: *Kruse,* Sitzverlegungen von Kapitalgesellschaften innerhalb der EG, S. 180.

567 *Koppensteiner,* Internationale Unternehmen, S. 258 f.;*Thömmes,* DB 1993, 1021 (1025).

568 In *Frankreich* sieht das Gesetz in Art. 60 des Gesetzes Nr. 66-537 vom 24 Juli 1966 über die Handelsgesellschaften vor, daß die Gesellschafter die Staatsangehörigkeit der Gesellschaft einstimmig ändern können. In *Belgien* berührt der Wegzug einer Gesellschaft nach Art. 136 i.V.m. Art. 70 des Handelsgesetzbuches den Gesellschaftsgegenstand, woraus eine Einstimmigkeit des Beschlusses folgt. In *Luxemburg* muß der Wegzug einer Gesellschaft ebenfalls einstimmig beschlossen werden (Art. 199 des Gesetzes vom 10. August 1915 über die Handelsgesellschaften). In *Griechenland* ist nach Art. 38 Abs. 3 des Gesetzes betreffend die Gesellschaft mit beschränkter Haftung vom 16.4.1955 (Gesetz 3190/55) Einstimmigkeit des nationalitätsändernden Gesellschafterbeschluß erforderlich. Der U.S.- Bundestaat *Delaware* verlangt für den Gesellschafterbschluß, mit dem die Gesellschaft das Statut eines anderen Bundestaates annehmen soll, ebenfalls Einstimmigkeit: Art. 389, 390 Del. Code.

Ein generelles Einstimmigkeitserfordernis ist ein effektives und einfaches Instrument, die Anteilsinhaber vor einer ungewollten Rechtsverkürzung zu bewahren. Es stellt aber im Gesellschaftsrecht einen Ausnahmefall dar. Das Mehrheitsprinzip bei Kapitalgesellschaften beruht auf der für alle Grundsatzentscheidungen geltenden Erkenntnis, daß bei heteronomen Gesellschafterkreisen normtypischer Kapitalgesellschaften mit der Zustimmung aller Mitglieder selbst bei den für notwendig erkannten Grundlagenänderungen nicht zu rechnen ist. Praktische Folge eines Einstimmigkeitserfordernisses wäre daher, daß der Vollzug eines Statutenwechsels zumindest bei größeren Unternehmen faktisch ausgeschlossen wäre[569]. Querulatorischen Anteilsinhabern gäbe es die Möglichkeit, sich ihre Zustimmung zu der Sitzverlegung zu einem Betrag abkaufen zu lassen, der in keinem Verhältnis zu dem eigentlichen Wert ihrer Anteile steht[570]. Diese Schwächen würden auch durch eine möglicherweise aus einer Treuepflicht des Aktionärs abzuleitenden Zustimmungspflicht nicht aufgehoben, da eine Zustimmung oder eine gerichtliche Ersetzung der Zustimmung des einzelnen Aktionärs nur über langwierige gerichtliche Auseinandersetzungen zu erreichen wäre. Ein Einstimmigkeiterfordernis bedarf daher einer besonderer Rechtfertigung.

Anteilsinhaber sollten kein absolutes Recht auf die Beibehaltung des Gesellschaftsstatuts haben[571]. In der Tat mag der Statutenwechsel für den Anteilsinhaber zwar eine faktische Verschlechterung seiner Position zur Folge haben, allerdings in höchst unterschiedlichem Ausmaß. Es werden Unterschiede bestehen, ob man bei einer deutschen, oder einer französischen oder italienischen Gesellschaft Anteilsinhaber ist. Diese Unterschiede können aber nicht abstrakt als derart gravierend angesehen werden, daß ein Statutenwechsel notwendig ein absolutes Recht berührt. Die beteiligten Gesellschaftsstatuta sind vielmehr im konkreten Fall in Hinblick auf die dem Anteilsinhaber eingeräumte Rechtsstellung zu vergleichen. Sollte die Anwendung des Gesellschaftsstutes des Zuzugstaates eine Verletzung von Rechten bewirken, die auch bei einem rein innerstaatlichen Formwechsel nicht durch Mehrheitsbeschluß ent-

---

569 Münchener Kommentar- *Ebenroth,* Nach Art. 10 EGBGB, Rn. 226; *Bessenich,* Grenzüberschreitende Verschmelzungen; *Kruse,* Sitzverlegung von Kapitalgesellschaften innerhalb der EG, S. 180; *Goldmann,* Bulletin der EG, Beilage 13/1973, 35; *Ziegler,* Gesellschafts- und steuerrechtliche Probleme bei der Fusion, S. 73.

570 Münchener Kommentar- *Ebenroth,* Nach Art. 10 EGBGB Rn. 506.

571 *Bindschedler,* Nationalitätswechsel der Aktiengesellschaft, S. 68 ff.

zogen werden können, so muß der Sitzverlegungsbeschluß einstimmig gefaßt werden. Das Gesellschaftsstatut selbst gehört demgegenüber nicht zum Kernbereich unentziehbarer Mitgliedschaftsrechte sondern kann nur derartige Rechte vermitteln. Entscheidend ist daher nur, ob dem Anteilsinhaber Rechte entzogen werden, die ihm auch durch einen inländischen Rechtsakt entzogen werden könnten.

Dementsprechend sollte die Mehrheit des § 240 Abs. 1 UmwG grundsätzlich für den Beschluß über eine grenzüberschreitende Sitzverlegung ausreichen[572]. Die §§ 241, 193 Abs. 2 UmwG ordnen zudem besondere Zustimmungspflichten an, wenn besondere Individualrechte betroffen sind. Hierzu gehören insbesondere Mehrstimmrechte, Zustimmungsrechte, Weisungsrechte gegenüber der Geschäftsführung, Bestellungs- oder Bennenungsrechte für den Aufsichtsrat sowie statutarische Vorkaufs- oder Vorerwerbsrechte.

b. Abfindungsrecht gem. §§ 207 ff. UmwG

Ein außerordentlicher Austrittsgrund ist davon abhängig, daß aufgrund gewichtiger Umstände der Verbleib in der Gesellschaft für den Gesellschafter unzumutbar ist und er keine andere Möglichkeit hat, sich von seinem gesellschaftlichen Engagement zu trennen[573]. Derartige wesentliche Umstände werden insbesondere darin gesehen, daß sich die rechtlichen und wirtschaftlichen Verhältnisse der Gesellschaft in einer für den Gesellschafter nicht hinnehmbaren Weise verändern[574].

Der Gesetzgeber hat hinsichtlich der nachteiligen Folgen des innerstaatlichen Formwechsels durch rechtsformspezifische Rechtsbehelfe Rechnung getragen. Formwechselnde Gesellschaften sind zu einem Barabfindungsgebot gegenüber den Anteilsinhabern verpflichtet, wenn nicht deren Zustimmung zu dem Formwechsel ohnehin erforderlich ist. Das Abfindungsangebot muß gem. § 194 Abs. 1 Nr. 6 UmwG bereits in dem Umwandlungsbeschluß enthalten sein. Ebenso ist es Bestandteil des Umwandlungsberichts (§ 192 Abs. 2 UmwG). Anspruchsberechtigt sind diejenigen Anteilsinhaber, die gegen den Beschluß Widerspruch zur Niederschrift erklärt haben, § 207 Abs. 1 Satz 1 UmwG. Dissentie-

---

572 Ebenso: *Bechtel,* Umzug von Kapitalgesellschaften, S. 152.

573 *Hachenburg- Ulmer,* Anhang § 34 GmbHG, Rn. 49

574 *Baumbach/Hueck,* Anhang § 34 GmbHG, Rn. 16.

renden Gesellschaftern wird es so ermöglicht, aus der umgewandelten Gesellschaft gegen eine angemessene Abfindung auszutreten.

Die Regelung im Formwechsel trägt dem allgemeinen Rechtsgedanken Rechnung, daß Anteilsinhabern wesentliche Strukturmaßnahmen, die mit einer wesentlichen Veränderung der Rechte verbunden sind, ein Austrittsrecht aus wichtigem Grund zusteht[575]. Um zu ermitteln, ob die Regelungen der §§ 207 ff. UmwG auf den grenzüberschreitenden Sachverhalt angewendet werden können, könnte man nun einen Vergleich anstellen, ob durch den Statutenwechsel tatsächlich Rechte der Anteilsinhaber verloren gehen. In einem zweiten Schritt müßte dann bestimmt werden, ob die wegfallenden Minderheitsrechte derart einschneidend sind, daß sie für den Anteilsinhaber die weitere Verfolgung des Gesellschaftszwecks unmöglich machen. Die Konkretisierung des Zumutbarkeitskriteriums wird aber praktisch Schwierigkeiten bereiten[576]. Für den innerstaatlichen Formwechsel nimmt das Recht eine derartige Differenzierung nicht vor. Dahinter steht die gesetzliche Wertung, daß bei einer Veränderung der Rechtsform dem einzelnen Gesellschafter die weitere Förderung des Gesellschaftszweckes regelmäßig nicht mehr zuzumuten ist[577]. Nichts anderes sollte bei einem Statutenwechsel einer Gesellschaft gelten.

Anders könnte man dann entscheiden, wenn die Minderheitsrechte so "vergemeinschaftet" sind, daß sie generell als gleichwertig zu betrachten sind. Ist dies der Fall, könnte auf eine Anwendung der Abfindungsvorschriften verzichtet werden. Regelungen zum Schutz der Minderheitsgesellschafter sind aber bislang von einer Vereinheitlichung weit entfernt[578].

c. Verfahrensrechtliche Stellung der Anteilsinhaber

Hinsichtlich der verfahrensrechtlichen Stellung bestehen keine Unterschiede zu den obigen Ausführungen hinsichtlich des Gläubigerschut-

575 *Lutter- Decher,* UmwG, § 207 Rn. 3.

576 *Balz*, Die Beendigung der Mitgliedschaft in der GmbH, S. 106; *Hachenburg-Ulmer*, Anhang § 34, Rn. 49; *Scholz- Winter,* § 15 Rn. 118.

577 *Baumbach/Hueck,* Anh. § 34 Rn. 16; *Hachenburg- Ulmer,* Anh. § 34 Rn. 49; *Lutter/Hommelhoff,* § 34 Rn. 44.

578 *Roth,* RabelsZ 55 (1991), 623 (650).

zes. Hier wie dort ist die Durchsetzung der umwandlungsrechtlichen Schutzansprüche durch das EuGVÜ gesichert.

4. Inhaber von Sonderrechten

§ 204 UmwG erklärt § 23 UmwG auch für den Formwechsel für anwendbar. Dementsprechend muß der formwechselnde Rechtsträger den Inhabern von Sonderrechten gleichwertige Rechte in der neuen Rechtsform gewähren. Nach der herrschenden Meinung bedeutet "gleichwertig" wirtschaftliche Gleichwertigkeit[579]. Es muß daher geprüft werden, ob nach dem Gesellschaftsrecht der Rechtsordnung des Zuzugstaates ein wirtschaftlich vergleichbares Sonderrecht begründet werden kann. Ist dies nicht der Fall, muß ein Recht gewährt werden, daß dem alten rechtlich und wirtschaftlich am ehesten entspricht[580]. Sind solche Rechte nicht vorhanden, muß der Umwandlungsbeschluß von der Zustimmung des betroffenen Rechtsinhaber abhängig gemacht werden.

5. Schutz der Arbeitnehmerinteressen

Die in der Bundesrepublik verbleibenden Arbeitnehmer können durch den Statutenwechsel ihres Arbeitgebers zunächst in ihrer Gläubigerstellung betroffen sein. Das gilt insbesondere für Ansprüche aus betrieblichen Pensionszusagen[581]. Insoweit ist kein Unterschied zur Situation anderer Gläubiger aus Dauerschuldverhältnissen ersichtlich. Für Arbeitnehmer sollten daher die oben dargestellten Regeln zum Gläubigerschutz gelten. Hinsichtlich der Rechtsdurchsetzung der Ansprüche der Arbeitnehmer findet ebenfalls das EuGVÜ Anwendung[582].

Das Hauptproblem der grenzüberschreitenden Sitzverlegung liegt in dem möglichen Verlust des innerstaatlichen Mitbestimmungsbestimmungsregimes durch den Statutenwechsel. Diese Frage stellt sich nur bei Unternehmen mit mehr als 500 Arbeitnehmern (vgl. § 76 Abs. 6 BetrVerfG). Unterhalb dieser Grenze sind die Gesellschaftsformen in allen Mitgliedstaaten mitbestimmungsfrei[583]. Dementsprechend wurde

---

579 *Dehmer,* UmwG, § 23 Rn. 9; *Neye/Limmer/Frenz/Harnacke*, Rn. 1560.

580 Vgl. für formwechselnde Umwandlung: *Feddersen/Kiem,* ZIP 1994, 1082.

581 § 7 BetrAVG.

582 EuGH, Entscheidung vom 13.11.1979 Rs. 25/79 (Dalloz) Slg. 1979, 3423.

583 *Becht,* Fusion und Spaltung, S. 257.

auch die EWIV auf Unternehmen mit weniger als 500 Arbeitnehmer beschränkt[584]. Unterhalb der Mitbestimmungsschwelle ist eine Sitzverlegung aus Arbeitnehmersicht damit unproblematisch. Unsicheres Terrain betritt man dagegen, wenn Gesellschaften mit mehr als 500 Arbeitnehmern in das europäische Ausland wegziehen.

a. Betriebliche Mitbestimmung

Die grenzüberschreitende Sitzverlegung wird im Regelfall nicht zur Folge haben, daß institutionalisierte Arbeitnehmervertretungen auf Betriebsebene wegfallen. Nach der Auffassung des BAG findet das BetrVG auf alle in der Bundesrepublik belegenen Betriebe Anwendung[585]. Die betriebliche Mitbestimmung geht nicht von dem Begriff des Unternehmens, sondern von dem Begriff des Betriebes im Sinne der Produktionsstätte aus. Betriebsräte müssen daher auch dann gewählt werden, wenn sich der Verwaltungssitz des Unternehmens im Ausland befindet. Dem Schutzzweck des BetrVG entsprechend gilt dies auch für Gesamtbetriebsrat und Wirtschaftsausschuß, wenn die Voraussetzungen für die Bildung dieser Gremien erfüllt sind. Allerdings tritt eine Änderung der betrieblichen Mitbestimmung dann ein, soweit mit der Sitzverlegung eine tatsächliche Betriebsverlegung ins Ausland verbunden ist[586]. Die Verlegung des Betriebs selbst ist aber von gesellschaftsrechtlichen Fragen unabhängig.

b. Wegfall der Arbeitnehmervertretung in Unternehmensorganen

Das eigentliche Problem der grenzüberschreitende Sitzverlegung liegt in der Mitbestimmung auf Unternehmensebene nach dem Mitbestimmungsgesetz von 1976 (MitbestG) und dem BetrVG 1952. Der Anwendungsbereich des Gesetzes ist nach ganz einhelliger Auffassung von dem Personalstatut der Gesellschaft abhängig[587].

---

584 Art. 3 Abs. 2 lit.c EWIV-VO.

585 BAG, DB 1978, 451; vgl. auch *Thömmes,* DB 1993, 1021 (1024).

586 *Fritz,* Internationale Sitzverlegung, S. 173 f. Dieser Fall kann parallel zu der Frage behandelt werden, wie sich der Wegfall der Mitbestimmung auf unternehmerischer Ebene auswirkt.

587 *Fritz,* Internationale Sitzverlegung, S. 171; *Däubler*, RabelsZ 75, 444; *Müffelmann,* BB 1977, 628.

Die EG- Kommission ist seit langem um die Vereinheitlichung der Mitbestimmungsregelungen in der Union bemüht. Auf betrieblicher Ebene ist durch die Verabschiedung der Richtlinie über die Einsetzung der europäischen Betriebsräte vom 22.9.1994[588] ein wichtiger Fortschritt erzielt worden. Eine Harmonisierung der unternehmerischen Mitbestimmung ist aber bislang nicht weitergekommen. Vor allem die 5. gesellschaftsrechtliche Richtlinie ist bislang wegen der unterschiedlichen Auffassungen über die Mitbestimmung nicht zum Abschluß gebracht worden. Auch die Verordnung über das Statut einer Europäischen Aktiengesellschaft droht an der Mitbestimmungsfrage zu scheitern.

Der Anwendungsbereich der inländischen Mitbestimmungsgesetze wird zum einen durch die Rechtsform des Unternehmens, zum anderen durch die Anzahl der beschäftigten Arbeitnehmer bestimmt. Nach § 1 Abs. 1 MitbestG unterliegen unter anderem AG, KGaA und GmbH dem MitBestG, wenn sie in der Regel mehr als 2000 Arbeitnehmer beschäftigen. Nach § 76 BetrVG 1952 unterliegen bis zum 10.8.1994 gegründete Aktiengesellschaften oder KGaA mit weniger als 500 Arbeitnehmern, nach diesem Datum eingetragene AGs oder KGaA mit mehr als 500 Arbeitnehmern[589], der drittelparitätischen Mitbestimmung des BetrVG. Auch eine GmbH mit mehr als 500 Arbeitnehmern unterliegt der Mitbestimmungsregelung des BetrVG 1952[590]. Auf ausländische Gesellschaften finden § 1 Abs. 1 MitBestG und das BetrVG aber keine Anwendung. Dies gilt ganz unstreitig auch dann, wenn das Unternehmen im Inland Zweigniederlassungen oder Betriebsteile unterhält. Maßgeblich für die Anwendung des Mitbestimmungsgesetz ist allein, daß das Unternehmen einer der genannten Rechtsformen unterfällt[591].

Kennt das Recht des Zuzugstaates keine dem deutschen Recht entsprechende Mitbestimmungsregelungen, ermöglicht die grenzüberschreitende Sitzverlegung daher eine Umgehung des inländischen Mitbestimmungsregimes. Hier liegt rechtspolitisch der Hauptgrund der ablehnenden Haltung der herrschenden Meinung gegenüber der grenz-

---

588 Richtlinie 94/45/EG, Abl. EG Nr. L 254 v. 30.9.1994, S. 64 ff.

589 vgl. Gesetz für kleine Aktiengesellschaften und zur Deregulierung des Aktienrechts v. 2.8.1994 (BGBl. I S. 1961).

590 § 77 Abs. 1, 3 BetrVG 1952.

591 *Raiser,* § 1 Rn. 13.

überschreitenden Migration[592]. Die Entscheidung für die Mitbestimmung sei eine Wertentscheidung des Gesetzgebers, die durch eine unternehmerische Umstrukturierung nicht unterlaufen werden dürfe.

(1) Mitbestimmung als zwingendes Erfordernis des Allgemeininteresses?

Gemeinschaftsrechtlich könnte die unternehmerische Mitbestimmung als ein “zwingendes Erfordernis des Allgemeininteresses” gesehen werden, das eine Beschränkung der Wegzugsfreiheit rechtfertige. In der Tat stellt die Stärkung der Position der Arbeitnehmer im Arbeitsprozeß durch die unternehmerische Mitbestimmung eine wichtige Errungenschaft des Arbeits- und Sozialrechts dar, das sich sich in der Bundesrepublik bewährt hat. Ein Mitgliedstaat darf sich aber nur dann auf eine zwingendes Allgemeininteresse zur Beschränkung einer Grundfreiheit berufen, wenn er einen Verlust der Mitbestimmung in vergleichbaren innerstaatlichen Fällen gleichermaßen sanktioniert[593].

(a) Meinungsstand

Den Gegnern der grenzüberschreitenden Sitzverlegung dient der "Verlust der Mitbestimmung" weiterhin als zentrales Argument für ihre Auffasung. Die mit einer Sitzverlegung verbundene Möglichkeit, die Mitbestimmungsvorschriften auszuhebeln, bestätige gerade, daß eine derartige Konstruktion von vornherein unzulässig sei[594].*Jasper* meint ohne weitere Begründung, die grenzüberschreitende Sitzverlegung stehe hinsichtlich der Arbeitnehmermitbestimmung vor unüberwindlichen Hindernissen[595]. Andere wollen die Sitzverlegung nur dann zulassen, wenn die Mitbestimmung “in ähnlicher Weise” wie bei der dem deut-

---

592 *Großfeld/Jasper,* RabelsZ 53 (1989), 52 (70); *Großeld,* Internationales Unternehmensrecht, S. 87; siehe auch die Nachweise bei *Behrens*, ZGR 1994, 1 (14); *Becht*, Fusion und Spaltung von Kapitalgesellschaften, S. 282; vgl. auch: *Ulmer,* JZ 1999, 662 (663).

593 Vgl. EuGH, Urt.v. 12.3.1987, Rs. 178/84, Kommission/Deutschland, Slg. 1987. 1227 (1275) *Roth,* RabelsZ 55 (1991), 623 (650); *ders.* in: *Wouters/Schneider,* Current Issues of Cross-Border Establishments of Companies in the European Union, S. 230 ff.

594 Münchener Handbuch GesR- *Jasper*, § 78, Rn. 121; *Wiedemann,* Gesellschaftsrecht, S. 874.

595 Münchener Handbuch GesR- *Jasper,* §78 Rn. 121.

schen Gesellschaftsstatut unterliegenden Gesellschaft gesichert ist[596]. Diese Aussagen helfen aber für den hier vorliegenden Fall nicht weiter. Konkrete Aussagen, ob das Verbot der grenzüberschreitenden Umwandlung unter Zuhilfenahme der unternehmerischen Mitbestimmung gemeinschaftsrechtlich gehalten werden kann, finden sich nur selten[597]. Allerdings wird die Auffassung vertreten, es erscheine unwahrscheinlich, daß der EuGH durch die gemeinschaftsrechtliche Niederlassungsfreiheit mitbestimmungspflichtigen Gesellschaften die Flucht in eine andere Rechtsordnung ermöglichen würde und auf diesem Wege der langjährigen Auseinandersetzung um eine gemeinschaftsrechtliche Lösung des Mitbestimmungsproblems ein Ende verordnen würde[598].

Andere vertreten, daß der inländischen Rechtsordnung den Verlust der Arbeitnehmerrechte auch im innerstaatlichen Rechtsverkehr nicht unbekannt sei, und daher eine Sperre gegen die Sitzverlegung gemeinschaftsrechtlich nicht zu rechtfertigen sei[599].

Bechtel vertritt demgegenüber die Auffassung, daß das gemeinschaftsrechtlich relevante Allgemeininteresse an der Aufrechterhaltung der Mitbestimmung von vornherein auf im Inland zurückbleibende Unternehmensteile beschränkt sei[600]. Sofern auf solche Unternehmensteile nicht ohnehin das MitBestG Anwendung finde (zum Beispiel wenn eine inländische Tochtergesellschaft zurückbleibt), könnte durch eine analoge Anwendung des § 6 Abs. 2 Satz 1 MitBestG i.V.m. §§ 98,99 AktG die Aufrechterhaltung des deutschen Mitbestimmungsregims gesichert werden[601].

(b) Stellungnahme

Festzuhalten ist zunächst, daß unternehmerische Mitbestimmung auch durch einen Auflösungszwang der Gesellschaft nicht gesichert werden kann. Gesellschaften können auch in diesem Falle durch Neugründung

596 *Bungert,* AG 1995, 489 (503); *Thömmes,* DB 1993, 1021 (1024).

597 *Kieninger,* ZGR 1999, 724 (744).

598 *Kieninger,* ZGR 1999, 724 (744).

599 Münchener Kommentar- *Ebenroth,* Nach Art. 10 EGBGB Rn. 514; *Roth,* ZeuP 1994, 5 (22).

600 *Bechtel,* Umzug von Kapitalgesellschaften, S. 162.

601 *Bechtel,* a.a.O.

im Zuzugstaat ebenfalls der Mitbestimmung entfliehen. Der von der herrschenden Meinung angenommene Auflösungszwang bei einem grenzüberschreitenden Statutenwechsel stellt nur einen zusätzlichen Hemmschuh dar, der es für die Gesellschaft weniger attraktiv macht, den Statutenwechsel zu vollziehen. Man sichert also die inländische Mitbestimmung dadurch, daß man die Umstrukturierung des Unternehmens nicht rechtlich unmöglich, sondern umständlich und teurer macht[602]. Die damit erreichte präventive Wirkung hält Unternehmen allenfalls aus Kostengründen davon ab, die Sitzverlegung zu vollziehen und aus dem Mitbestimmungsregime auszuscheiden. Dieser Umstand sollte für sich aber noch nicht einer Berufung auf zwingende Erfordernisse des Allgemeinwohls entgegenstehen. Würde der Gesetzgeber ein Konzept des Verlustes der Mitbestimmung generell ablehnen bzw. unattraktiv und teuer machen, könnte man sich auf ein solches Konzept auch gemeinschaftsrechtlich stützen.

Hinsichtlich der Reichweite des schützwürdigen Allgemeininteresses erscheint es zwingend, mit *Bechtel* allein auf im Inland zurückbleibende Unternehmensteile abzustellen. Nur solche können von vornherein von dem Schutzzweck des MitbestG erfaßt werden[603]. Problematisch sind damit allein die Fälle, in denen nach dem Wegzug der Kapitalgesellschaft im Inland eine Struktur vorgefunden wird, die nicht unter die deutsche Mitbestimmungsregelungen fällt.

Ein durchgängiges Konzept, das den Verlust von Mitbestimmungsregeln auf im Inland liegende Unternehmensteile sanktionieren würde, fehlt jedoch:

Erstens: Auch das deutsche nationale Sachrecht kennt den Verlust von Mitbestimmungsrechten durch Umwandlung und nimmt diesen Vorgang hin[604]. Die rechtsformabhängige und damit lückenhafte Ausgestaltung beruht auf einer Wertentscheidung des Gesetzgebers. So kann bei einem Wechsel zu einer überhaupt nicht mitbestimmungspflichtigen Rechtsform, insbesondere einer Personenhandelsgesellschaft, die Un-

---

602 *Becht*, Fusion und Spaltung von Kapitalgesellschaften, S. 282.

603 *Bechtel,* a.a.O.

604 Für die grenzüberschreitende Verschmelzung: Münchener Kommentar- *Ebenroth*, Nach Art. 10 EGBGB Rn. 517; *Koppensteiner*, Inernationale Unternehmen, S. 260; *Becht*, Fusion und Spaltung von Kapitalgesellschaften, S. 283; *Bartodziej*, ZIP 1994, 580 (583).

ternehmensmitbestimmung ganz entfallen[605]. Das Motiv der Umwandlung einer AG oder GmbH in eine Personenhandelsgesellschaft, um der Verpflichtung zur Bildung eines Aufsichtsrates und der Mitbestimmung durch die Arbeitnehmer zu entgehen, stellt damit für sich genommen ein gesetzlich nicht sanktioniertes Umwandlungsmotiv dar. Die Organisationsfreiheit der Anteilseigner ist durch das Mitbestimmungsgesetz nicht in der Weise eingeschränkt, daß ihnen bei Erreichen der Mitbestimmungsgrenze von 2000 Arbeitnehmern die Möglichkeit verschlossen bleibt, ihr Unternehmen in eine Rechtsform umzuwandeln, die durch das Mitbestimmungsgesetz nicht erfaßt wird, bzw. das Unternehmen von vornherein in einer entsprechenden Rechtsform zu gründen[606].

Nun könnte man allerdings einwenden, die Flucht aus der Mitbestimmung sei der Gesellschaft im Falle der Umwandlung in eine Personengesellschaft nur um den Preis der persönlichen Haftung der Gesellschafter möglich. Auch insofern würde der zum Verlust der Mitbestimmung führende Umwandlungsvorgang von dem Gesetzgeber unattraktiv und teuer gemacht.

Für die Mitbestimmung nach dem BetrVG ist aber auch das nicht der Fall: In den meisten Fällen wird ein Formwechsel einer Kapitalgesellschaft in eine Kapitalgesellschaft anderer Rechtsform zwar zu keiner Änderung der betrieblichen Mitbestimmung führen. Bei einem Unternehmen mit mehr als 500 Arbeitnehmern ändert sich bei einem Wechsel von der Rechtsform von einer Kapitalgesellschaft in eine andere wegen der übereinstimmenden Regelung im BetrVG nichts[607]. Wegen der Stichtagsregelung für die kleine Aktiengesellschaft gilt allerdings: Bei einem Formwechsel von einer vor dem 10. August 1994 gegründeten Aktiengesellschaft mit weniger als 500 Arbeitnehmern, die noch nach § 76 BetrVG 1952 drittelparitätisch mitbestimmungspflichtig ist, in eine GmbH, die unterhalb der Grenze von 500 Arbeitnehmern schon immer mitbestimmungsfrei war, entfällt die Mitbestimmung vollstän-

605 *Lutter- Decher*, UmwG, § 194, Rn. 23; *Sagasser/Bula*, Umwandlungen, C, Rn. 55; *Däubler* RdA 1995, 136 (145); *Dehmer*, § 203 UmwG Rn. 2; *Goutier/Kopf/Tulloch*, § 203 UmwG, Rn. 7 wollen eine fakultative Fortsetzung des vor der Umwandlung geltenden Mitbetimmungsmodells zulassen; *Widmann/Mayer*, Kurzkommentierung B, Rn. 152; *Mengel*, Umwandlungen im Arbeitsrecht, S. 428.

606 *Grothe,* Ausländische Kapitalgesellschaft & Co., S. 296.

607 *Lutter- Decher*, UmwG, § 194 Rn. 26; *Mengel*, Umwandlungen im Arbeitsrecht, S. 429.

dig. Zuzugeben ist, daß die Relevanz dieser Fallgestaltung mit der Zeit zurückgehen wird. Wie bislang bleibt der Fall aber relevant für die KGaA, für die keine Neuregelung in der Aktienrechtsreform erfolgt ist. Auf jeden Fall zeigt dieser Fall, daß dem deutschen Recht das Problem des Verlustes der Mitbestimmung nicht fremd ist und nicht notwendiger Weise zu einer Sanktionierung führt.

Die konzeptionelle Lückenhaftigkeit des deutschen Mitbestimmungsrechts setzt sich auch im Konzernrecht fort. § 5 Abs. 3 MitBestG erklärt die Konzernmitbestimmung im Falle einer mitbestimmungsfreien Konzernspitze durch die Fiktion einer Teilkonzernspitze in einem der Konzernleitung am nächsten stehenden Unternehmen für anwendbar. Dieser Fall erfaßt die ausländische Konzernspitze[608]. Der Ausschuß für Arbeit und Sozialordnung formuliert dementsprechend: "Hat die Konzernobergesellschaft ihren Sitz im Ausland, dann findet die Mitbestimmung im Aufsichtsrat derjenigen der Obergesellschaft am nächsten stehenden inländischen Tochtergesellschaft statt, über die die Obergesellschaft andere Unternehmen beherrscht."[609] Das deutsche Recht regelt also gerade den Fall der mitbestimmungsfreien ausländischen Konzernspitze ohne eine irgendwie geartete Sanktionierung, läßt also insoweit eine Schwächung der Mitbestimmung in grenzüberschreitenden Unternehmensverbindungen zu[610].

Zugegeben: Der Gesetzgeber trifft in bestimmten Einzelfällen, in denen er die Mitbestimmung weiter auf Unternehmen angewendet sehen will, besondere Vorkehrungen: Das erkennt man vor allem an § 325 UmwG. Die Einfügung dieser Vorschrift erfolgte im Vermittlungsausschuß und sollte für den Fall der Abspaltung im Sinne des § 123 Abs. 2, 3 UmwG, der zu einem Verlust der Unternehmensmitbestimmung führen kann, eine Regelung treffen. Die Norm schafft aber keine allgemeine Regelung für Umwandlungsfälle, bei denen es zu einer Beschränkung oder zu einem Wegfall der Mitbestimmung kommt: Andere Umwandlungen werden von der Vorschrift nicht erfaßt. Der Wegfall der Mitbestim-

608 *Bayer,* Der grenzüberschreitende Beherrschungsvertrag, S. 112.

609 BT-Drucks. 7/4845, 4.

610 Münchener Kommentar- *Ebenroth,* Nach Art. 10 EGBGB, Rn. 427; *Bayer,* Der grenzüberschreitende Beherrschungsvertrag, S. 112; vgl. auch OLG Stuttgart, IPRax 1995, 397.

mung wird insoweit vom Gesetzgeber in Kauf genommen und gerade nicht sanktioniert[611].

Gegen die hier vertretene Auffassung kann man auch die Regelung des Mitbestimmungsbeibehaltungsgesetz anführen[612]. Erfaßt werden hier diejenigen grenzüberschreitenden Vorgänge (Einbringung von Unternehmensteilen/Austausch von Anteilen), die durch das in Umsetzung der Richtlinie 90/434 EWG geänderte Umwandlungssteuerrecht von bislang bestehenden steuerlichen Belastungen befreit werden. Aufgrund der in der Richtlinie enthaltenen Ermächtigung räumt das Gesetz zur Vermeidung mitbestimmungsschädlicher Auswirkungen dem betroffenen Unternehmen ein Wahlrecht ein: Bei einem Verlust der unternehmerischen Mitbestimmung ist dem grenzüberschreitenden Vorgang die steuerliche Erleichterung zu versagen. Das durch den grenzüberschreitende Vorgang in seinem Mitbestimmungsstatus gefährdete Unternehmen wird, soweit die Anwendung eines Gesetzes über die Vertretung der Arbeitnehmer in den Organen einer Gesellschaft von der Erfüllung quantitativer Voraussetzungen (Arbeitnehmeranzahl, überwiegender Betriebszweck, Wertschöpfung) abhängig ist, daher so behandelt, als ob es nicht zur Übertragung des Betriebs oder Teilbetriebs auf ein ausländisches Unternehmen gekommen wäre. Die mitbestimmungsrechtliche Fiktion greift nur dann nicht mehr ein, wenn in dem abgegebenen Unternehmen weniger als ein Viertel der Mindestarbeitnehmerzahl verbleibt, die nach den jeweils einschlägigen mitbestimmungsrechtlichen Vorschriften Voraussetzung für deren Anwendung ist. Das Unternehmen kann die Anwendung der mitbestimmungsrechtlichen Fiktion dadurch ausschließen, daß es die steuerlichen Erleichterungen nicht in Anspruch nimmt, die das Gesetz über steuerliche Maßnahmen bei Änderung der Unternehmensform in Umsetzung der Fusionsrichtlinie nunmehr vorsieht.

Es bleibt jedoch insgesamt dabei, daß es eine durchgängige Sanktionierung bei Verlust von Mitbestimmungsregelungen nach deutschem Recht nicht gibt. Auch wenn der Gesetzgeber in § 325 UmwG und dem Mitbestimmungsbeibehaltungsgesetz eine grundsätzlich mitbestimmungserhaltende Tendenz deutlich gemacht hat, ist ein durchgängiges gesetzgeberisches Konzept nicht erkennbar. Im Gegenteil: Der Gesetz-

---

611 *Lutter- Joost,* UmwG, § 325 Rn. 11.

612 Mitbestimmungsbeibehaltungsgesetz vom 23.8.1994, BGBl. I, 2228; dazu ausführlich: Begründung der SPD- Fraktion, BTDS 12, 4532.

geber bemüht sich um die Regelung verschiedener Einzelfälle. Eine durchgängige Sanktion bleibt aus. Es gibt weiterhin gewichtige Fälle, in denen der verlust der Mitbestimmung sanktionslos bleibt. Die inländische Gesetzgeber handelt nur insoweit konsequent, als er Kapitalgesellschaften ab einer bestimmten Größe der Mitbestimmungsregime unterstellen will. Den Verlust von Mitbestimmungsrechten wegen einer Änderung der Gesellschaftsform nimmt er aber hin, wenn die Zielrechtsform nicht mitbestimmungspflichtig ist.

Dieser Befund hat Auswirkungen auf die Möglichkeit, sich auf Mitbestimmungsfragen als zwingendes Allgemeininteresse zu berufen. Ein von der inländischen Rechtsordnung nicht durchgängig sanktioniertes Motiv kann nicht im grenzüberschreitenden Sachverhalt als zwingendes Allgemeininteresse herangezogen werden[613].

(2) Zwischenergebnis: Widerspruch zwischen Gesellschaftsrecht und Mitbestimmungsrecht

Als Ergebnis bleibt festzuhalten: Im Bereich der Auswirkungen der grenzüberschreitenden Sitzverlegung auf die Unternehmensmitbestimmung ergeben sich weniger rechtliche als rechtspolitische Probleme. Unter rechtspolitischen Gesichtspunkten wäre eine Erhaltung der Mitbestimmung im Falle der grenzüberschreitenden Sitzverlegung vielleicht wünschenswert. Solch weitreichende gesellschaftsrechtliche Auswirkungen lassen sich aus dem Mitbestimmungsgesetz aber nicht begründen. Die Teilkonzernregelung des § 5 Abs. 3 MitBestG spricht eher für das Gegenteil. Das Recht nimmt gerade eine Schwächung der inländischen Mitbestimmung hin. Wegen des rechtsformbezogenen abgegrenzten Anwendungsbereichs der deutschen Mitbestimmungsregelungen bleibt die Gesellschaft nach dem Vollzug der grenzüberschreitenden Sitzverlegung mitbestimmungsfrei. Die daraus folgende Unanwendbarkeit der mitbestimmungsrechtlichen Vorschriften führt aber in aller Regel nicht zur Unzulässigkeit dieser grenzüberschreitenden Unternehmensumstrukturierung. Von deren Unzulässigkeit könnte allenfalls dann ausgegangen werden, wenn die ausländische Rechtsform zur Umgehung der inländischen Vorschriften gewählt würde. Dies dürfte nur in seltenen Fällen der Fall sein. Ansonsten gilt: Da ohne erhebliche Eingriffe in das grundsätzlich der Unternehmerseite Gestaltungsauto-

---

[613] *Roth,* ZEuP 1994, 5 (22).

nomie gewährende Organisationsrecht ein lückenloser Schutz vor der Flucht aus der Mitbestimmung nicht möglich ist, sollte davon abgesehen werden, mit rechtlichem Zwang Mitbestimmungssicherung zu sichern[614].

Bei diesem Ergebnis kommt es auch nicht in Betracht, ohne gesetzliche Anordnung die Fortgeltung des deutschen Mitbestimmungsgesetz über eine analoge Anwendung des § 6 Abs. 2 MitBestG zu sichern[615].

6. Eintragung des Wegzugs im Handelsregister

Ob der Wegzug der Gesellschaft im Handelsregister eintragungsfähig ist, ist mangels einer gesetzlichen Regelung fraglich[616].

Aus der Publizitätsfunktion des Handelsregisters folgt zwar, daß im Grundsatz von eintragungsfähigen und nicht-eintragungsfähigen Tatsachen auszugehen ist. Eine absolute Beschränkung auf die im Gesetz als eintragungsfähig angesehenen Tatsachen würde aber zu weit gehen[617]. Eine Eintragung sollte auch ohne ausdrückliche gesetzliche Bestimmung für zulässig erachtet werden, wenn sich die Erforderlichkeit der Eintragung aus dem Sinn und Zweck des Handelsregisters ergibt[618]. Gerade soweit die richterliche Rechtsfortbildung zur Anerkennung neuer Gestalungsformen führt, ist die Eintragungsfähigkeit somit auch ohne gesetzlichen Anhalt zu bejahen[619]. Es bestehen daher keine Bedenken, den Wegzug der Gesellschaft als eintragungsfähige Tatsache anzusehen.

---

614 Ebenso: *Mengel,* Umwandlungen im Arbeitsrecht, S. 433.

615 So: *Bechtel,* Umzug von Kapitalgesellschaften, S. 162.

616 *Wiedemann,* (Gesellschaftsrecht, S. 872) äußert deswegen Bedenken an der Zulässigkeit der grenzüberschreitenden Sitzverlegung.

617 *Staub- Hüffer,* HGB, § 8 HGB, Rn. 13.

618 KG DR 43, 982; *Baumbach/Hopt* § 8 HGB, Rn. 5.

619 BGH, GmbHR 1985, 153 f.; *Staub- Hüffer,* HGB, § 8 Rn. 37. Andere Beispiele für über die gesetzlichen Voraussetzungen gehende Eintragungsfähigkeit ist zum Beispiel die Befreiung des Geschäftsführers einer GmbH von dem Verbot des Selbstkontrahierens (BGHZ 87, 59; OLG Köln, GmbHR 1980, 129 f.), die Eintragungsfähigkeit des Geschäftsleiters einer ausländischen Zweigniederlassung eines Kreditunternehmens (in Analogie zu § 53 HGB: BayObLG, NJW 1973, 2162; *Staub- Hüffer,* § 8 HGB, Rn. 35), die Befugnis eines Prokuristen zur Veräußerung und Belastung von Grundstücken (BayObLG NJW 1971, 810).

Eine Lösung für die Eintragung findet sich auch hier in § 235 UmwG. Die Vorschrift regelt die Umwandlung einer Kapitalgesellschaft in eine Gesellschaft bürgerlichen Rechts, die nicht in ein Register eingetragen werden kann. § 235 UmwG ordnet in Abweichung von § 198 Abs. 2 UmwG an, daß bei der Umwandlung nicht die neue Rechtsform, sondern die Umwandlung der Gesellschaft zur Eintragung in das Register der formwechselnden Gesellschaft anzumelden ist. Nochmals: Die Wirkungen treten mit der Eintragung im deutschen Handelsregister noch nicht ein, solange nicht alle Erfordernisse des Zuzugstaates erfüllt sind.

7. Ergebnis

Für den grenzüberschreitenden Formwechsel ins Ausland kann das UmwG gemeinschaftskonform ausgelegt werden, um es auf den grenzüberschreitenden Sachverhalt zur Anwendung zu bringen. Verfahrensrechtlich lassen sich die Gläubiger- und Anteilsinhaberinteressen hinreichend sichern. Der grenzüberschreitende Formwechsel stellt im Verhältnis zur Auflösung der Gesellschaft das mildere Mittel dar, um die Wahrnehmung der Niederlassungsfreiheit nach Art. 43 EGV zu ermöglichen[620].

---

620 Im Ergebnis ebenso: *Bechtel,* Umzug von Kapitalgesellschaften, S. 164.

§ 12 Zuzug von Verwaltungssitz und Satzungssitz

I. Korrektur des Sachrechts über das primäre Gemeinschaftsrecht?

Verlegt eine ausländische Gesellschaft Satzungssitz und Verwaltungssitz ins Inland, muß sie sich nach deutschem Recht neu gründen. Zwar verbietet das deutsche Sachrecht den grenzüberschreitenden Zuzug nicht ausdrücklich, es stellt aber für die Identitätswahrung bei dem Grenzübertritt keine Normen zur Verfügung. Hierin könnte eine gemeinschaftsrechtlich unzulässige Diskriminierung ausländischer Gesellschaften liegen.

Erforderlich für das Eingreifen des Diskriminierungsverbotes ist das Vorliegen gleichgelagerter Sachverhalte. Der Adressat des Diskriminierungsverbotes muß mit einem Sachverhalt konfrontiert werden, dessen Merkmale wesentlich mit einem anderen Sachverhalt übereinstimmen. Eine diskriminierende Wirkung läßt sich nun nicht schon mit dem Argument verneinen, deutsche Gesellschaften seien bei einem Wegzug aus Deutschland ebenfalls aufzulösen[621]. Zuzug und Wegzug stellen aus der Sicht des deutschen Sachrechts unterschiedliche Interessen in Frage und stellen daher kein taugliches Vergleichspaar dar.

Entscheidende Frage ist, ob innerstaatliche Umwandlung und grenzüberschreitender Statutenwechsel vergleichbare Sachverhalte darstellen. Die Rechtsähnlichkeit beider Umstrukturierungsvorgänge wurde oben bereits bejaht. Gegen die Vergleichbarkeit könnte man nun speziell für den Zuzugsfall einwenden, daß sich die grenzüberschreitende Sitzverlegung vom Formwechsel insofern unterscheidet, daß bei letzterem die Rechtsform des Ausgangsrechtsform bekannt sei, während der ausländische Rechtsträger der inländischen Gesellschaftsrechtssordnung zunächst fremd ist und nicht von vornherein feststeht, ob sich der Rechtsträger in das System des UmwG überhaupt einordnen läßt. Eine inländische GmbH, die nach dem Gesetz umgewandelt werden soll, hat ihre Rechtsfähigkeit bereits von der inländischen Rechtsordnung vermittelt bekommen. Die Beseitigung solcher Unterschiede ist aber gerade der Gegenstand von Art. 48 EGV. Die Zugehörigkeit zu einer ande-

621 Das wäre die Übertragung der Argumentation von *Ebke,* ZGR 1987, 245 (269) hinsichtlich der Beteiligungsfähigkeit ausländischer Gesellschaften als Komplementäre inländischer KGs.

ren Rechtsordnung darf innerhalb des Anwendungsbereiches der Niederlassungsfreiheit nicht zu einem Differenzierungskriterium gemacht werden. Da die formwechselnde Umwandlung auch weder begriffsnotwendig noch rechtslogisch ein rein innerdeutscher Vorgang ist, beinhaltet die Beschränkung des Anwendungsbereichs in § 1 Abs. 1 UmwG auf inländische Rechtsträger und die fehlende Berücksichtigung ausländischer Rechtsträger in § 3 UmwG eine Diskriminierung, die nur über Art. 46 EGV gerechtfertigt werden könnte[622].

Art. 46 EGV als Ausnahmevorschrift für offene Diskriminierungen kommt als Rechtfertigungsgrund allerdings nicht in Betracht: Eine Ausnahme von dem Gebot der Inländergleichbehandlung ist nur dann zulässig, wenn die Regelung aus Gründen der öffentlichen Ordnung, Sicherheit oder Gesundheit gerechtfertigt ist. Der Begriff der öffentlichen Ordnung und Sicherheit ist auf elementare Bedrohungen des Staates in seinen Einrichtungen und Grundlagen sowie Grundinteressen der Gesellschaft reduziert[623]. Die Vorschrift ist als Ausnahmevorschrift eng auszulegen[624]. Der Zuzug von Gesellschaften führt nun weder zur Schutzlosigkeit von Gläubigern oder Arbeitnehmern, noch zu einer Gefahr der Umgehung sonstiger inländischer Schutzvorschriften, wenn sich die Gesellschaft der inländischen Rechtsordnung unterstellt.

II. Gemeinschaftskonforme Extension des UmwG

Nach dem Grundsatz der gemeinschaftsrechtskonformen Auslegung sind die nationalen Gerichte verpflichtet, das nationale Recht in der Weise auszulegen, daß die europarechtlich geforderten Rechsfolgen herbeigeführt werden[625]. Eine Extension des Umwandlungsrechts kann daher durch unmittelbaren Rückgriff auf die Artt. 43, 48 EGV er-

---

622 *Kruse,* Sitzverlegung von Kapitalgesellschaften innerhalb der EG, S. 138; Nicht gefolgt werden kann der Auffassung von *Heinrich,* Die ausländische juristische Person & Co. KG, S. 307 ff., nach der auch eine offene Diskriminierung neben Art. 56 EGV durch sachliche Gründe des Allgemeininteresses gerechtfertigt werden kann.

623 EuGH v. 10.7.1984, Rs. 72/83, Campus Oil Limited, Slg. 1984, 2727 (2751); EuGH v. 27.10.1977, Rs. 30/77, Bouchereau, Slg. 1977, 1999 (2013); *Grabitz/Hilf-Randelzhofer,* EGV, Art. 56 Rn.3.

624 EuGH v. 26.2.1975, Rs. 67/74, Bonsignore, Slg. 1975, 297 (307); *Grabitz/Hilf-Randelzhofer,* EGV, Art. 56 Rn.3.

625 EuGH, Urteil vom 10.4.1984, Slg. 1984, 1891 (1909).

reicht werden, indem die Rechtsträger mit Sitz inneralb der Gemeinschaft Rechtsträgern mit Sitz im Inland gleichgestellt werden. Dabei ist kollisionsrechtlich zu beachten, daß die Schutzinteressen der Gläubiger, Anteilsinhaber und Arbeitnehmer vom Wegzugstaat sichergestellt werden. Folgende Einzelpunkte sind für die Einordnung in die inländische Rechtsordnung zu beachten:

1. Anpassung

Es besteht kein Zweifel, daß eine vollständige Anpassung des Gesellschaftsvertrages bzw. der Satzung der Gesellschaft an die Erfordernisse des deutschen Gesellschaftsrechts zwingend ist. Das bedeutet, daß die Satzung in die deutsche Sprache zu übertragen und inhaltlich dem deutschen Recht anzupassen ist. Die Organe müssen dem deutschen Recht entsprechen, das Kapital muß auf eine neue Währung umgestellt und in der Höhe dem neuen Sitzstaat angepaßt werden. Insbesondere müssen die nach deutschem Recht erforderlichen Mindesteinzahlungen geleistet sein[626]. Unüberwindbare Anpassungsprobleme entstehen dadurch nicht. Auch das deutsche Recht verlangt eine Umorganisierung einer nach ihrem Gründungsstatut monistisch organisierter GmbH in eine dualistisches Leitungssystem, sobald die Grenze von 2000 Arbeitnehmern überschritten wird.

2. Registereintragung

Der Zuzug einer Gesellschaft setzt zudem die Eintragung in das deutsche Handelsregister voraus[627]. Besonderheiten können nur insoweit gelten, als die Existenz der ausländsichen Gesellschaft Abweichungen verlangt. Daher ist zu verlangen, daß die Gesellschaft ihre Entstehung nach ausländischem Recht nachweist. Weiterhin ist der satzungsändernde Gesellschafterbeschluß und der vollständige Wortlaut des Gesellschaftsvertrages in deutscher Fassung vorliegen und mit einer entsprechenden Bescheinigung eines Notars versehen sein (§§ 181 Abs. 1

626 *Beitzke,* ZHR 127 (1965), 1 (43); *Thömmes,* DB 1993, 1021 (1023).

627 Abzulehnen ist die von *Kraft* (Kölner Kommentar, AktG, § 5 Rn. 17) geäußerte Ansicht, der Anpassung der Gesellschaft an das deutsche Recht sei Genüge getan, wenn die Verhältnisse der Gesellschaft, insbesondere die Kapitalausstattung und die Satzung an deutsches Recht angepaßt wird. Dies würde zu einem Schwebezustand zwischen alter und neuer Rechtsfähigkeit führen, die Anpassung könnte von dem deutschen Registerericht nicht überprüft werden; *Scholz- Westermann,* GmbHG, Einl. Rn. 125.

Satz 2 AktG, § 54 Abs. 1 Satz 2 GmbHG analog)[628]. Zudem muß die Gesellschaft durch eine Verlegungsbilanz nachweisen, daß sie ein das Stammkapital deckendes Vermögen besitzt[629]. Anschließend muß eine Kapitalaufbringungskontrolle durch das Registergericht vorgenommen werden. Dem Gläubigerschutz ist beim Zuzug von einer nach einer ausländischen Rechtsordnung errichteten Gesellschaft durch den Nachweis einer nach zwingenden deutschen gesellschaftsrechtlichen Vorschriften für die jeweilige Rechtsform erforderliche Eigenkapitalausstattung und den Nachweis, daß dieses Kapital nicht durch Rechtshandlungen der für die Gesellschaft handelnden Personen vor der Eintragung ausgehölt worden sind, Genüge getan. Handelt es sich bei der zuziehenden Gesellschaft um ein Unternehmen, welches bereits vor der Sitzverlegung ins Inland einen Geschäftsbetrieb aufgenommen hatte und deshalb nicht nur mit Barmitteln, sondern auch mit Sachmitteln ausgestattet ist, so wird der Nachweis der Kapitalaufbringung und Kapitalerhaltung durch eine den Anforderungen einer nach deutschem Recht durchgeführten Gründungsprüfung genügenden betriebswirtschaftlichen Prüfung durch eine hierzu nach deutschem Recht befähigte Person zu erbringen sein[630].

3. Haftung der Gesellschaft als Vorgesellschaft?

Nach Auffassung von *Großfeld/Jasper*[631] und *Kruse*[632] sollen zusätzlich die Regeln über die Vorgesellschaft zusätzlich zum Schutz der Betroffenen zur Anwendung kommen können. In Betracht kommt dies vor allem für die Zeit zwischen Eintragungsantrag und tatsächlicher Eintragung der Gesellschaft im deutschen Handelsregister[633]. Die Gesellschaft solle nach den Grundsätzen der Vor- Gesellschaft haften,

---

628 *Scholz- Winter,* GmbHG, 6. Auflage, Einl. Rn. 165; *Grothe,* Die ausländische Kapitalgesellschaft & Co. S. 115; *Kruse,* Sitzverlegungen von Kapitalgesellschaften in der EG, S. 134; *Behrens,* RIW 1986, 590 (594); *Großfeld/Jasper,* RabelsZ 53 (1989), 52 (61).

629 *Scholz- Winter,* GmbHG, 6. Auflage, Einl. Rn. 165; *Beitzke,* ZHR 127 (1965) 1 (44); *Grothe,* Ausländische Kapitalgesellschaft & Co. S. 115; *Kruse,* Sitzverlegung von Kapitalgesellschaften innerhalb der EG, S. 134.

630 *Thömmes* in: *Knobbe-Keuk/Thömmes/Röhricht/Thiel/Widmann,* JbFSt 1993/94, 25 (59).

631 *Großfeld/Jasper,* RabelsZ 53 (1989), 52 (61).

632 *Kruse,* Sitzverlegungen von Kapitalgesellschaften in der EG, S.135.

633 *Behrens,* RIW 1986, 590 (594); dagegen: *Scholz- Westermann,* GmbHG, Einl. Rn. 125; *Eyles,* Niederlassungsrecht, S. 373.

wenn sie vor der endgültigen Anpassung an das deutsche Recht bereits Geschäfte aufnimmt[634].

Oben wurde festgestellt, daß die Beschränkung des UmwG auf rein inländische Sachverhalte gemeinschaftsrechtlich eine Diskriminierung darstellt. Damit ist evident, daß die Gesellschaften gemeinschaftsrechtlich nicht allein darauf verwiesen werden können, den Zuzug über das Rechtsinstitut der Vorgesellschaft oder die Umwandlung in eine Personenhandelsgesellschaft, die anschließend in eine Kapitalgesellschaft "rückumgewandelt" wird, vorzunehmen: Das Gemeinschaftsrecht schützt den Zuzug einer bereits im europäischen Ausland gegründeten Gesellschaft ohne den die persönliche Haftung der Gesellschafter begründenden Zwischenschritt[635].

Die Aufnahme der Geschäfte allein rechtertigt die Anwendung der Grundsätze über die Vorgesellschaft ohnehin noch nicht. Zur deren Anwendung kommt es auch nach der Sitztheorie vielmehr nur dann, wenn die Gesellschaft vor der Eintragung im deutschen Handelsregister ihren Verwaltungssitz in die Bundesrepublik verlegt hat. Andernfalls gibt es keinen Schwebezustand zwischen Zuzug und wirksamer Anpassung an das deutsche Recht, der die Anwendung der Grundsätze über die Vorgesellschaft rechtfertigen würde[636]. Erfolgt die Änderung des Gesellschaftsvertrages unter der aufschiebenden Bedingung der Eintragung im deutschen Handelsregister und wird der Verwaltungssitz erst zu dieser Zeit verlegt, kommt eine Haftung der Gesellschaft als Vorgesellschaft nicht in Betracht. Sachrechlich erfordert dies lediglich, daß die zuziehende Gesellschaft schon vor Verlegung des Verwaltungssitzes ins Inland das Verfahren zur Eintragung in das deutsche Handelsregister betreibt[637].

---

634 *Behrens,* RIW 1986, 590 (594); *Kruse,* Sitzverlegungen von Kapitalgesellschaften in der EG, S. 135.

635 Anders wohl: *Bechtel,* Der Umzug von Kapitalgesellschaften, § 7.

636 *Grothe,* Ausländische Kapitalgesellschaft & Co., S. 115; zu der Frage, ob in diesem Fall aus gemeinschaftsrechtlicher Sicht noch an der Sitztheorie festgehalten werden kann, vgl. unten § 13.

637 So auch: *Bechtel,* Umzug von Kapitalgesellschaften, S. 132.

III. Ergebnis

Das Gesetz hält Regelungen berei, die eine grenzüberschreitende Sitzverlegung bereits jetzt de lege lata möglich machen. Für den Zuzug steht das Instrumentarium des Umwandlungsgesetzes ebenso zur Verfügung wie für den Wegzug der Kapitalgesellschaft.

§ 13 Kollisionsrechtlicher Gehalt der Niederlassungsfreiheit: Das Problem des Auseinanderfallens von Satzungs- und Verwaltungssitz

Die Frage der gemeinschaftsrechtlichen Konformität der Sitztheorie ist in der Literatur seit langem ein Dauerbrenner[638]. Einigkeit besteht offenbar insoweit, daß die Sitztheorie aufgrund der fortschreitenden gemeinschaftsrechtlichen Harmonisierung nur noch als eine "Theorie auf Zeit" anzusehen ist, deren Folgen "schon heute teilweise einzuschränken" sind[639].

Es wurde bereits festgestellt, daß der Schwerpunkt der erwerbswirtschaftlichen Tätigkeit sich in der Regel an dem Ort des unternehmerischen Leitungszentrum befindet, d.h. dort wo der Verwaltungssitz der Gesellschaft liegt. Die isolierte Verlegung des Verwaltungssitzes von einem Mitgliedstaat in den anderen sollte daher ebenfalls in den Schutzbereich des Art. 43 EGV fallen[640]. Damit ist aber nicht gesagt, daß die Vorschrift auch eine Verlegung des Verwaltungssitzes unter Wahrung des Gesellschaftsstatuts garantiert. Eine Gesellschaft existiert kraft Rechtssatz einer bestimmten Rechtsordnung eines Mitgliedstaates. Sie kann nicht losgelöst von dieser betrachtet werden. Zwingt man die Gesellschaft nun zu einem Statutenwechsel, verliert die Gesellschaft ihre Zugehörigkeit zu einem Mitgliedstaat und ihre bisherige Rechtsform und muß im Zuzugstaat in den numerus clausus der Gesellschaftsfor-

---

638 Ausführlich mit unterschiedlichen Ergebnissen: *Grothe,* Die ausländische Kapitalgesellschaft & Co., S. 125 ff.; *Heinrichs,* Die ausländische juristische Person & Co. KG, S. 122 ff.; *Kruse,* Sitzverlegung von Kapitalgesellschaften innerhalb der EG, S. 227 ff.; *Schnichels,* Reichweite der Niederlassungsfreiheit; *Zimmer,* Internationales Gesellschaftsrecht, S. 202 - 207. Nicht behandelt wird hier der von *Meilicke* eröffnete "Nebenkriegsschauplatz" mit dem Postulat der Unvereinbarkeit der Sitztheorie mit der EMRK. (*Meilicke,* RIW 1992, 578 f.). Dem ist nicht zu folgen. Eine Überprüfung an Art. 6 Abs. 1 EMRK (Recht auf ein faires Verfahren) scheitert daran, daß eine Berufung auf die diese Grundfreiheit eine Parteifähigkeit voraussetzt. Art. 6 Abs. 1 EMRK eröffnet nicht den unbeschränkten Zugang zu einem staatlichen Gerichtsverfahren, dies. Auch die in Art. 11 EMRK garantierte Vereinigungsfreiheit verlangt nicht die Anknüpfung an den Gründungssitz. Die Vorschrift beinhaltet keine verbindlichen Vorgaben für die Gründung von juristischen Personen. Es liegt vielmehr in der Kompetenz des jeweils betroffenen Staates, die einzelnen Voraussetzungen festzulegen: *Frowein/Peukert- Frowein,* Art. 11 EMRK Rn. 5; *Bungert,* EWS 1993, 17 ff.; *Großfeld/Boin,* JZ 1993, 370 ff.

639 *Großfeld/König,* RIW 1992, 433 (436); *Thömmes,* DB 1993, 1021 (1022).

640 *Kruse,* Sitzverlegungen von Kapitalgesellschaften innerhalb der EG, S. 66.

men eingefügt werden. Der Statutenwechel ist mit erheblichen Kosten verbundenen. Dieser Schritt ist daher "geeignet, die Ausübung der Sitzverlegung weniger attraktiv zu machen" und stellt von daher einen der Rechtfertigungsprüfung unterliegenden Eingriff in den Schutzbereich des Art. 43 EGV dar[641].

Die Diskussion über die Gemeinschaftskonformität der Sitztheorie kam in der Rechtsprechung vor *Daily Mail* nur langsam in Bewegung: Immerhin meldete das Bayerische Oberste Landesgericht in seinem berühmt gewordenen Beschluß vom 21. März 1986 ("Landshuter Druckhaus II") Zweifel an der gemeinschaftsrechtlichen Zulässigkeit der Anknüpfung an den Verwaltungssitz an[642]. Solche Entscheidungen sind aber vereinzelt geblieben. Insbesondere die *Daily Mail* Entscheidung des EuGH wurde von den Instanzgerichten als Rechtfertigung angesehen, von der Gemeinschaftskonformität der Sitztheorie auszugehen. Das Bayerische Oberste Landesgericht kehrte zu seiner ursprünglichen Linie zurück und hielt die Frage der Vereinbarkeit der Sitztheorie mit Gemeinschafstrecht durch die *Daily Mail* Entscheidung für "eindeutig" geklärt: Artt. 43 und 48 EGV gewährleisteten die Niederlassungsfreiheit für juristische Personen nur insoweit, als ihr nationales Recht nicht entgegenstünde[643].

I. Auseinanderfallen der Anknüpfungspunkte und Rechtsprechung des EuGH im *Centros*-Urteil

Die Frage, ob eine Gesellschaft ihren Verwaltungssitz unter Beibehaltung ihres Personalstatuts in einen anderen Mitgliedstaat verlegen kann, war zwar - wie oben beschrieben - nicht Entscheidungsgegenstand der *Daily Mail* Entscheidung. Einer derartigen Entscheidung bedurfte es nicht, da beide betroffenen Mitgliedstaaten (sowohl Großbritannien als auch die Niederlanden) allein an den Satzungs- bzw. Gründungssitz der Gesellschaft anknüpfen. Es ging allein um eine sachrechtliche Wegzugssperre. Der Gerichtshof hat sich in seiner Entscheidung dementsprechend unmittelbar weder für noch gegen die Sitztheorie ausgesprochen. Allerdings hat der EuGH die grundsätzliche Feststellung getrof-

641 *Behrens,* RabelsZ 52 (1988), 498 (518); *Knobbe-Keuk,* ZHR 154 (1990), 325 (342); *Grothe,* Die ausländische Kapitalgeselslchaft & Co., S. 146.

642 BayObLGZ 1986, 61 ff.

643 BayObLG, EuZW 1992, 548 (549).

fen, daß die Niederlassungsfreiheit bei dem derzeitigen Stand des Gemeinschaftsrechts einer Gesellschaft, die nach dem Recht eines Mitgliedstaates gegründet ist und in diesem Staat ihren satzungsmäßigen Sitz hat, nicht das Recht gewährt, den Sitz ihrer Geschäftsleitung in einen anderen Mitgliedstaat zu verlegen[644]. Die Prüfung der materiellrechtlichen Folgen der Sitztheorie an Artt. 43, 48 EGV konnte man daher bislang vermeiden, wenn man mit den Entscheidungsgründen von *Daily Mail* das Kollisionsrecht von einer unmittelbaren Prüfung an der Niederlassungsfreiheit befreit sah[645].

Am 9. März 1999 hat der EuGH in der sog. *Centros*-Entscheidung zum ersten Mal wieder zu dem Fragenkreis ausführlich Stellung genommen[646].

Dänische Gesellschafter hatten in Großbritannien eine private limited company (plc) gegründet und in das dortige Register zur Eintragung gebracht. Als Satzungssitz wurde die Adresse eines Bekannten verwendet. Das Gesellschaftskapital war auf 100 Britische Pfund festgelegt, eine Einzahlung war noch nicht erfolgt. Die Gesellschaft übte in Großbritannien selbst keinerlei Geschäftstätigkeit aus. Die Gesellschaft sollte allein in Dänemark aktiv werden. Zu diesem Zwecke wurde in Dänemark eine Zweigniederlassung zur Eintragung angemeldet. Von dieser Zweigniederlassung aus sollten in der Zukunft sämtliche Aktivitäten der Gesellschaft abgewickelt werden. Die Registereintragung wurde von der zuständigen dänischen Registernehörde abgelehnt: Die Gesellschaft beabsichtige in Wirklichkeit, einen Hauptsitz in Dänemark unter Umgehung der dänischen Kapitalaufbringungsvorschriften zu errichten. Daß die Gründung in Großbritannien und die nachfolgende Anmeldung der Zweigniederlassung der Umgehung dänischer Mindestkapitalanforderungen dienen sollte, wurde von den Gesellschaftern auch gar nicht bestritten.

In der Entscheidung wertete der EuGH die Versagung der Eintragung als Zweigniederlassung als Verstoß gegen die Niederlassungsfreiheit.

---

644 Siehe oben S. 128 ff.

645 Münchener Kommentar- *Ebenroth,* Nach Art. 10 EGBGB Rn. 202 ff.; *Ebenroth/Auer,* DNotZ 1990, 151; *Großfeld,* WM 1992, 2123 f.

646 EuGH DB 1999, 625 = NJW 1999, 2027 = RIW 1999, 447.

Der EuGH sah zunächst den Schutzbereich der Niederlassungsfreiheit eröffnet. Die Niederlassungsfreiheit umfasse das Recht, in einem anderen Mitgliedstaat eine Zweigniederlassung zu gründen[647]. Die dänische Regelung stelle eine Beschränkungstatbestand dar, für die eine Rechtfertigung nicht vorläge: Zwar könne ein Mitgliedstaat Vorkehrungen treffen, die Inanspruchnahme der Niederlassungsfreiheit zu verhindern, wenn die Berufung auf das Gemeinschaftsrecht mißbräuchlich erfolgte. Um einen derartigen Rechtsmißbrauch habe es sich aber nicht gehandelt. Die Gründung einer Gesellschaft in einem und die Eintragung einer Zweigniederlassung in einem anderen Mitgliedstaat der Gemeinschaft könne für sich genommen nicht als mißbräuchliche Insanspruchnahme angesehen werden, da dieser Vorgang gerade Inhalt der sekundären Niederlassungsfreiheit sei. Dabei sei es im Prinzip auch zulässig, die Unterschiede zwischen den einzelnen Mitgliedstaaten auszunutzen.

Einen Vorbehalt zugunsten der innerstaatlichen öffentlichen Ordnung lehnte der Gerichtshof für den vorliegenden Fall ohne weiteres ab. Eine Rechtfertigung der Niederlassungsbeschränkung an Gemeinwohlerwägungen scheide ebenfalls aus, da es an einer fehlenden Geeignetheit der Mindestkapitalschutzanforderungen für die Verwirklichung des Gläubigerschutzes fehle. Denn bei Vorliegen einer Verwaltungssitzes in Großbritannien wäre die Gesellschaft trotz ebenso gegebener Gläubigergefährdung eingetragen worden[648]. Darüber hinaus sei der Gläubigerschutz durch Offenlegungspflichten nach der Bilanzrichtlinie und der Zweigniederlassungsrichtlinie gewährleistet. Den Gläubigern sei durchaus bekannt, daß es sich nicht um eine Gesellschaft englischen Rechts handele, die nicht dänischen Mindestkapitalvorschriften unterliege. Zudem fehle es an der Erforderlichkeit der Mindestkapitalausstattung für die Verwirklichung des Gläubigerschutzes. Gläubiger könnten gegebenenfalls durch Sicherheitsleistung hinreichend geschützt werden[649].

Aus der ratio decidendi von *Centros* läßt sich unmittelbar ableiten, daß auch ein Mitgliedstaat, der selbst der Gründungstheorie folgt, die Eintragung einer Zweigniederlassung im Grundsatz dann zulassen muß,

---

647 EuGH aaO, Tz. 23 ff.

648 EuGH aaO, Tz. 35.

649 EuGH aaO, Tz. 37.

wenn der tatsächliche Verwaltungssitz der Gesellschaft in eben diesem Staat liegt.

Wesentliche Frage ist aber, ob der Gerichtshof ebenso entschieden hätte, wenn die nach dem Recht eines Mitgliedstaates gegründete Gesellschaft ihren Verwaltungssitz in einem Staat gehabt hätte, der selbst der Verwaltungssitztheorie folgt. Eben diese Frage ist von dem BGH dem EuGH erst kürzlich zur Vorabentscheidung vorgelegt worden[650]. In dem zugrunde liegenden Rechtsstreit hatte eine in den Niederlanden gegründete BV Ansprüche aus einem Bauvertrag in Düsseldorf geltend gemacht. Zuvor hatte die Gesellschaft ihren Verwaltungssitz von den Niederlanden nach Deutschland verlegt.

Sofern mit der *Centros* Entscheidung nun der Sitztheorie eine generelle Absage erteilt worden ist, wäre die Verlegung des Verwaltungssitzes der niederländischen Gesellschaft ins Inland schlichtweg belanglos. In der Tat wird nach *Centros* vielfach davon ausgegangen, daß der EuGH sich zumindest implizit für die allgemeine Geltung der Inkorporationstheorie ausgesprochen habe[651].

II. Interpretation des *Centros*-Urteils in der Literatur

1. Art. 48 EGV als gemeinschaftsrechtliche Kollisionsnorm?

Am weitesten in der Interpretation der Entscheidung geht augenscheinlich *Behrens*. Der Begründung der *Centros* Entscheidung lasse sich entnehmen, daß der EuGH nunmehr Art. 48 EGV als eine gemeinschaftsrechtliche allseitige Kollisionsnorm verstehe, die eine umfassende Entscheidung für die Inkorporationstheorie enthalte[652]. Aus der Tatsache, daß die Geltendmachung des Niederlassungsrechts durch eine juristische Person deren rechtliche Existenz voraussetzt, war in der Literatur schon zuvor gefolgert worden, daß die in Art. 48 EGV normierte Gleichstellung der Anknüpfungspunkte die Anerkennung von

650 BGH BB 2000, 1106.

651 Vgl. *Geyrhalter,* EWS 1999, S. 201 (203); *Meilicke,* DB 1999, S. 625 (627); *Sedemund/Hausmann,* BB 1999, 810; *Cascante,* RIW 1999, 450; *Freitag,* EuZW 1999, 267; *Krause,* NotBZ 1999, 118 (119); *Risse,* MDR 1999, 752 (753); Scholz-*Westermann,* Einl. Rn. 85f; für das österreichische Recht, vgl. jetzt auch OGH RIW 2000, 378.

652 *Behrens,* IPRax 1999, 323 (329).

Gesellschaften als Rechtssubjekt auch bei Auseinanderfallen von Satzungs- und Verwaltungssitz beinhalte, dem primären Gemeinschaftsrecht daher bereits unmittelbar eine durchgängige Entscheidung für die Inkorporationstheorie zu entnehmen sei[653]. Der Verweis auf "Rechtsvorschriften *eines* Mitgliedstaates" sei auf das Recht des Inkorporationsortes gerichtet[654].

2. Kein kollisionsrechtlicher Gehalt?

Ein anderer Teil des Schrifttums will der *Centros* Entscheidung demgegenüber jeglichen kollisionsrechtlichen Gehalt absprechen: Das Urteil sei für die Mitgliedstaaten, die im internationalen Gesellschaftsrecht der Sitztheorie folgen, ohne Bedeutung[655].

Teilweise wurde darauf verwiesen, daß das Urteil lediglich die Wahrnehmung der sekundären Niederlassungsfreiheit zum Gegenstand hatte und daher nicht davon ausgegangen werden könne, daß irgendwelche Schlußfolgerungen auf die Wahrnehmung der primären Niederlassungsfreiheit zulässig seien[656].

Vor allem aber sei das grundlegende Verständnis zum Verhältnis Internationales Privatrecht - Gemeinschaftsrecht, das der EuGH in der*Daily Mail* Entscheidung habe erkennen lassen, nicht aufgegeben worden: Die Aussage des EuGH in *Daily Mail,* daß das nationale internationale Privatrecht dem nationalen Gesellschaftsrecht vorgehe, habe weiterhin Bestand[657]. Begründet wird das wie folgt: Die Frage der Rechtsfähig-

653 *Brödermann* in: *Brödermann/Iversen,* Europäisches Gemeinschaftsrecht und Internationales Privatrecht, Rn. 143; *Drobnig* in: *v. Bar,* Internationales Privatrecht und Gemeinschaftsrecht, S. 189 (194); *Behrens,* RabelsZ 52 (1988) 498, 517 ff.; *Beitzke,* ZHR 127 (1965), 1 (2); *Deville,* RIW 1986, 299; *Drobnig,* ZHR 129 (1966/67) 93 (117); *ders.* JZ 1989, 187; *Grothe,* Die ausländische Kapitalgesellschaft & Co. S. 175 ff.; *Koppensteiner,* Internationale Unternehmen, S. 115; *Niessen,* NJW 1986, 1408; *Timmermanns,* RabelsZ 48 (1984), 1(38ff.); *Wessel/Ziegenhain,* GmbHR 1988, 423 (427).

654 *Brödermann* in: *Brödermann/Iversen,* Europäisches Gemeinschaftsrecht und Internationales Privatrecht, Rn. 120.

655 Münchener Kommentar- *Kindler,* 3. Aufl. IntGesR, Rn. 368; *Ebke* JZ 1999, 656 (657); *Görk,* GmbHR 1999, 793; *Kindler,* NJW 1999, 1993 (1996); *Lange,* DNotZ 1999, 599 (606); wohl auch *Roth,* ZIP 1999, 861 (863).

656 *Ebke,* JZ 1999, 656 (658).

657 *Ebke,* a.a.O.; *Sonnenberger/Großrichter,* RIW 1999, 721 (722); *Kindler,* NJW 1999, 1993 (1997).

keit der Gesellschaft konnte bei dem Sachverhalt der *Centros* Entscheidung nicht Vorlagefrage sein, da England und Dänemark beide der Gründungstheorie verpflichtete Staaten sind. Eine kollisionsrechtliche Prüfung stand daher nicht zur Debatte. Das Urteil sei demnach insoweit einschränkend zu verstehen, als es sich nur auf solche Gesellschaften beziehe, deren Rechtsfähigkeit selbst nicht in Frage stehe[658]. Auch aus den nicht tragenden Entscheidungsgründen lasse sich keine Richtungsweisung des EuGH hin zu der Gründungstheorie erkennen. In diesem Fall hätte es nämlich in jedem Falle einer ausführlichen Auseinandersetzung mit *Daily Mail* bedurft[659]. Aus dem Umstand, daß der EuGH in der *Centros* Entscheidung die *Daily Mail* Entscheidung mit keinem Wort erwähne, lasse sich ableiten, daß eine grundsätzliche Abkehr von dieser Entscheidung nicht gewollt ist[660].

Welche mitgliedstaatliche Gesellschaftsrechtsordnung zum Zuge kommt, soll daher weiterhin allein von dem nationalen Kollisionsrecht abhängen, das praktisch der Niederlassungsfreiheit "vorgelagert" sei[661]. Der EuGH habe sogar diesen Vorrang des internationalen Gesellschaftsrechts der Mitgliedstaaten erneut bestätigt, indem er unter Tz. 20 auf die alternativ bestehenden Anknüpfungsmerkmale des satzungsmäßigen Sitzes, der Hauptverwaltung oder der Niederlassungsfreiheit hingewiesen habe[662].

3. Prüfung der Rechtsfolgen der Sitztheorie an der Niederlassungsfreiheit

Die dritte Auffassung will aus der Entscheidung des EuGH folgern, daß die sachrechtlichen Folgen der Sitztheorie nunmehr an der Niederlassungsfreiheit zu prüfen sind. Dies führe dazu, daß die durch die Sitztheorie bewirkte Nichtanerkennung nach ausländischem Recht gegründeter Kapitalgesellschaften gemeinschaftsrechtlich nicht mehr haltbar sei. Insbesondere könnten die für die Sitztheorie ins Feld geführten Schutzzwecke wie der Gläubigersicherheit oder Arbeitnehmer-

658 *Görk*, GmbHR 1999, 793 (796).

659 *Görk*, GmbHR 1999, 793 (796); *Sonnenberger/Großerichter* RIW 1999, 721 (726).

660 *Görk*, GmbHR 1999, 793 (796).

661 *Kindler*, NJW 1999, 1993 (1997) spricht von dem "Primat des nationalen IPR".

662 *Kindler*, NJW 1999, 1993 (1997); vorsichtiger *Roth*, ZIP 1999 861 (862).

schutz einer Prüfung an den zwingenden Allgemeininteressen des Art. 43 EGV nicht mehr standhalten[663]. Denn es mache keinen Unterschied, ob eine ausländische Gesellschaft in einem anderen Mitgliedstaat nicht schwerpunktmäßig tätig werden könne, da ihr die Eintragung im Handelsregister versagt wird, oder ob ihr aufgrund der kollisionsrechtlichen Anknüpfung die Rechtsfähigkeit abgesprochen werde[664].

Leible beschränkt diese Folgerung allerdings auf die Eintragung einer Zweigniederlassung, die nach vollzogener Gründung im Ausland in Deutschland ins Handelsregister einzutragen sei, auch wenn diese Zweigniederlassung faktisch den Verwaltungssitz der Gesellschaft darstelle[665]:

Weitergehend wird von anderen gefolgert, daß das deutsche materielle Gesellschaftsrecht nun nicht mehr die Rechtspersönlichkeit einer nach ausländischem Recht gegründeten Gesellschaft verneint werden dürfe. Damit wäre die Sitztheorie insgesamt aufgegeben[666].

4. Etappensieg für Überlagerungstheorie?

Auch nach *Sandrock* können nationale Kollisionsrechte, die der Verwirklichung der Niederlassungsfreiheit entgegenstanden, nicht mehr beachtlich sein. Insbesondere könne ein Identitätsverlust bei einer Verlegung des Verwaltungssitzes nicht mehr als gemeinschaftskonform angesehen werden[667]. Die von *Sandrock* vertretene Überlagerungstheorie lasse sich nun allein mit der Begründungslinie der *Centros*-Entscheidung vereinbaren: Der EuGH habe in Tz. 25 seiner Entscheidung die Verwirklichung der Niederlassungsfreiheit unter den Vorbehalt des betrügerischen und mißbräuchlichen Verhaltens gestellt. Unter den Begriff "mißbräuchliches Verhalten" könne man die Umgehung von Schutzvorschriften zugunsten von Gläubigern, Arbeitnehmern und Anteilsinhabern subsumieren und auf diesem Wege das Recht des

---

663 *Sedemund/Hausmann,* BB 1999, 810; *Meilicke* DB 1999, 625 (627); *Freitag,* EuZW 1999, 267 (269); *Leible,* NZG 1999, 300 (301); *Geyrhalter*, EWS 1999, 201 (203): "klare Absage an die Sitztheorie"; *Werlauff,* ZIP 1999, 867 (874).

664 *Leible,* NZG 1999, 300 (301).

665 *Leible,* NZG 1999, 300 (301).

666 *Freitag,* EuZW 1999, 267 (269); *Sedemund/Hausmann,* BB 1999, 810; *Meilikke,* DB 1999, 625; *Geyrhalter,* EWS 1999, 201.

667 *Sandrock,* BB 1999, 1337 (1342).

Verwaltungssitzstaates zur Anwendung bringen[668]. *Centros* sei insoweit ein Etappensieg für die Überlagerungstheorie[669].

III. Bewertung

Die Entscheidungswortlaut von *Centros* gibt für eine so weitgehende Deutung wie von *Behrens* vorgenommen nur wenig her. Im Gegenteil: Aus der Tatsache, daß der Gerichtshof eine sachrechtliche Prüfung der Versagung der Eintragung der Zweigniederlassung an der Niederlassungsfreiheit vornimmt, kann darauf geschlossen werden, daß er aus Art. 48 EGV einen kollisionsrechtlichen Gehalt gerade nicht ableitet. Bei Anerkennung eines kollisionsrechtlichen Charakters von Art. 48 EGV hätte es einer solchen Überprüfung nicht bedurft.

Auch der Wortlaut von Art. 48 EGV deutet nicht auf einen kollisionsrechtlichen Gehalt der Norm[670]. Die Vertreter der Auslegung von Art. 48 EGV als versteckte Kollisionsnorm berufen sich dementsprechend schon immer vornehmlich auf die Teleologie der Bestimmung: Wenn Art. 48 EGV nicht als Kollisionsnorm auszulegen wäre, könnten Gesellschaften die primäre Niederlassungsfreiheit nicht ausüben. Zudem wurde die Notwendigkeit der einheitlichen Geltung des Gemeinschaftsrechts ins Feld geführt[671].

Gegen die Auslegung des Art. 48 EGV als gemeinschaftsrechtliche Kollisionsnorm sprechen vor allem Zweckmäßigkeitserwägungen: Der Stand der Harmonisierung klafft bei den einzelnen Gesellschaftsformen weiterhin auseinander. Legt man Art. 48 EGV als die Gründungstheorie festschreibende Norm aus, könnte der schrittweisen Entwicklung des Gemeinschaftsrechts nicht hinreichend Rechnung getragen werden[672]. Das Beschränkungsverbot des Art. 43 EGV ist demgegenüber ein wesentlich flexibleres Instrumentarium, um eine Niederlassungsfreiheit der Gesellschaften schrittweise zu ermöglichen und gleichzeitig den

---

668 *Sandrock*, BB 1999, 1337 (1343).

669 *Sandrock*, BB 1999, 1337; ebenso: *Höfling* DB 1999, 206 (1207).

670 *Drobnig* in: *v. Bar*, S. 192; *Schnichels*, Reichweite der Niederlassungsfreiheit, S. 170.

671 *Beitzke*, ZHR 127 (1965), 1 (2).

672 *Schnichels*, Reichweite der Niederlassungsfreiheit, S. 174.

rechtspolitischen Interessen der Mitgliedstaaten Rechnung zu tragen[673].

Auf der anderes Seite bleibt fraglich, ob man der Entscheidung des EuGH einen kollisionsrechtlichen Gehalt gänzlich absprechen kann. Zuzugestehen ist, daß eine unmittelbare Aussage zu dem Problem der Verlegung des Verwaltungssitzes in *Centros* nicht getroffen wurde und auch nicht getroffen werden konnte. Insofern war für den EuGH eine Auseinandersetzung mit *Daily Mail* nicht erforderlich. Bei genauerer Betrachtung der Entscheidungsgründe wird aber eine deutliche Abkehr von *Daily Mail* erkennbar: Der EuGH hat in der Entscheidung nämlich eine der ganz wesentlichen Begründungslinie von *Daily Mail* fallengelassen. Hatte der EuGH noch in *Daily Mail* formuliert, daß die Niederlassungsfreiheit für Gesellschaften für eine grenzüberschreitende Sitzverlegung solange nicht in Anspruch genommen werden könne, als keine ausreichende Harmonisierung oder staatsvertragliche Regelung zwischen den Mitgliedstaaten erreicht sei, so wird dieser Gedanke jetzt nicht mehr weiterverfolgt. Das Verhältnis zwischen gemeinschaftsrechtlicher Rechtsangleichung, staatsvertraglicher Regelung und Anwendung der Niederlassungsfreiheit wird in Tz. 27 und 28 des Urteils vielmehr richtiggestellt: Die Niederlassungsfreiheit ist in ihrem Geltungsanspruch sowohl von Harmonisierungsmaßnahmen als auch staatsvertraglichen Regelungen gänzlich unabhängig. Die Begründung von *Daily Mail* fällt damit im wesentlichen in sich zusammen. Insofern hat der EuGH obiter zu der kollisionsrechtlichen Frage Stellung genommen, ob die durch das nationale Kollisionsrecht bewirkten Rechtsfolgen an der Niederlassungsfreiheit gemessen werden können.

Aus der *Centros*-Entscheidung des EuGH sollte daher im Ergebnis zu folgern sein, daß durch die Sitztheorie bewirkte Rechtsfolgen an der Niederlassungsfreiheit des EGV zu messen sind.

---

673 *Hailbronner/Klein/Magiera/Müller-Graff- Hailbronner,* Art. 58 Rn. 4; *Dauses- Roth,* Handbuch des EG- Wirtschaftsrechts, E I Rn. 91; *Ebenroth/Eyles,* DB-Beilage 2/1988, 1 (13); *Eyles,* Das Niederlassungsrecht der Kapitalgesellschaften, S. 353; *Großfeld,* Internationales und europäisches Unternehmensrecht, S. 54; *Schnichels,* Reichweite der Niederlassungsfreiheit, S. 175 f.; *Kruse,* Sitzverlegung von Kapitalgesellschaften, S. 219.

IV. Prüfung der Sitztheorie an der Niederlassungsfreiheit

1. Verstoß gegen Diskriminierungsverbot?

In der Literatur ist die Frage umstritten, ob die Anwendung der Sitztheorie bei einem Zuzug des Verwaltungssitzes einer ausländischen Gesellschaft ins Inland gegen das in Artt. 43, 48 EGV enthaltene Diskriminierungsverbot verstößt. Zum Teil wird dies sachrechtlich damit begründet, daß einer Gesellschaft mit Verwaltungssitz im Inland nur dann die Anerkennung erteilt werde, wenn sie eine nach inländischem Recht gegründete Gesellschaft sei. Einer ausländischen Gesellschaft mit ausländischem Satzungssitz und inländischem Verwaltungssitz werde dagegen die Rechtsfähigkeit aberkannt[674].

Die herrschende Meinung lehnt das Vorliegen einer Diskriminierung durch kollisionsrechtliche Anknüpfungsnormen ab. Wegweisend war die Begründung von *Grothe*[675]: Die Auswahl der Vergleichsmerkmale zur Feststellung einer Ungleichbehandlung habe sich an der Sachlogik des betreffenden Rechtsgebiets zu orientieren[676]. Bei der Sitztheorie handele es sich um eine Kollisionsnorm, die mit einem bestimmten Anknüpfungsmerkmal (Verwaltungssitz) die Zugehörigkeit einer Gesellschaft zu einer bestimmten Rechtsordnung bestimme. Bei der Frage der Vereinbarkeit von Kollisionsnormen mit dem EGV gehe es nämlich um die dem Sachrecht vorgelagerte Frage, ob es sich überhaupt um eine inländische Gesellschaft handele. Kollisionsnormen könnten nun von vornherein nur insoweit diskriminierende Wirkung haben, als sie gleiche Anknüpfungsgegenständc unterschiedlichen Anknüpfungspunkten unterstellen.

---

674 *Behrens- Behrens,* Die GmbH im internationalen und europäischen Recht, IPR 17; *Behrens,* RabelsZ 52 (1988). 498, 517 ff.; *ders.* ZGR 1994, 1 (19); *Drobnig,* in: *v. Bar* , S. 185 (194); *Knobbe-Keuk,* ZHR 154 (1990), 325; *dies.* DB 1990, 2573; *Wessel/Ziegenhain,* GmbHR 1988, 427 f. Zum Teil wird auch erwogen, eine Diskriminierung wegen unterschiedlicher Behandlung von natürlichen und juristischen Personen durch die Sitztheorie anzunehmen. Das ist abzulehnen, da Gesellschaften nur kraft Rechtssatz existieren, also wesentlich enger mit der ihre Rechtsfähigkeit begründenen Rechtsordnung verbunden sind, als natürliche Personen (so auch: *Schnichels,* Reichweite der Niederlassungsfreiheit, S. 176).

675 *Grothe,* Ausländische Kapitalgesellschaft & Co., S. 160.

676 *Grothe,* Ausländische Kapitalgesellschaft & Co., S.160; *Kruse,* Sitzverlegung von Kapitalgesellschaften innerhalb der EG, S. 223.

Diese Argumentation überzeugt auf kollisionsrechtlicher Ebene, das sachrechtliche Problem der Nichtanerkennung auf gesellschaftsrechtlicher Ebene wird durch sie ausgeblendet. Das zeigt sich vor allem dann, wenn *Grothe* das zur Feststellung einer Diskriminierung relevante Vergleichspaar bildet: Da die Kollisionsnorm allein zum Maßstab der Betrachtung gemacht wird, wird (insoweit konsequent) Wegzugs- und Zuzugsfall als zu vergleichende Fallgruppen herangezogen. Es kommt dann nur noch darauf an, ob die Kollisionsnorm allseitig ausgestaltet ist. Das kann nicht richtig sein. Die Interessenlage für den betroffenen Staat ist vollkommen unterschiedlich, je nachdem ob er als Zuzugs- oder Wegzugsstaat betroffen ist. Es handelt sich sachrechtlich nicht um vergleichbare Sachverhalte.

Es ist daher neben der kollisionsrechtlichen auch eine sachrechtliche Prüfung der Wirkungen der Sitztheorie durchzuführen: Werden auf dieser Grundlage die Fallgruppe 1: "Gesellschaft mit Verwaltungssitz im Inland und inländischem Satzungssitz" und die Fallgruppe 2: "Gesellschaft mit Verwaltungssitz im Inland und ausländischem Satzungssitz" als Vergleichspaar gegeneinandergestellt, scheint eine Benachteiligung von Gesellschaften mit ausländischem Satzungssitz nahezuliegen[677]. Nun könnte man sich auf den Standpunkt stellen, zulässige Vergleichsmerkmale lägen schon deshalb nicht vor, da eine Gesellschaft mit Satzungssitz im Inland notwendigerweise ihren Verwaltungssitz auch im Inland habe und deswegen für derartige Gesellschaften das Zuzugsproblem von vornherein nicht relevant werden könne. Nach der hier vertretenen Auffassung kann aber eine inländische Gesellschaft ihren Verwaltungssitz ohnehin ins Ausland verlegen, ohne das dies zu einer Nichtanerkennung als juristische Person führt. Dementsprechend wäre auch eine Rückverlegung ins Inland denkbar. Zudem kann die ausländische Person nach ausländischem Kollisionsrecht möglicherweise bereits mit Verwaltungssitz in der Bundesrepublik gegründet werden. Grund für die Nichtanerkennung als Kapitalgesellschaft ist allerdings allein der Rechtsformenzwang, dem nach deutschem Recht alle gesellschaftlich organisierten Verbände unterstehen, die ihren Verwaltungssitz im Inland haben. Dieser Zwang gilt für alle gesellschaftsrechtlichen Organisationsformen gleichermaßen. Dem numerus clausus der Gesellschaftsrechtsformen kann für sich genommen keine diskriminierende Wirkung zugeschrieben werden[678].

---

677 *Schnichels,* Reichweite der Niederlassungsfreiheit, S. 177.

678 Im Ergebnis ebenso: *Grothe,* Ausländische Kapitalgesellschaft & Co., S. 160; *Kindler,* NJW 1999, 1993 (1998); *Schnichels,* Reichweite der Niederlassungsfrei-

2. Beschränkungsverbot

Allerdings liegt eine Beschränkung der Niederlassungsfreiheit durch das Sachrecht vor, da die nach dem Recht eines Mitgliedstaates gegründete Gesellschaft bei einem Statutenwechsel nicht unerhebliche Anpassungsschwierigkeiten an das Recht des Zuzugstaates haben wird, bzw. Gefahr läuft, von der Rechtsordnung des Zuzugstaates nicht anerkannt zu werden, wenn eine Anpassung nicht erfolgt. Ist Zuzugstaat die Bundesrepublik, wird die Gesellschaft bei entsprechender Größe das Mitbestimmungsgesetz einzuhalten haben, was für eine monistisch strukturierte Gesellschaft eine weitgehende Umorganisationspflicht bedeutet.

3. Keck- Rechtsprechung

Für den freien Warenverkehr hat sich inzwischen die Erkenntnis durchgesetzt, daß nicht jede Vorschrift, die Verkaufsmodalitäten regelt, in den Schutzbereich der Grundfreiheit eingreift. In der Rechtssache Keck hat der Gerichtshof für die Warenverkehrsfreiheit des Art. 28 EGV festgestellt, daß "die Anwendung bestimmter nationaler Bestimmungen, die bestimmte Verkaufsmodalitäten beschränken oder verbieten, auf Erzeugnisse aus anderen Mitgliedstaaten nicht geeignet (ist), den Handel unmittelbar oder mittelbar, tatsächlich oder potentiell zu behindern, sofern diese Bestimmungen für alle betroffenen Wirtschaftsteilnehmer gelten, die ihre Tätigkeit im Inland ausüben, und sofern die den Absatz der inländischen Erzeugnisse und der Erzeugnisse aus anderen Mitgliedstaaten rechtlich wie tatsächlich in der gleichen Weise berühren."[679] Derartige Beschränkungen treffen Inländer und Ausländer gleichermaßen, sie sollen daher nicht geeignet sein, den Zugang zu den Märkten innerhalb der Gemeinschaft zu versperren. Im Warenverkehr ist das entscheidende Differenzierungskriterium die Frage, ob es sich bei der fraglichen Regelung um eine "produktbezogene" oder lediglich "vertriebsbezogene" Regelung handelt.

---

heit, S. 178; *Kruse,* Sitzverlegung von Kapitalgesellschaften innerhalb der EG, S. 223.

679 EuGH v. 24.11.1993 - verb. Rs. C 267/91 und 268/91 Keck u. Mithouard, Slg. 1993, I-6097; ebenso: EuGH v. 15.12.1993 - Rs. C 292/92 Hünermund, Slg. 1993, I - 6787; EuGH v. 2.6.1994 - Rs. C 401/92 und C 402/92 Heuske, Slg. 1994, I-2199; EuGH v. 2.6.1994 - Rs. C 69/93 C 258/93 Punto Casa, Slg. 1994, I-2355.

4. Rechtfertigung durch zwingende Gründe des Allgemeinwohls?

Fraglich ist daher, ob die Anknüpfung an den Verwaltungssitz bei einer Verlegung des Verwaltungssitzes ins Inland aus zwingenden Gründen des Allgemeinwohls geboten ist. Oben wurde ausgeführt, daß die Sitztheorie ein Instrument ist, um gesellschafts- wirtschaftspolitische Ordnungsvorstellungen, die der nationale Gesetzgeber mit nationalen Regelungen verfolgt, kollisionsrechtlich abzusichern. Mit der fortschreitenden Harmonisierung der nationalen Gesellschaftsrechte der EG- Mitgliedstaaten steigt aber der Rechtfertigungszwang für die Sitztheorie[680]. Die Anknüpfung an den Verwaltungssitz wird teilweise als verhältnismäßige[681], teils eine unverhältnismäßige[682] Beschränkung der Niederlassungsfreiheit angesehen.

a. Gesellschaftskulturargument

Großfeld hält die kulturelle Bedingtheit des nationalen und internationalen Gesellschaftsrechts für einen tauglichen gemeinschaftsrechtlichen Rechtfertigungsgrund[683]. Deutschland liege in der Mitte Europas ohne natürliche Grenzen und müsse sich daher um eine Eigenständigkeit seiner Rechtskultur besonders bemühen und eine Überflutung mit ausländischem Recht verhindern[684]. Gemeinschaftsrechtlich ist diese Argumentation abzulehnen: Zwar läßt sich rechtspolitisch die Frage stellen, ob es wünschenswert erscheint, nach anderen Rechtsordnungen organisierte Rechtsträger in Deutschland tätig werden zu lassen. Das ist im Ergebnis nichts anderes als die schon häufig vorgebrachte Sorge vor einem "Delaware Effekt" in der Europäischen Gemeinschaft. Abgese-

---

680 *Sonnenberger,* ZVglRWiss 95 (1996), 3 (21).

681 *Ebke,* ZGR 1987, 263 ff.; *Eyles,* Niederlassungsrecht, S. 360 ff.; *Ebenroth/Eyles,* DB Beilage 2/88, 14 f.; *Heinrich,* Die ausländische juristsiche Person & Co. KG, S. 184; *Kruse,* Sitzverlegung von Kapitalgesellschaften innerhalb der EG, S. 242.

682 *Behrens,* RabelsZ 52 (1988), 521 f.; *ders.* RIW 1986, 593; *Grothe,* Ausländische Kapitalgesellschaft & Co. S. 190 f.; *Knobbe-Keuk,* DB 1990, 2578; *Roth,* RabelsZ 55 (1991), 650;

683 *Staudinger- Großfeld,* Internationales Gesellschaftsrecht, Rn 126, 563; *Großfeld,* Internationales und Europäisches Unternehmensrecht, S. 51 ff.; *Großfeld/Beckmann,* ZVglRWiss 91 (1992), 351 (353).

684 *Großfeld/Beckmann,* ZVglRWiss 91 (1992), 351 (353).

hen von der in den Vereinigten Staaten heftig umstrittenden Frage, ob ein Wettbewerb der Gesetzgeber zu einem "race to laxity" oder einem "race to the top" führt, hilft diese Argumentation als Rechtfertigungsgrund für eine Beschränkung der Niederlassungsfreiheit nicht weiter. Der Schutz nationalen Rechts und der Erhalt von Regelungskompetenzen sind abstrakt keine gemeinschaftsrechtlich rechtfertigenden Interessen. Die gesellschaftsrechtliche Organisationstruktur eines Mitgliedstaates - mag sie auch auf hergebrachten Vorstellungen beruhen - kann daher als abstrakter Schutzzweck keine Beschränkung der Grundfreiheit rechtfertigen[685].

b. Schutz der Betroffenen

Zur gemeinschaftsrechtlichen Rechtfertigung der Sitztheorie wird vor allem vorgebracht, daß Mitgliedstaaten durch sie ihre eigenen Regelungsinteressen zu Gunsten der Arbeitnehmer und Gläubiger schützen könne.

(1) Arbeitnehmerschutz

Nach der hier vertretenen Auffassung scheidet eine Rechtfertigung durch zwingende Erfordernisse zum Schutz der unternehmerischen Mitbestimmung von vornherein aus: Das deutsche Recht kennt kein durchgängiges Konzept, daß ein Mitbestimmungsverlust auf Gesellschaftsebene zu sanktionieren ist[686].

(2) Gläubigerschutz

Bislang wurde die Sitztheorie auch damit gestützt, daß sie als zwingendes Erfordernis den Gläubigerschutz durch die Kapitalaufbringungsvorschriften nach deutschem Recht durchzusetzen helfe[687].

---

685 *Bungert,* AG 1995, 489 (492); *Kruse,* Sitzverlegung von Kapitalgesellschaften, S. 229.

686 Siehe oben S. 152 ff.; a.A. *Kieninger,* ZGR 1999, 724 (744); *Kruse,* Sitzverlegung von Kapitalgesellschaften, S. 239; *Ulmer,* JZ 1999, 662 (663); *G. Roth,* ZIP 1999, 861 (864).

687 Münchener Kommentar- *Kindler,* 3. Aufl., IntGesR, Rn. 313; Staudinger-*Großfeld,* Internationales Gesellschaftsrecht, Rn. 21; Münchener Handbuch des GesR- *Jasper,* Bd. 3, § 78 Rn. 20.

Auch in der *Centros*-Entscheidung wurde die Eintragung der ausländischen Gesellschaft als Zweigniederlassung abgelehnt, da die Gesellschaft die dänischen Mindestkapitalanforderungen nicht erfüllte. Der EuGH erkannte den Gläubigerschutz grundsätzlich als zwingendes Allgemeininteresse an, auf das sich ein Mitgliedstaat berufen könne. Im konkreten Fall ließ er aber die Rechtfertigung bereits an der Geeignetheit des gewählten Mittels scheitern, da die dänischen Gläubiger durch die Tätigkeit der Zweigniederlassung ebenso gefährdet wären, wenn die Gesellschaft in England tätig wäre[688].

Gegen dieses Argument könnte man aus der Sicht eines Staates, der selbst die Sitztheorie vertritt, noch argumentieren[689]: Die Sitztheorie verfolgt die von ihr geschützten Interessen dabei anders als die Inkorporationstheorie "generalpräventiv" d.h. sie will den isolierten Zuzug von Verwaltungssitzen von Gesellschaften mit ausländischen Satzungssitz weitgehend verhindern, indem das Damoklesschwert der persönlichen Haftung über die Gesellschafter hängt. Der so angestrebte selbstregulierende Charakter liege der (in Dänemark vertretenen) Inkorporationstheorie fern[690]. Durch die Sanktion der Nichtanerkennung übt die Sitztheorie also weitgehenden Druck auf die Gesellschaft zur Inkorporation nach der inländischen Gesellschaftsordnung aus und schützt damit indirekt das Interesse des von der Tätigkeit der Gesellschaft am meisten betroffenen Staates an der eigenständigen Regelung der eigenen Wirtschaftsordnung und das Interesse seiner eigenen Bevölkerung vor einer Gefährdung durch Inlandsaktivitäten einer nach ausländischem Recht organisierten Gesellschaft[691]. Insoweit greift die Sitztheorie schärfer als die in Dänemark angewandte Regelung, die Gesellschaften nur im Ausnahmefall die Eintragung als Zweigniederlassung vorbehält, die Rechtsfähigkeit selbst aber nicht in Frage stellt. Man könnte daher vertreten, daß durch die in der Sitztheorie enthaltene Sanktionswirkung zumindest die Geeignetheit der Anknüpfung an den Verwaltungssitz zu retten ist.

Dann stellt sich die Frage, ob der Schutz der genannten Gruppen tatsächlich nur auf dem Weg der Sitztheorie mit der rigiden Folge der Nichtanerkennung der Gesellschaft als Kapitalgesellschaft erfolgen

---

688 EuGH a.a.O., Tz. 35.

689 *Staudinger- Großfeld,* Internationales Gesellschaftsrecht, Rn. 45

690 *Staudinger- Großfeld,* Internationales Gesellschaftsrecht, Rn. 126.

691 *Heinrich,* Ausländische Kapitalgesellschaft & Co., S. 161.

kann. Als weniger einschneidende Maßnahmen ließe sich an eine Sonderanknüpfung denken.

(a) Sonderanknüpfung

Eine Sonderanknüpfung führt zu einer Trennung von Anerkennungsstatut (Rechtsfähigkeitsstatut) und Gesellschaftsstatut[692]. Die Anerkennung einer Gesellschaft wird uneingeschränkt nach der Inkorporationstheorie bestimmt. Das Gesellschaftsstatut soll dem Grundsatz ebenfalls nach der Inkoporationstheorie bestimmt werden, es kann aber durch zwingende Schutzvorschriften des Sitzstaates überlagert werden. Damit kann eine Gesellschaft ihren Verwaltungssitz verlagern, muß aber auf Verlangen Schutzvorschriften des Verwaltungssitzstaates auf die Gesellschaft anwenden[693].

Sandrock hat die Auffassung vertreten, daß eine solche Überlagerung durch die innerstaatlichen Gläubigerschutzvorschriften auch nach der *Centros* Entscheidung noch möglich sei[694]. Dies aber nur dann, wenn im konkreten Fall der jeweiligen Gesellschaft ein Mißbrauch der Niederlassungsfreiheit nachgewiesen werden könne. Dies wird selten der Fall sein.

Ein Rückgriff auf den Tatbestand des Mißbrauchs im konkreten Fall bedarf es aber bei richtiger Betrachtung nicht. Der EuGH hat in *Centros* ausdrücklich darauf hingewiesen, daß der betroffene Staat seine Gläubiger z.B. durch Sicherstellung schützen darf, wenn in bestimmten Fällen in der Rechtsordnung des Satzungssitzes der Gesellschaft ein vergleichbarer Gläubigerschutz nicht besteht[695]. Der Schutz der Gläubiger läßt sich damit bei einem unterschiedlichen Schutzniveau mit einer Sonderanknüpfung von Gläubigerschutzvorschriften erreichen. Die von *Behrens*[696] vertretene eingeschränkte Überlagerungstheorie mit einer Sonderanknüpfung einzelner Schutzvorschriften sollte daher eine verhältnismäßige Beschränkung der Niederlassungsfreiheit darstellen.

---

692 *Sandrock,* RabelsZ 42 (1978), 227 (250), *Sandrock/Austmann* RIW 1989, 249 (252).

693 *Sandrock,* RabelsZ 42 (1978), 227 (250).

694 *Sandrock,* BB 1999, 1337 (1343).

695 EuGH, a.a.O. Tz. 37.

696 *Behrens,* RabelsZ 52 (1988), 498 (514).

Zu prüfen ist allerdings jeweils im Einzelfall, ob die jeweiligen Schutzvorschriften in dem Maße "vergemeinschaftet" sind, daß ein einheitlicher gemeinschaftsrechtlicher Standard besteht. Ist dies nicht der Fall, können nach ausländischem Recht gegründete Gesellschaften inländischen Gläubigerschutzvorschriften durch Sonderanknüpfung unterworfen werden. Von betroffenen Gläubigern könnte somit insbesondere die Anwendung inländischer Gläubigerschutzvorschriften auf die Gesellschaft mit inländischem Verwaltungssitz verlangt werden. Aber auch insoweit ist der Verhältnismäßigkeitsgrundsatz zu beachten: Ob Sonderanknüpfung bedeuten kann, die ausländische Gesellschaft müsse stets die Eigenkapitalvoraussetzungen des deutschen Rechts erfüllen, mag man daher mit Recht bezweifeln. Die Aufbringung des Eigenkapitals kann für die Gesellschaft im Einzelfall eine erheblich weitergehende Belastung bedeuten, als z.B. die Sicherstellung einzelner Gläubiger. Nur letzteres wäre als milderes Mittel gemeinschaftsrechtskonform. Eine Rechtsgrundlage für eine Sicherstellung der Gläubiger kennt das deutsche Recht allerdings nicht. Man könnte insoweit jedoch an eine entsprechende Anwendung des § 58 Abs. 1 Nr. 2 GmbHG denken.

(b) Kontrollmöglichkeit

Eine Sonderanknüpfung allein vermag aber noch keine unmittelbare Antwort auf die Frage zu geben, was mit einer Gesellschaft geschehen soll, die zwingende inländische Vorschriften nicht einhält[697].

Nach der hier vertretenen Auffassung werden Gesellschaften mit Verwaltungssitz im Inland nach § 33 HGB aber in das Handelsregister eingetragen[698]. Das Problem sollte dadurch ganz wesentlich entschärft sein. Obwohl der Satzungssitz im Ausland verbleibt, ist ein innerstaatliches Registergericht für die Gesellschaft zuständig. Solange nämlich eine Eintragung in einem inländischen Register vorliegt, besteht die Möglichkeit der Durchsetzbarkeit einer angedrohten Zwangslöschung nach den Vorschriften über die freiwillige Gerichtsbarkeit. Somit könnte Zwang ausgeübt werden, sofern die Gesellschaft Schutzvorschriften nach innerstaatlichem Recht nicht einhält.

697 *Kruse,* Sitzverlegung von Kapitalgesellschaften, S. 242.

698 Siehe oben S. 117.

c. Ergebnis

Im Ergebnis sollte nach der *Centros* Entscheidung die Möglichkeit der Sonderanknüpfung einzelner Schutzvorschriften die einzig gemeinschaftsrechtlich zulässige Möglichkeit sein, innerstaatliche Schutzniveaus durchzusetzen. Die Sitztheorie ist demgegenüber gemeinschaftsrechtlich nicht mehr zu halten.

Viertes Kapitel: Gemeinschaftsrechtliche Vereinheitlichung der grenzüberschreitenden Sitzverlegung

Deutlich geworden ist: Dem Problem der identitätswahrenden Sitzverlegung läßt sich auch durch eine gemeinschaftskonformen Auslegung des Sachrechts bzw. Nichtanwendung des gemeinschaftswidrigen Sachrechts beikommen. Bei einer richtigen Rechtsanwendung ist sie innerhalb der Gemeinschaft bereits de lege lata möglich. Die Sitztheorie ist zwar ein Hindernis für die Sitzverlegung innerhalb der Europäischen Gemeinschaft, die gleichzeitige Verlegung von Verwaltungs- und Satzungssitz läßt sich aber auch mit ihr vereinbaren. Allerdings hat*Daily Mail* für die praktische Rechtsanwendung die Niederlassungsfreiheit für juristische Personen de facto versperrt. Betrachtet man das Problem pragmatisch, kann nur eine gemeinschaftsweite Harmonisierung diese festgefahrene Situation auflösen.

§ 14 Harmonisierung des gesellschaftsrechtlichen Problems

Mit der Vorlage eines Vorentwurfs für eine Vierzehnte gesellschaftsrechtliche Richtlinie über die grenzüberschreitende Sitzverlegung (im folgenden: RLE) hat die Kommission einen Diskussionsvorschlag für eine Regelung des Problems der identitätswahrenden Umgründung vorgelegt[699]. Die Verpflichtung zur Umsetzung der Richtlinie durch die Mitgliedstaaten war zunächst für den 1. Januar 2000 vorgesehen[700]. Eine Realisierung in diesem Zeitrahmen stellte sich aber bald als unrealistisch heraus.

I. Die Vorarbeiten für eine Harmonisierung

Bei der Erstellung des RLE konnte sich die Kommission auf Vorarbeiten stützen: Einerseits lag ein Entwurf einer Wirtschaftsprüfungsgesellschaft zur grenzüberschreitenden Sitzverlegung aus dem Jahr 1993 vor, andererseits bestehen bereits Vorschriften zur Sitzverlegung für euro-

---

699 Abdruck in: ZIP 1997, 1721 ff.; vgl. auch *Neye*, ZGR 1999, 13; zu den steuerrechtlichen Problemen der Richtlinie siehe: *Hügel*, ZGR 1999, 71.

700 Art. 14 Abs. 1 RLE.

päische Gesellschaftsformen. Beide Regelungsmodelle sollen vorab kurz vorgestellt werden:

1. KPMG- Entwurf

Bereits 1993 hatte der KPMG European Business Center in Brüssel im Auftrag der Kommission eine Studie über die Verlegung des Sitzes einer Gesellschaft zwischen zwei Mitgliedstaaten erstellt[701]. KPMG schlug alternativ zwei Richtlinienentwürfe vor, von dem der eine von einer generellen Geltung der Inkorporationstheorie ausging, also nur die Sitzverlegung des Verwaltungssitzes ohne Statutenwechsel behandelte[702]. Nur der zweite Vorschlag behandelte die Verlegung des tatsächlichen Verwaltungssitzes, der zu einem Statutenwechsel der Gesellschaft führen sollte. Art. 10 des Entwurfs legte herfür fest, daß dieser Vorgang keine Auswirkungen auf die Rechtspersönlichkeit der Gesellschaft habe. Interessant war die Regelungstechnik: Da der Verwaltungssitz als Anknüpfungspunkt für den Wechsel des Gesellschaftsstatuts zu unbestimmt sei, wurde für den Tatbestand der Sitzverlegung der satzungmäßige Sitz als Maßstab für den Wechsel des Gesellschaftsstatuts für entscheidend erklärt. Artikel 3 des zweiten Richtlinienentwurfs bestimmte dementsprechend ausdrücklich, daß auch für Länder, die der Verwaltungssitztheorie folgen, der Satzungssitz den für die Gesellschaft relevanten Sitz darstellen sollte und Anknüpfungspunkt für den Eintritt des Statutenwechsels ist[703]. Dennoch sollte dadurch die Inkorporationstheorie in der Gemeinschaft nicht festgeschrieben werden. Nur die Gesellschaft selbst sollte an den Satzungssitz gebunden werden. Dritte können sich dagegen auf einen in einem anderen Mitgliedstaat liegenden Verwaltungssitz berufen, wenn dieser von dem Satzungssitz abweicht[704].

2. Europäische Gesellschaftsformen

Sachrechtliche Sitzverlegungsvorschriften bestehen bereits für für die Europäische Wirtschaftliche Interessenvereinigung. Art. 5 lit.b der

---

701 KPMG Studie, veröffentlicht von der Kommission.; dazu: *Bellingwout* in: *Wouters/Schneider,* Current Issues of Cross Border Establishment in the European Union, S. 75. ff.

702 KPMG Studie, S. 35 ff.

703 KPMG Studie, S. 28.

704 *Bellingwout,* RIW 1997, 438.

Verordnung des Rates vom 25.7.1985 über die Schaffung einer Europäischen wirtschaftlichen Interessenvereinigung (EWIV-VO)[705] bestimmt, daß der Gründungsvertrag einer EWIV den Sitz der Gesellschaft festlegen muß. Wählbarer Satzungssitz ist entweder der Sitz der Hauptverwaltung oder der Ort, an dem einer der Mitglieder seine Hauptverwaltung hat oder seine Haupttätigkeit ausübt (Art. 12 Satz 2 EWIV-VO). Der gewählte Sitz muß innerhalb der Europäischen Gemeinschaft liegen (Art. 12 Satz 1 EWIV-VO). Eine identitätswahrende Sitzverlegung kann für die EWIV innerstaatlich oder grenzüberschreitend erfolgen.

Art. 14 EWIV-VO regelt die Sitzverlegung, die zum Wechsel des auf die EWIV anwendbaren Rechts führt. Die Vorschrift sieht Publizitätsmaßnahmen vor, die dem Schutz des Rechtsverkehrs dienen. Insbesondere ist ein Verlegungsplan zu erstellen, der bei dem zuständigen Handelsregister des ursprünglichen Sitzes zu hinterlegen und bekanntzumachen ist[706]. Der Sitzverlegungsbeschluß bedarf der Einstimmigkeit. Er darf erst zwei Monate nach der Bekanntmachung des Verlegungsplans gefaßt werden. Die Sitzverlegung wird zu dem Zeitpunkt wirksam, in dem die Eintragung der EWIV in das Register des Zuzugstaates erfolgt. Die Eintragung am neuen Sitz darf erst dann erfolgen, wenn nachgewiesen wird, daß der Sitzverlegungsbeschluß und die Bekanntmachung des Verlegungsplanes beim zuständigen Register erfolgt sind. Nach der Eintragung im Zuzugstaat kann die Vereinigung im Wegzugsstaat gelöscht werden. Wenn die Sitzverlegung eingetragen worden ist, kann der neue Satzungssitz Dritten gemäß Art. 14 Abs. 3 i.V.m. Art. 9 Abs. 1 EWiV-VO entgegengehalten werden. Nach Art. 14 Abs. 4 EWIV-VO kann ein Mitgliedstaat vorsehen, daß eine grenzüberschreitende Sitzverlegung durch Einspruch einer zuständigen nationalen Behörde innerhalb einer zweimonatigen Frist aus Gründen des öffentlichen Interesses verhindert werden kann. Die Bundesrepublik hat allerdings von dieser Ermächtigung keinen Gebrauch gemacht.

Der geänderte Entwurf des Statuts einer Europäischen Aktiengesellschaft (SE) von 1991[707] sieht ebenfalls die Möglichkeit einer grenzüberschreitenden Sitzverlegung der SE in Art. 5a vor. Der Regelungs-

705 ABl.EG Nr. L 199 v. 31.7.1985, S.1 ff.

706 Art. 14 Abs. 1 Satz 1 i.V.m. Art. 8 lit. c. Der Umfang der Bekanntmachung richtet sich nach dem anwenbaren nationalen Recht.

707 Abl. EG Nr. C 176 v. 8.7.1991, S.1.

gehalt der Vorschrift weist erhebliche Parallelen zur Sitzverlegung einer EWIV auf. Auch hier führt die Sitzverlegung weder zur Auflösung noch zur Gründung einer neuen juristischen Person. Hat die Sitzverlegung einen Wechsel des anwendbaren Rechts (des Sitzstaates) zur Folge, so muß ein Verlegungsplan erstellt und nach Maßgabe der Rechtsvorschriften jedes Mitgliedstaates offengelegt werden. Der Beschluß über die Sitzverlegung kann erst zwei Monate nach der Offenlegung des Verlegungsplanes gefaßt werden. Er muß unter den für die Änderung der Satzung vorgesehenen Bedingungen gefaßt werden. Generelle Einstimmigkeit für den Beschluß zur Sitzverlegung ist nicht erforderlich.

II. Gemeinschaftsrechtliche Vorgaben

1. Ermächtigungsgrundlage für den Erlaß der Richtlinie - Einstimmigkeit?

Für die Gemeinschaftsorgane gilt das Prinzip der begrenzten Ermächtigung. Der Erlaß einer verbindlichen Rechtsvorschrift, sei es Verordnung oder einer Richtlinie bedarf der Ermächtigungsgrundlage im EGV. Insbesondere in Hinblick auf die umstrittenen Auswirkungen auf die unternehmerische Mitbestimmung stellt sich für die Verabschiedung einer 14. gesellschaftsrechtlichen Richtlinie die Frage, ob Einstimmigkeit erforderlich ist, oder eine qualifizierte Mehrheit im Rat ausreicht. In Betracht kommen drei Ermächtigungsgrundlagen:

a. Art. 94 EGV

Art. 94 EGV stellt unter den Ermächtigungsgrundlagen zum Erlaß von Richtlinien eine Art Generalklausel dar[708]. Seine Bedeutung für das internationale Gesellschaftsrecht ist dennoch gering geblieben. Das liegt vor allem daran, daß die Norm für die Verabschiedung von Richtlinien Einstimmigkeit verlangt. Auch für eine Richtlinie zur Herstellung der grenzüberschreitenden Sitzverlegung wird Einstimmigkeit nur mit Schwierigkeiten herzustellen sein.

---

708 *Oppermann,* Europarecht, Rn. 1075.

b. Art. 95 EGV

Als Ermächtigungsgrundlage für die Herstellung der grenzüberschreitenden Sitzverlegung kommt darüber hinaus Art. 95 EGV in Betracht. Im Unterschied zu Art. 95 EGV verlangt Rechtsangleichung nach dieser Vorschrift lediglich eine qualifizierte Mehrheit. Einschränkend wirkt allerdings Art. 95 Abs. 2 EGV. Nach diesem Absatz gilt das erleichterte Verfahren der Rechtsangleichung nicht für bestimmte sensible Materien, insbesondere nicht für die Freizügigkeit, für die zwischen den Mitgliedstaaten kein Konsens über die Einführung von Mehrheitsentscheidungen erzielt werden konnte[709]. Die Verweisung in Art. 95 Abs. 2 EGV ist sowohl auf das Kapitel der Arbeitskräfte, als auch auf das Kapitel der Niederlassungsfreiheit zu beziehen[710]. Die grenzüberschreitende Sitzverlegung kann daher nicht auf der Grundlage von Art. 95 Abs. 1 EGV in der Gemeinschaft eingeführt werden.

c. Art. 44 Abs. 2 lit. g EGV

Gemäß Art. 44 Abs. 2 lit. g EGV können Rat und Kommission, soweit erforderlich, die Schutzbestimmungen koordinieren, die in den Mitgliedstaaten den Gesellschaften im Sinne des Art. 48 Abs. 2 EGV im Interesse der Gesellschafter bzw. Dritter vorgeschrieben sind, um diese Bestimmungen gleichwertig zu gestalten. Art. 44 Abs. 2 lit. g EGV bezieht sich damit allein auf die Koordinierung von Schutzbestimmungen im Interesse der Gesellschafter und Dritter und stellt die zentrale Norm zur gesellschaftsrechtlichen Rechtsangleichung in der Europäischen Gemeinschaft dar[711]. Die genaue Bedeutung der Vorschrift ist weiterhin umstritten. Fraglich ist vor allem, welche Ziele eine auf diese Vorschrift gestützte Richtlinie anstreben muß. Während teilweise Art. 44 Abs. 2 lit. g EGV als Norm verstanden wird, deren alleiniger Zweck die Erfüllung der Niederlassungsfreiheit sein kann, sehen andere die Vorschrift auch außerhalb des systematischen Zusammenhangs zu Artt. 43, 48 EGV[712]. Dieser Streit kann hier offenbleiben, da die Richtlinie unmittelbar die Niederlassungsfreiheit von juristischen Personen herstel-

---

709 *Grabitz- Langeheine,* EGV, Art. 100a Rn. 25.

710 *Groeben/Thiesing/Ehlermann- Troberg,* EGV, Vorb. Art. 52 EGV.

711 *Schön,* ZGR 1995, 1 (13).

712 Vgl. *Schön,* ZGR 1995, 1 (13); *Steindorff,* EuZW 1990, 251 (252) jeweils m.w.Nw.; *Lutter,* Europäisches Unternehmensrecht, S. 5ff.

len soll, mithin auch nach der engeren Definition in den Bereich der Niederlassungsfreiheit fällt.

Im Grundsatz sollte eine Harmonisierung des Sitzverlegungsvorgangs daher über Art. 44 Abs. 2 lit. g EGV erreicht werden können[713].

Das Problem einer Anwendung des Art. 44 Abs. 2 lit. g EGV könnte allenfalls in folgender Überlegung liegen: Der europäische Gesetzgeber würde den nach Art. 44 Abs. 2 lit. g EGV zulässigen Rahmen der Rechtsangleichung überschreiten, sofern die Richtlinie einen eigenen neuen Rechtsrahmen schafft, der von den Mitgliedstaaten, sieht man einmal von der Möglichkeit eines Staatsvertrages ab, nicht selbst geschaffen werden könnte[714]. Es wurde oben aber dargestellt, daß die Schaffung eines Rahmens für die grenzüberschreitende Sitzverlegung auch von den Mitgliedstaaten durch nationales Recht selbst geleistet werden könnte[715]. Art. 44 Abs. 2 lit. g EGV sollte daher die richtige Rechtsgrundlage für die Ermöglichung der grenzüberschreitenden Sitzverlegung durch den Gemeinschaftsgesetzgeber sein.

2. Zulässigkeit einer gemeinschaftsrechtlichen Harmonisierung vor dem Hintergrund des Subsidiaritätsprinzips

Eine weitere Frage ist, ob eine Harmonisierung der Sitzverlegung vor dem Hintergrund des gemeinschaftsrechtlichen Subsidiaritätsprinzip überhaupt zulässig ist.

Der in Art. 44 Abs. 2 lit. g EGV enthaltene Grundsatz, daß eine Harmonisierung der gesellschaftsrechtlichen Vorschriften nur "soweit erforderlich" erfolgen darf, ist eine Ausprägung des gemeinschaftsrechtlichen Subsidiaritätsprinzips[716]. Bei dem Subsidiaritätsprinzip handelt es sich nach ganz herrschender Meinung um eine Kompetenzausübungsregel, nicht um eine Kompetenzzuweisungsregel[717]. Das Prin-

713 So auch ausdrücklich: *Groeben/Thiesing/Ehlermann- Troberg,* EGV, Art. 54 Rn. 50 m.w.Nw.;

714 *Lutter,* AG 1990, 413 (415).

715 *Lutter,* Grenzüberschreitende Sitzverlegung in der EU, S. 10.

716 *Schön,* ZGR 1995, 1 (15).

717 BVerfGE 89, 155 (210).

zip ist dann anwendbar, wenn Regelungsgegenstände betroffen sind, für die parallele Zuständigkeiten der Mitgliedstaaten und der Gemeinschaft bestehen. Die Gemeinschaft bedarf in diesem Fall nicht nur für ein Tätigwerden einer ausdrücklichen Kompetenz, sondern einer zusätzlichen Legitimation durch einen Effektivitätsvergleich. Der jeweils untergeordneten Einheit ist der Vorrang im Handeln nach Maßgabe ihrer Leistungsfähigkeit zuzusprechen. Vom Rat wird der Nachweis verlangt, daß Maßnahmen auf Gemeinschaftsebene Vorteile gegenüber einem Tätigwerden der Mitgliedstaaten mit sich bringen. Dafür hat eine zweistufige Prüfung stattzufinden: Auf der Ebene der Mitgliedstaaten müssen tatsächlich in Aussicht genommenen Maßnahmen nicht als ausreichend erachtet werden. Weiterhin muß die Gemeinschaft darlegen, daß wegen ihres Umfangs oder ihrer Wirkungen effektiver auf Gemeinschaftsebene gehandelt werden kann. Die Gemeinschaft trägt die Beweislast für die ihr zustehende Kompetenz. Neben der grundsätzlichen Eignung und Erforderlichkeit der gemeinschaftsrechtlichen Maßnahme muß die fehlende Eignung der mitgliedstaatlichen Regelungsalternative feststehen.

In der Präambel des RLE wird ausdrücklich darauf hingewiesen, daß die Mitgliedstaaten nicht in der Lage seien, die grenzüberschreitende Sitzverlegung zu regeln. Eine Regelung durch die Mitgliedstaaten käme auf zwei Ebenen in Betracht. Einerseits könnten die Mitgliedstaaten durch Abkommen gem. Art. 293 EGV eine Regelung der Sitzverlegung erreichen. Andererseits könnten die Mitgliedstaaten durch unkoordiniert einseitige Maßnahmen die Sitzverlegung für Gesellschaften ermöglichen.

a. Die Zulässigkeit einer Harmonisierung des gesellschaftsrechtlichen Problems der Sitzverlegung wird vor dem Hintergrund der Abkommenslösung des Art. 293 EGV zum Teil in Frage gestellt[718]. Vor allem *Becht* hat mit einer umfangreichen Begründung versucht, die gesellschaftsrechtlichen Regelungen hinsichtlich der grenzüberschreitenden Verschmelzung über das Subsidiaritätsprinzip ins Wanken zu bringen[719]. Er verweist dabei vor allem auf die Möglichkeit einer (auch bilateralen) Abkommenslösung nach Art. 293 EGV[720]. *Becht* vertritt

718 Münchener Kommentar- *Kindler, Schön,* ZGR 1995, 1 (10).

719 *Becht,* Fusion und Spaltung, S. 495.

720 Die Frage, ob Art. 293 EGV auch bilaterale Abkommen im Blick hat, ist allerdings umstritten, vgl. *Grabitz/Hilf- Schweitzer,* Art. 220 Rn 4. In der Praxis ist es bislang nur zum Abschluß multilateraler Abkommen gekommen.

die Auffassung, das Subsidiaritätsprinzip begründe einen grundsätzlichen Vorrang des Art. 293 EGV vor einer gemeinschaftsrechtlichen Harmonisierung[721].

Dies läuft konträr zur h.M.: Diese mißt Art. 293 EGV im Verhältnis zu Art. 44 Abs. 2 lit.g EGV von vornherein nur subsidiäre Bedeutung zu[722]. Der Norm komme nur eine ergänzende Funktion zu den speziellen und allgemeinen Handlungsermächtigungen zur Rechtsangleichung zu[723]. Festgemacht wird das vor allem an dem Wortlaut der Vorschrift: Die *Erforderlichkeit* einer Regelung durch die Mitgliedstaaten entfalle bereits dann, wenn die Voraussetzungen einer Ermächtigungsnorm für die Gemeinschaft erfüllt seien[724]. Begründen läßt sich dies auch aus der Gesetzgebungsgeschichte des Vertrages: Der Artikel ist erst kurz vor der Unterzeichnung des EWG- Vertrages eingefügt worden, da man nicht sicher war, ob das Gesellschaftsrecht im Vertrag hinreichend berücksichtigt worden war[725].

Eine generelle Subsidiarität von Art. 293 EGV anzunehmen, die bereits durch das Vorliegen einer gemeinschaftsrechtlichen Ermächtigungsgrundlage den Anwendungsbereich ausschließen würde, ginge jedoch zu weit. Der Rat ist nicht zu einer Harmonisierung der grenzüberschreitenden Tatbestände verpflichtet. Warum in einem solchen Fall der Weg über Art. 293 EGV versperrt werden soll, wenn der Rat eine Regelung nicht herstellen will oder kann, ist nicht einsichtig. Es sollte sich daher bei Art. 293 EGV um eine echte konkurierenden Gesetzgebungszuständigkeit handeln[726]. Damit stellt sich die (zugegeben theoretische) zweite Frage, ob auch nach einem Richtlinienvorschlag das Verfahren nach Art. 293 EGV den Mitgliedstaaten offensteht, oder ob sich aus Art. 10 EGV eine "stand-still"- Verpflichtung für die Mitgliedstaaten ergibt, die Harmonisierung durch den Rat abzuwarten. Hierzu wird die Auffassung vertreten, daß sich aus Art. 5 EGV ein derartiges Gebot entnehmen lasse, zumindest dann, wenn vor Verabschiedung ei-

---

721 *Becht,* Fusion und Spaltung, S. 495.

722 *Grabitz/Hilf- Schweitzer,* EGV, Art. 220 Rn. 2; *Groeben/Thiesing/Ehlermann-Schwartz,* EWGV Art. 220 Rn. 26 ff.

723 *Grabitz/Hilf- Schweitzer,* EGV, Art. 220 Rn. 2.

724 *Groeben/Thiesing/Ehlermann- Schwartz,* EWGV, Art. 220 Rn. 39.

725 *Grabitz/Hilf- Schweitzer,* EGV, Art. 220 Rn. 2.

726 *Becht,* Fusion und Spaltung, S. 481; ebenso: *Hilf,* EuR 1993, 1 (7).

ner Gemeinschaftsregelung ein Konsens zwischen den Organen hergestellt ist[727]. Noch weitergehend hält *Eyles* die Mitgliedstaaten für verpflichtet, bis zu einem förmlichen Rückzug eines Richtlinienvorschlags eigene Regelungen zu unterlassen[728]. Das ist nicht unbedenklich. Bei einer schlichten konkurrierenden Gesetzgebung sollten derartige Pflichten nur angenommen werden, wenn das einschlägige innergemeinschaftliche Rechtssetzungsverfahren schon in weit fortgeschrittenem Zustand ist.

Eine tatsächliche Überlegung kommt hinzu: Wenn das gemeinschaftliche Ziel eine Veränderung der Rechtslage erfordert, kann es nicht lediglich auf die hypothetische Handlungsmöglichkeit der Mitgliedstaaten ankommen. Maßgeblich ist auch die tatsächliche Wahrscheinlichkeit mitgliedstaatlichen Handelns[729]. Wenn das gemeinschaftsrechtliche Ziel eine Veränderung der Rechtslage erfordert, kann nicht lediglich auf die hypothetische, potentielle Handlungsmöglichkeit abgestellt werden, sondern auch darauf, daß die Wahrscheinlichkeit eines solchen Handelns maßgeblich ist. Die Prüfung verlangt also nicht nur eine rechtliche Prüfung der Kompetenz, sondern auch nach einer tatsächlichen Prognose. Nur aktuell vollzogene oder unmittelbar bevorstehende, nicht aber zukünftige oder theoretische Handlungen können gegenüber einem Handeln der Gemeinschaft geltend gemacht werden. Da die bisherigen Abkommen auf gesellschaftsrechtlichem Gebiet, wie das seit 1973 im Entwurf vorliegende Übereinkommen zur internationalen Fusion über das Entwurfsstadium nicht hinausgekommen sind, ist ein zukünftiges Handeln der Mitgliedstaaten über Art. 293 EGV mehr als unwahrscheinlich[730]. Dem Subsidiaritätsgedanken cincn grundsätzlichen Vorrang des Art. 293 EGV vor einer gemeinschaftsrechtlichen Harmonisierung zuzusprechen würde eine weitgehende Blockade der gemeinschaftsrechtlichen Harmonisierungstätigkeit bewirken. Zudem sollte den Organen der Gemeinschaft bei der Beurteilung der Frage, ob die Voraussetzungen für ein Handeln der Gemeinschaft gegeben sind, ein Ermessensspielraum zugestanden werden[731].

---

727 *Bleckmann,* Bindungswirkungen, S. 204.

728 *Eyles,* Niederlassungsrecht, S. 145 f.

729 *Grabitz/Hilf- von Bogdany/Nettesheim,* EGV Art. 3 b Rn. 36.

730 Vgl. *Schön,* ZGR 1995, 1 (27).

731 Vgl. *Schön,* ZHR 160 (1996), 221 (227); *Bechtel,* Umzug von Kapitalgesellschaften, S. 183.

b. Aus dem gleichen Grund scheidet eine Lösung über unkoordinierte Maßnahmender Mitgliedstaaten aus. Zwar zeigen die Regelungen wie in der Schweiz oder in Italien gerade, daß es auch einseitig möglich ist, die grenzüberschreitende Sitzverlegung zu ermöglichen. Auch die Mitgliedstaaten könnten eigene Regelungen erlassen, um den Statutenwechsel zu ermöglichen. Insoweit ist es aber noch unwahrscheinlicher, daß diese zu einer zeitgleichen und dem Ziel des Binnenmarktes entsprechenden Lösung kommen werden. Die Gesellschaftsrechte der Mitgliedstaaten kennen zum Teil ausdrückliche Sachrechtsnormen zur Regelung der grenzüberschreitenden Sitzverlegung. Sofern solche Regelungen vorhanden sind, regeln sie aber zumeist nur das sachrechtliche Problem der Umgründung. Die entscheidende Frage ist in diesem Zusammenhang daher weniger, ob die Mitgliedstaaten zu solchen Regelungen überhaupt fähig sind, sondern die Tatsache, daß die Mitgliedstaaten bislang kaum Bereitschaft zeigen, das innerstaatliche Sachrecht der gemeinschaftsrechtlich verbürgten Niederlassungsfreiheit entsprechend anzupassen. Die rechtstechnischen Probleme gründen somit darin, daß eine einseitige Regelung eines grenzüberschreitenden Sitzverlegungsvorgangs durch einen Staat für dessen Durchführbarkeit in einem Rechtsakt nicht ausreicht. Nur durch eine koordinierte Regelung der Sachrechte der Mitgliedstaaten läßt sich die Niederlassungsfreiheit im Binnenmarkt vollständig verwirklichen.

III. Regelungsprobleme des Harmonisierungsvorschlages

1. Richtlinienentwurf und Kollisionsrecht

Sieht der nunmehr von der Kommission vorgelegte RLE eine Lösung des kollisionsrechtlichen Problems der Verlegung der Hauptverwaltung vor? Nach der Begründung will er den Streit zwischen Inkorporations- und Verwaltungssitztheorie unberührt lassen. Er versteht sich lediglich als “Brücke” zwischen den unterschiedlichen kollisionsrechtlichen Ansatzpunkten der Mitgliedstaaten[732]. Festgelegt wird dementsprechend nur, daß die Sitzverlegung weder die Auflösung der Gesellschaft, noch die Gründung einer neuen juristischen Person zur Folge hat[733]. Aber welche Formen der Sitzverlegung sollen durch den Entwurf eröffnet werden? Unter Sitzverlegung versteht der RLE die Verlegung des Sat-

---

732 Begründung RLE, VII Nr. 1, ZIP 1997, 1722.

733 Artikel 3 RLE.

zungssitzes oder die Verlegung des tatsächlichen Sitzes[734]. Art. 2 RLE definiert den satzungsmäßigen Sitz als den Ort, an dem die Gesellschaft eingetragen ist, den tatsächlichen Sitz als Verwaltungssitz und Eintragungsort. Damit weicht die Definition des tatsächlichen Sitzes von der Definition des Verwaltungssitzes im Sinne der herkömmlichen Sitztheorie ab. Da sich die Regelung des RLE auf die Verlegung des tatsächlichen und des satzungsmäßigen Sitzes beschränkt, scheint die isolierte Verlegung des Verwaltungssitzes aus dem Regelungsbereich des Entwurfs hinauszufallen.

Allerdings ist fraglich, ob der Zuzugstaat nach dem RLE der Gesellschaft die Anerkennung als Kapitalgesellschaft verweigern kann, wenn eine Gesellschaft nur ihren Verwaltungssitz nach Deutschland verlegt. Nach Artikel 1,2 RLE liegt dieser Fall nicht im ausdrücklichen Regelungsbereich des Entwurfs, da der "tatsächliche Sitz", so wie er in dem RLE eingeführt wird, von dem satzungsmäßigen Sitz nicht getrennt sein kann. Aus den Artt. 3, 10 RLE ergibt sich aber, daß der Wechsel des auf die Gesellschaft anwendbaren Rechts eben nur dann erfolgen soll, wenn die Gesellschaft im Zuzugstaat eingetragen wird. Beide Vorschriften gehen davon aus, daß die alleinige Verlegung des Verwaltungssitzes noch keine Änderung des auf die Gesellschaft anwendbaren Rechts bewirkt. Der Statutenwechsel wird vielmehr an die Verlegung des Satzungssitzes angebunden. Nach Artikel 12 RLE ist der neue Sitz auch erst mit der Bekanntgabe der Eintragung Dritten gegenüber wirksam. Solange die Löschung der Eintragung im Register des früheren Sitzes nicht bekanntgemacht worden ist, können sich Dritte weiterhin auf den alten Sitz berufen, es sei denn, die Gesellschaft weist nach, daß den Dritten der neue Sitz bekannt war.

Daraus zu schließen, daß es dem Zuzugstaat verwehrt sein soll, an seinem herkömmlichen Anknüpfungsmodell festzuhalten, wenn der Verwaltungssitz allein ins Inland verlegt wird, würde den Rahmen des RLE nach seinen Begründungserwägungen aber sprengen. In das mitgliedstaatliche Kollisionsrecht wollte der Entwurf gerade nicht eingreifen. Allerdings muß die kollisionsrechtliche Anknüpfung im Rahmen von Artt. 43, 48 EGV bleiben. Nach der hier vertretenen Lösung kann an der Sitztheorie nicht uneingeschränkt festgehalten werden. Nur zum

---

734 Artikel 1 RLE.

Schutz von Allgemeininteressen kann unter Umständen noch an den Verwaltungssitz gesondert angeknüpft werden[735].

Der RLE regelt zudem nicht nur die gleichzeitige Verlegung von Satzungs- und Verwaltungssitz (tatsächlicher Sitz), sondern auch die isolierte Verlegung des satzungsmäßigen Sitzes. Das ergibt sich aus Artikel 3 RLE, nach dem "die Mitgliedstaaten alle erforderlichen Maßnahmen treffen, damit der satzungsmäßige *oder* tatsächliche Sitz einer Gesellschaft in einen anderen Mitgliedstaat verlegt werden kann". Ob der Vorentwurf nun grundlegend in das Kollisionsrecht der Mitgliedstaaten eingreift, hängt für einen die Verwaltungssitztheorie anwendendenen Staat im wesentlichen davon ab, ob ihm aus Art. 3 RLE die Verpflichtung erwächst, auch die isolierte Wegverlegung des Satzungssitzes aus seiner Rechtsordnung zuzulassen. Für diese Auslegung könnte sprechen, daß sich der Regelungsgehalt nach Artikel 1 RLE den Begriff "Sitzverlegung" augescheinlich auf beide Verlegungsformen bezieht[736]. Auch hier gilt: Obwohl die Begründung des Entwurfs deutlich erkennen läßt, daß in das Kollisionsrecht der Mitgliedstaaten überhaupt nicht eingegriffen werden sollte[737], lassen die Artt. 43, 48 EGV eine solche Sichtweise nur insoweit zu, als zwingende Allgemeininteressen betroffen sind, die einer Verlegung des Satzungssitzes entgegenstehen. Nach der hier vertretenen Auffassung ist die alleinige Verlegung des Satzungssitzes zuzulassen, da im Wege der Sonderanknüpfung schutzwürdige Interessen Dritter verhältnismäßig geschützt werden können[738].

Dem Zuzugstaat steht nach Art. 11 Abs. 2 RLE umgekehrt die Möglichkeit offen, die Eintragung zu verweigern, wenn die Gesellschaft nicht gleichzeitig den Verwaltungssitz mitverlegt. Das ist ebenfalls ein Zugeständnis an die Sitztheoriestaaten. Nach der hier vertretenen Auffassung sollte für den Inkorporationsstaat aber unerheblich sein, wo sich der Verwaltungssitz der Gesellschaft befindet, sofern die Gesellschaft im Inland inkorporiert ist, und sich dadurch der inländischen Rechtsordnung unterstellt. Ein gegen inländische Interessen laufendes "forum shopping" ist in diesem Fall nicht denkbar. Nach der *Centros*-Entscheidung sollte diese Klausel keinen Bestand haben können. Die

---

735 Siehe oben S. 191.

736 in diese Richtung auch: *Neye,* GmbHR 1997, R 181.

737 Begründung Nr. VII zum RLE.

738 Siehe oben S. 174 f.

mit der Verlegung des Satzungssitzes vorgenommene Rechtswahl stellt eben gerade die von dem Schutzbereich der Niederlassungsfreiheit gedeckte Rechtswahlfreiheit dar, die nur durch zwingende Interessen des Allgemeinwohls eingeschränkt werden kann. Art. 11 Abs. 2 RLE sollte daher aus dem RLE gestrichen werden.

Als Ergebnis läßt sich festhalten, daß der Richtlinienentwurf das kollisionsrechtliche Problem unberührt läßt. Die Richtlinie ermöglicht Gesellschaften nur, "als Ganze" innerhalb der Gemeinschaft umzuziehen, sobald einer der beteiligten Gesellschaftsstatuta der Verwaltungssitztheorie folgt. Insofern handelt es sich um eine auf das gesellschaftsrechtliche Problem begrenzten Lösungsansatz[739]. Allerdings tritt der Wechsel des Gesellschaftsstatus erst mit der Eintragung im Zuzugstaat ein. Insoweit stellt Art. 11 RLE eine Abkehr von der Sitztheorie dar. Klargestellt ist damit aber nur, welches Moment des Sitzverlegungsvorgangs den Statutenwechsel herbeiführt. Die Sitzverlegung wird erst zu dem Zeitpunkt wirksam wird, wenn die Gesellschaft in das Register des Zuzugstaates eingetragen wird[740]. Der RLE entspricht damit weitgehend dem KPMG Entwurf, der ebenfalls sicherstellen wollte, daß der Satzungssitz zwar den Wechsel des anwendbaren Rechts bewirken sollte, Dritten aber die Möglichkeit bleiben sollte, sich auf den Verwaltungssitz zu berufen, sofern sich der Verwaltungsssitz in einem anderen Staat befand[741].

Nach der *Centros* Entscheidung sollten Korrekturen an dem Wortlaut des RLE vorgenommen werden, da an der Verwaltungssitztheorie uneingeschränkt festgehalten werden kann: Dies wäre einfach dadurch zu bewirken, daß Art. 1 RLE dahingehend geändert wird, daß er sich nur auf die Verlegung des satzungsmäßigen Sitzes bezieht und in Art. 3 die Worte "oder tatsächlichen" gestrichen wird. Dann wäre der in dem RLE schon vorhandene Grundansatz, daß die Verlegung des satzungsmäßigen Sitzes den entscheidenden gesellschaftsrechtliche Schritt zur Reorganisation in eine andere Rechtsordnung darstellt, hinreichend Rechnung getragen. Art. 11 Abs. 2 RLE sollte in seiner jetzigen Fassung nach der *Centros* Entscheidung nicht mehr zu halten sein[742].

---

739 *Kreuzer,* Die grenzüberschreitende Mobilität von Gesellschaften im Gemeinsamen Markt, S. 53.

740 Art. 11 Abs. 1 RLE.

741 vgl. auch: *Bellingwout,* RIW 1997, 438.

742 Vgl. auch *Meilicke,* GmbHR 1999, 896 (897).

2. Anwendungsbereich des Entwurfs - Erfaßte Rechtsträger

Art. 1 RLE kennt in der jetzigen Fassung des Entwurfs keine Beschränkung des Anwendungsbereichs auf Kapitalgesellschaften. Das entspricht der Vorstellung, daß gemeinschaftsrechtlich die durch Art. 43 EGV verbürgte Niederlassungsfreiheit allen Gesellschaftsformen gleichermaßen zusteht. An dem Sitzverlegungsvorgang könnten damit alle Personenhandelsgesellschaften (nach deutschem Recht also offene Handelsgesellschaft und Kommanditgesellschaft), alle Kapitalgesellschaften (Gesellschaft mit beschränkter Haftung, Aktiengesellschaft, Kommanditgesellschaft auf Aktien) und auch eingetragene Genossenschaften (§ 21 BGB) beteiligt sein. Diese weite Fassung ist in den Beratungen über den Vorentwurf auf Kritik gestoßen, da eine Harmonisierung bislang überhaupt nur für Kapitalgesellschaften erfolgt ist, bei anderen Gesellschaftsformen eine Entsprechung der Gesellschaftsrechtsformen weitgehend fehlt[743]. Da vor allem die 3. gesellschaftsrechtliche Richtlinie und der Vorschlag für eine 10. gesellschaftsrechtliche Richtlinie[744] ihren Regelungsgehalt auf Aktiengesellschaften beschränken, erwägt *Kallmeyer*[745] sogar, das Recht auf grenzüberschreitende Sitzverlegung wegen der weitergehenden Rechtsangleichung und wegen des größeren Bedürfnisses auf Aktiengesellschaften zu verkürzen.

An der fehlenden Harmonisierung der Gesellschaftsrechtsformen sollte die Zulässigkeit der Sitzverlegung aber nicht scheitern. Wie gesagt: Auch der nationale Gesetzgeber läßt den Rechtsformenwechsel zwischen nicht "harmonisierten" Rechtsformen des Inlands zu. Es ist vielmehr im Einzelfall zu prüfen, an welche Voraussetzungen ein solcher Rechtsformenwechsel geknüpft werden kann, um die Rechte der Anteilsinhaber, Gläubiger und Arbeitnehmer hinreichend zu sichern.

Allein praktische Bedeutung hat der Hinweis, daß ein vorrangiges Bedürfnis für die Sitzverlegung für Kapitalgesellschaften bestehe[746]. Das Argument läßt sich sogar umdrehen: Für Aktiengesellschaften wird das

---

743 Vgl. *Neye*, GmbHR 1997, R 181; *Di Marco*, ZGR 1999, 3 (7).

744 Beilage Bull. EG 3/85.

745 *Kallmeyer*, AG 1998, 87 (89).

746 *Neye*, GmbHR 1997, R 182.

Rechtsinstitut der grenzüberschreitenden Sitzverlegung keine wesentliche Bedeutung zukommen. Diese Gesellschaftsformen haben den Binnenmarkt ohnehin zum größten Teil gesellschaftsrechtlich bereits erschlossen.

3. Grenzüberschreitende Sitzverlegung oder grenzüberschreitende Umwandlung?

Eine weitere Vorfrage geht dahin, ob sich der sitzverlegende Rechtsträger nur in die jeweils korrespondierende Rechtsform eines anderen Mitgliedstaates umgründen kann, oder ob eine ausländische Aktiengesellschaft eines Mitgliedstaates auch in eine GmbH-Rechtsform eines anderen Mitgliedstaates umgewandelt werden kann. Der Wortlaut des Entwurfs spricht stets nur von einer Verlegung des Satzungssitzes und des tatsächlichen Sitzes[747]. Damit ermöglicht der Entwurf zunächst nur eine Sitzverlegung in die korrespondierende Rechtsform des Zuzugstaates. Andernfalls wäre der Entwurf auch mehr als eine bloße "Brücke" zwischen den Mitgliedstaaten, sondern ein echtes europäisches Umwandlungsrecht. Allerdings ist der umsetzende Gesetzgeber nicht gehindert, bei einer Umsetzung eine echte grenzüberschreitende Umwandlung zu ermöglichen. Dies würde der hier vertretenen Auffassung, die grenzüberschreitende Sitzverlegung insgesamt als Umwandlung zu begreifen, entsprechen.

4. Der gesellschaftsrechtliche Ablauf

Das Verfahren der grenzüberschreitenden Sitzverlegung nach dem RLE ähnelt den Vorschriften für Verschmelzungen und Spaltungen gemäß der dritten und sechsten gesellschaftsrechtlichen Richtlinie. Es handelt sich um folgende Einzelschritte:

- Aufstellung des Verlegungsplans;
- Veröffentlichung des Verlegungsplans;
- Erstellung des Verlegungsberichtes;
- Beschluß der Hauptversammlung über die Verlegung;
- Formelle Bestätigung der Erfüllung aller "Wegzugserfordernisse" im Wegzugstaat;
- Anmeldung und Eintragung der Gesellschaft im Zuzugstaat;
- Löschung der Gesellschaft im Wegzugstaat.

---

[747] vgl. ZIP 1997, 1722.

Grundsätzlich sind alle diese Einzelschritte dem deutschen Umwandlungsrecht nicht unbekannt. Damit stellt sich konzeptionell die Frage, ob der deutsche Gesetzgeber den RLE ohne weiteres durch Umformulierung der Bestimmung in § 1 Abs. 2 UmwG ("mit Sitz im Inland") umsetzen könnte, d.h. durch bloße Erweiterung der Vorschrift auf Rechtsträgern mit Sitz in einem Mitgliedstaat in der Europäischen Union. Hierzu sind die Bestimmungen des RLE im einzelnen zu untersuchen.

a. Aufstellung und Veröffentlichung eines Verlegungsplans

Als ersten Schritt hat das Leitungs- oder Verwaltungsorgan der sitzverlegenden Gesellschaft (bei der Aktiengesellschaft der Vorstand, bei der GmbH der Geschäftsführer) einen Verlegungsplan aufzustellen[748]. Inhaltlich entspricht dies Art. 5 der dritten gesellschaftsrechtlichen Richtlinie.

Der RLE sieht in Art. 4 in den lit. a - d bestimmte Angaben für den Verlegungsplan vor. Gem. Art. 4 Abs. 1 lit. a RLE muß der Verlegungsplan die Angabe des für die Gesellschaft im Zuzugstaat vorgesehenen Satzungssitzes enthalten. Lit b. verlangt die Angabe der für die Gesellschaft vorgeschlagene Satzung und gegebenenfalls die neue Firma der Gesellschaft. Aus wirtschaftlichen Gründen wird eine Gesellschaft zumeist den Firmennamen fortführen wollen. Sofern dieser aber gegen Vorschriften des Zuzugstaates verstößt, muß er geändert werden. Vor Einreichung des Verlegungsplans zum Handelsregister wird daher zu prüfen sein, ob die Name der Gesellschaft ohne weiteres im Zuzugstaat eingetragen werden können und welche Satzungsänderungen vorzunehmen sind. Zusätzlich anzugeben ist die Form der Arbeitnehmermitbestimmung, sofern die Arbeitnehmer vor der Sitzverlegung in den Organen der Gesellschaft vertreten waren, Art. 4 lit. c RLE. Auch auf die freiwillige Beibehaltung eines mitbestimmten Aufsichtsrates sollte hingewiesen werden. Anzugeben ist gem. Art. 4 lit. d RLE zudem der für die Sitzverlegung maßgebende Zeitplan.

Veröffentlicht wird der Verlegungsplan im Wegzugsstaat[749]. Hinsichtlich der Veröffentlichung verweist Art. 4 Abs. 2 RLE auf die Vor-

---

748 Art. 4 Abs. 1 RLE.

749 Art. 4 Abs. 2 RLE.

schriften der 1. gesellschaftsrechtlichen Richtlinie. Insbesondere gilt für den Plan Schriftform, da andernfalls die notwendige Publizität gem. Art. 3 der 1. gesellschaftsrechtlichen Richtlinie[750] nicht hergestellt werden kann.

Die nach dem RLE im Verlegungsplan erforderlichen Angaben bleiben allerdings hinter den in § 194 Abs. 1 UmwG normierten Mindestangaben zurück. Dies betrifft insbesondere das Erfordernis, die zukünftige mitgliedschaftlichen Stellung der Anteilseigner im Umwandlungsplan darzustellen (§ 194 Abs. 1 Nr. 3 und 4 UmwG) und ein Abfindungsangebot für ausscheidende Anteilsinhaber abzugeben (§ 194 Abs. 1 Nr. 6 UmwG). Damit stellt sich die Frage, ob bei einer Umsetzung in deutsches Recht der deutsche Gesetzgeber daran gehindert wäre, die Mindestangaben des § 194 UmwG für einen Sitzverlegungsplan vorzuschreiben. Der Wortlaut des RLE enthält keine Hinweise, ob die Aufzählung abschließender Natur ist. Dafür könnte sprechen, daß Art. 4 RLE anders als Art. 5 der dritten gesellschaftsrechtlichen Richtlinie nicht ausdrücklich von Mindestangaben spricht. *Priester*[751] schlägt aus diesem Grund vor, die in § 194 UmwG erforderlichen zusätzlichen Angaben unter Art. 4 lit. b RLE zu subsumieren.

Zusätzliche Anforderungen an den Verlegungsplan werden allerdings für die Wahrnehmung der Niederlassungsfreiheit kaum ins Gewicht fallen. Zum Abbau von Wettbewerbsverzerrungen sollten damit die Angaben für den Verlegungsplan generell Mindestanforderungen darstellen[752]. Der deutsche Gesetzgeber sollte daher nicht gehindert sein, eine § 194 UmwG entsprechende Norm auf den grenzüberschreitenden Formwechsel anzuwenden.

Das deutsche Recht kennt eine Veröffentlichungspflicht allerdings bislang in § 61 UmwG nur für den Verschmelzungsbericht bei der Beteiligung von Aktiengesellschaften vorgesehen. Für den Formwechsel ist dieses Erfordernis neu.

---

[750] Publizitätsrichtlinie vom 9. März 1968 (68/151/EWG).

[751] *Priester,* ZGR 1999, 36 (40).

[752] So im Ergebnis auch: *Priester,* ZGR 1999, 36 (40).

b. Verlegungsbericht

Artikel 5 Abs. 1 RLE verlangt, daß das Leitungs- oder Verwaltungsorgan des sitzverlegenden Rechtsträgers einen Bericht erstellt, in dem die rechtlichen und wirtschaftlichen Aspekte der Verlegung erläutert und begründet werden und die Auswirkungen der Verlegung für die Gesellschafter und Arbeitnehmer erläutert und begründet werden. Artikel 5 RLE ähnelt Art. 9 der dritten gesellschaftsrechtlichen Richtlinie[753] sowie Art. 7 der sechsten gesellschaftsrechtlichen Richtlinie. Die Gläubiger und Vertreter der Arbeitnehmer der Gesellschaft haben bis zur Hauptversammlung, die über die Verlegung befinden soll, mindestens einen Monat das Recht, am Sitz der Gesellschaft den Verlegungsplan und den Bericht einzusehen und auf Antrag kostenlos Abschriften dieser Unterlagen zu erhalten. Dies ist eine Abweichung von Art. 9 der sechsten gesellschaftsrechtlichen Richtlinie, der nur Aktionären ein Einsichtsrecht gewährt. Ein Sachverständigenbericht, wie in Art. 10 der dritten gesellschaftsrechtlichen Richtlinie bestimmt ist, ist bei der grenzüberschreitenden Sitzverlegung nicht notwendig, da es in diesem Fall nicht zu einem Umtausch von Vermögenswerten oder Anteilen kommt. Bei der Sitzverlegung bleibt das Verhältnis zwischen Gesellschaftsvermögen und Gesellschaftsanteilen vor und nach der Sitzverlegung gleich[754].

Der Verlegungsbericht ist im deutschen Umwandlungsrecht für den Formwechsel in § 192 UmwG geregelt. Die Vorschrift könnte ebenfalls ohne weiteres auf den grenzüberschreitenden Formwechsel angewendet werden[755]. Die Vertretungsorgane des sitzverlegenden Rechtsträgers hätten dementsprechend vor dem Verlegungsbeschluß einen ausführlichen schriftlichen Bericht zu erstatten, in dem die Sitzverlegungsvorgang erläutert wird, insbesondere Angaben über die Mitgliedschaften in dem ausländischen Rechtsträger, Höhe einer (sofern durch das nationale Recht vorgesehenen) Barabfindung rechtlich und wirtschaftlich erläutert und begründet werden. Hinzuweisen ist daher auch auf etwaige Nachteile, die sich durch den Formwechsel ergeben. Insbesondere sind die sich durch die Veränderung der Rechtsordnung ergebenden Folgen zu erörtern. Zu nennen sind Beeinträchtigungen der Rechtsstellungen der Anteilsinhaber (z.B. Veränderungen der Informationsrechte,

---

753 Beil. Bull, EG 3/85.

754 ebenso: KPMG- Report, S. 46.

755 Vgl. *Priester,* ZGR 1999, 35 (41).

Veränderung der Minderheitenrechte), oder Verschiebungen im Kompetenzgefüge der Organe der Gesellschaft.

Fraglich ist allerdings, ob entsprechend der Regelung in § 192 Abs. 3 UmwG ein Verzicht auf einen Verlegungsbericht nach dem Richtlinienentwurf möglich ist. Art. 5 des RLE enthält hierzu keine Regelung. Art. 10 der sechsten gesellschaftsrechtlichen Richtlinie läßt einen solchen Verzicht allerdings ausdrücklich zu, so daß im Umkehrschluß Art. 5 RLE abschließende Bedeutung zukommen könnte. Auch Sinnund Zweck sprechen eher dafür: Der Regelungszweck von Art. 5 RLE zielt auf den Schutz der Gläubiger und Arbeitnehmer der wegziehenden Gesellschaft. Anders als die sechste gesellschaftsrechtliche Richtlinie regelt der RLE dementsprechend die Schutzbedürftigkeit der Gläubiger und Arbeitnehmer bereits bei den Einsichtsrechten in den Verlegungsbericht. Ein Verzicht der Gesellschafter würde unmittelbar in diese Einsichtsrechteeingreifen. Art. 5 RLE sollte daher dahingehend ausgelegt werden, daß ein Verzicht durch auf den Verlegungsbericht nicht mit der RLE vereinbar ist[756].

---

756 Vgl. *Priester,* ZGR 1999, 35 (42).

c. Sitzverlegungsbeschluß

Der Beschluß zu der Sitzverlegung kann erst zwei Monate nach Bekanntmachung des Verlegungsplans erfolgen[757]. Die zweimonatige Frist entspricht Art. 14 der Verordnung über die Europäische Interessenvereinigung[758] und Art. 5a des geänderten Vorschlags für ein Statut der Europäischen Aktiengesellschaft[759].

Der Beschluß über die Verlegung wird nach Art. 6 Abs. 2 RLE mit einer Mehrheit von mindestens zwei Dritteln der abgegebenen Stimmen gefaßt, sofern das auf die Gesellschaft anwendbare Recht nicht eine größere Mehrheit vorschreibt oder zuläßt[760]. Die Mitgliedstaaten können vorsehen, daß eine einfache Mehrheit der Stimmen ausreicht, wenn mindestens die Hälfte des gezeichneten Kapitals vertreten ist. Dieser Artikel entspricht im wesentlichen Artikel 7 der dritten gesellschaftsrechtlichen Richtlinie.

Da der Beschluß satzungsändernden Charakter hat, wäre nach deutschem Recht eine Dreiviertelmehrheit der abgegebenen Stimmen erforderlich. Gleiches ergibt sich aus § 240 UmwG. Einstimmigkeit kann nach der hier vertretenen Auffassung nur in Sonderfällen erforderlich sein[761].

Anwendung finden sollte jedoch § 193 Abs. 2 UmwG. Erforderlich ist die Zustimmung der Gesellschafter, von deren Zustimmung auch die Übertragung einzelner Anteile abhängt. Das entspricht dem oben erläuterten Grundsatz, daß Sonderrechte nicht ohne Zustimmung von Gesellschaftern verkürzt werden dürfen.

Art. 7 RLE ermöglicht es den Mitgliedstaaten, besondere Schutzvorkehrungen für die Anteilsinhaber zu treffen, die sich gegen die Auflösung ausgesprochen haben. Zu denken ist vor allem an ein Austrittsrecht mit Abfindung, das entsprechend der Regelung in § 194 Abs. 1 Nr. 6 UmwG bereits in den Sitzverlegungsbeschluß aufgenommen

757 Art. 6 Abs. 1 RLE.

758 Abl. EG Nr. L 199 v. 31.7.1985, S. 1.

759 Abl. EG Nr. C 176 v. 8.7.1991, S. 1.

760 Beil. Bull. EG 3/85.

761 S. oben S. 149 ff.

werden sollte. Die Anfechtung des Umtauschverhältnisses sollte entsprechend § 210, 195 Abs. 2 UmwG von der Beschlußanfechtung losgelöst werden, da die verfahrensrechtliche Stellung der Anteilsinhaber gesichert ist[762].

d. Gläubigerschutz

Es wurde bereits dargestellt, daß bei der Sitzverlegung einer GmbH ins Ausland Kapitalschutzvorschriften entfallen können. Gläubiger können vor den nachteiligen Folgen eines Wegzugs prinzipiell auf zwei unterschiedlichen Wegen geschützt werden. Zum einen könnte der Vorgang insgesamt von der Zustimmung der Gläubiger abhängig gemacht werden. Andererseits läßt sich der Schutz außenstehender Dritter auch dadurch erreichen, daß man ihre Vermögensinteressen absichert. Der RLE geht den zweiten Weg, indem er dem Wegzugstaat ermöglicht, die Leistung von Sicherheiten zu verlangen:

Der RLE schützt zunächst nur Gläubiger von Forderungen, die vor der Veröffentlichung des Sitzverlegungsplans entstanden sind[763]. Hierzu heißt es in Artikel 8 Abs. 1 RLE: "Die Gläubiger und sonstigen Forderungsberechtigten, deren Forderungen vor der Bekanntmachung des Sitzverlegungsplans entstanden sind, können verlangen, daß die Gesellschaft eine angemessene Sicherheit zu ihren Gunsten leistet. Die Ausübung dieses Rechts bestimmt sich nach dem auf die Gesellschaft vor der Verlegung ihres Sitzes anwendbaren Rechts".

Zu bestimmen ist, was unter dem Begriff "angemessene" Sicherheitsleistung zu verstehen ist. Oben wurde gezeigt, daß ein generelles Sicherstellungserfordernis dem durch Artt. 43, 48 EGV abgesteckten gemeinschaftsrechtlichen Rahmen nicht gerecht würde. Erforderlich ist eine Sicherstellung nur dann, soweit der Gläubiger glaubhaft macht, daß seine Rechte der Gläubiger tatsächlich gefährdet werden. Dies ist bei einer Sitzverlegung innerhalb der Gemeinschaft nicht notwendig der Fall.

---

762 Zweifelnd: *Priester,* ZGR 1999, 35 (44).

763 Demgegenüber war der KPMG- Vorschlag noch davon ausgegangen, daß ungesicherte Gläubiger bei der Sitzverlegung überhaupt nicht schützenswert seien, da auch eine natürliche Person ins Ausland abwandern könnte. Dies berücksichtigt aber nicht ausreichend die unterschiedliche Haftungsverfassung der Unternhmen, KPMG Report, S. 35 ff.

Wichtig ist auch die verfahrensrechtliche Frage, wie Schutz- und Ausgleichsrechte zu behandeln sind, die nach nationalem Recht erst nach dem Umstrukturierungsvorgang wirksam werden. Im Rahmen dieser Arbeit ist geprüft worden, daß de lege lata durch das UmwG ein ausreichender materiell-rechtlicher Gläubigerschutz gewährleistet ist. Verfahrensrechtlich stellte sich heraus, daß es zu rechtstechnischen Problemen kommt, wenn Schutzbestimmungen eingreifen, die erst nach dem Abschluß des Sitzverlegungsvorgangs durchsetzbar sind. Innerhalb der Gemeinschaft wurde die Durchsetzung solcher Ansprüche aber durch das EuGVÜ für hinreichend sicher gehalten. Vor diesem Hintergrund stellt sich die Frage, ob Art. 8 RLE immer die Sicherstellung vor einem Statutenwechsel verlangt, oder eine der oben dargestellten Technik des UmwG entsprechende Regelung ebenfalls eine korrekte Umsetzung der Richtlinie darstellen würde. Der Wortlaut läßt beide Auslegungen zu.

Entscheidend ist, ob die Sicherstellung zu den in Art. 9 RLE genannten "vorausgehenden Handlungen und Formalitäten" gehört. Bejaht man dies, entspräche die Regelung dem Schweizer Modell des Art. 164 IPRG, der vor Wirksamwerden der Sitzverlegung Befriedigung oder Sicherstellung für die Gläubiger ermöglicht[764]. In der Begründung des RLE[765] klingt dieses Verständnis an: Gesellschaftern und Gläubigern sei daran gelegen, daß sich die Gesellschaften ihren Verpflichtungen nicht entziehen kann, ohne *zuvor* ausreichende Sicherungen zu leisten. Es wurde oben aber bereits dargestellt, daß innerhalb der Gemeinschaft eine weitergehende Lösung möglich ist: Schutzvorschriften, die erst nach dem Formwechsel eingreifen sind ausreichend, um die Gläubiger hinreichend zu sichern. Die Durchsetzung des Anspruchs ist durch das EuGVÜ hinreichend abgesichert. Klarstellend könnte die Richtlinie daher einen Passus enthalten, der ausspricht, daß die Rechtsfolgen, die durch Gläubigerschutzvorschriften im Wegzugstaat angeordnet werden, auch für den formwechselnden Rechtsträger gelten. Insoweit könnte die Richtlinie eine Rechtskrafterstreckung ausdrücklich anordnen. In der Richtlinie könnte das etwa folgendermaßen formuliert werden: "Soweit das Recht des Mitgliedstaates zum Schutze der Gläubiger und Anteilsinhaber Rechtsfolgen anordnet, deren Wirkung erst nach der Sitzverlegung eintritt, wirken diese in gleicher Weise gegen die Gesellschaft." Eine solche Rechtskrafterstreckung würde die grenzüberschreitende

---

764 So wohl: *Lutter,* Grenzüberschreitende Sitzverlegung in der EU, S. 14.

765 ZIP 1997, 1723.

Sitzverlegung wesentlich erleichtern. Der Gläubigerschutz bliebe hinreichend gewahrt.

e. Prüfung der Wegzugserfordernisse

Ein zuständiges Gericht, ein Notar oder eine andere Behörde stellt im Wegzugstaat eine Bescheinigung aus, aus der unwiderlegbar hervorgeht, daß die der Verlegung vorausgehenden Handlungen und Formalitäten abgeschlossen sind[766]. Diese Bescheinigung wird in Deutschland das Handelsregister ausstellen, entsprechend dem bereits oben beschriebenen Vorbild des § 198 Abs. 2 UmwG. Durch das Registergericht wird die Beschlußfassung der Gesellschaft zu prüfen sein sowie die Frage, ob die Gesellschaft aufgelöst ist oder einem Insolvenzverfahren unterliegt. In diesem Fall wäre die Sitzverlegung gemäß Art. 13 RLE unzulässig[767]. Nach der hier vertretenen Auffassung sollte die Einhaltung der Gläubigersicherungsvorschriften nicht zum Gegenstand der Prüfung gemacht werden. Gleiches gilt für die Frage, ob die neue Satzung der Gesellschaft mit der Rechtsordnung des Zuzugstaates vereinbar ist.

f. Anmeldung und Löschung

Die Eintragung der Sitzverlegung im Handelsregister des Wegzugstaates erfolgt unter Vorlage der Bescheinigung, aus der hervorgeht, daß die der Verlegung vorausgehenden Handlungen und Formalitäten abgeschlossen sind und die Eintragungsformalitäten im Zuzugstaat erfüllt sind[768]. Eine Löschung der Eintragung im Wegzugsstaat ist erst dann möglich, wenn nachgewiesen ist, daß die Gesellschaft im Register des neuen Sitzes eingetragen ist[769]. Die sitzverlegende Gesellschaft wird dann im Handelsregister ohne Abwicklung oder Liquidation gelöscht.

g. Eintragung im Zuzugstaat

Art. 10 RLE verlangt die Anpassung der ausländischen Rechtsform an inländische Gesellschaftsrechtsformen. Obwohl Art. 3 RLE von der

---

766 Art. 9 RLE.

767 *Priester*, ZGR 1999, 35 (49).

768 Art. 10 RLE.

769 Art. 11 Abs. 3 RLE.

rechtlichen Identität der sitzverlegenden Gesellschaft ausgeht, sollte eine entsprechende Anwendung von Gründungsrechtvorschriften dabei nicht von vornherein ausgeschlossen sein (ebenso wie unter § 197 UmwG). Auch Art. 3 RLE kann nur eine gesetzliche Fiktion begründen. Zum Beispiel das Erfordernis eines Sachgründungsberichts sollte daher bei der grenzüberschreitenden Sitzverlegung ebenso wie bei einem innerstaatlichen Formwechsel zulässig sein.

Problematisch ist darüber hinaus, ob der Zuzugstaat für die Eintragung zur Voraussetzung machen kann, daß der im Wegzugstaat gefaßte Sitzverlegungsbeschluß bereits unter Mitwirkung eines inländischen Notars gefaßt wird. *Priester*[770] vertritt die Auffassung, daß bei Zuzug nach Deutschland die Satzungsänderung im Wegzugstaat bereits von einem deutschen Notar beurkundet werden müsse. Die Beschlußfassung über die neue Satzung könne zwar im Wegzugsstaat nach dessen materiellen Regeln erfolgen. Die Beurkundung der neuen Satzung solle dagegen von den Vertretungsorganen der Gesellschaft im Zuzugstaat besorgt werden. Das deutsche Kapitalgesellschaftsrecht schreibe für Gründung, Satzungsänderungen und sonstige Strukturmaßnahmen die Einschaltung eines Notars wegen der erwarteten Richtigkeitsgewähr vor. Da demnach bei der Entstehung der Gesellschaft die Mitwirkung eines Notars erforderlich sei, habe dies für die Entstehung durch grenzüberschreitenden Formwechsel ebenfalls zu gelten[771]. Im übrigen löse das mit der Sitzverlegung verbundene Haftungsrisiko starken Beratungsbedarf aus, was ebenfalls für eine Inlandsbeurkundung spreche[772].

In der Tat kann die Richtigkeit der Satzung besser von einem deutschen Notar geprüft werden. Andererseits kann es nicht Aufgabe des Zuzugstaates sein, eine rechtliche Prüfung der im Wegzugstaat erforderlichen Voraussetzungen anzustellen, solange die gem Art. 9 RLE zuständige Behörde die entsprechende Bescheinigung erteilt hat. Denn die formalen Anforderungen für eine Neufassung der Satzung weist der RLE allein dem Wegzugstaat zu. Deshalb sollte auch die Beurkundung der Satzungsänderung durch einen ausländischen Notar ausreichen.

Wirksam wird die Sitzverlegung mit Eintragung des Rechtsträgers in das Register des Zuzugstaates. Mit der Eintragung werden die Anteil-

---

770 *Priester,* ZGR 1999, 35 (47).

771 *Priester,* ZGR 1999, 35 (47).

772 *Priester,* ZGR 1999, 35 (49).

sinhaber entsprechend dem im Verlegungsbericht ausgewiesenen Umtauschverhältnis Anteilsinhaber des nun nach dem Recht des Zuzugstaates organisierten Rechtsträgers. Dritte können sich aber solange auf das Recht der alten Gesellschaft berufen wie sie im Handelsregister des Wegzugstaates eingetragen ist, es sei denn, die Gesellschaft weist nach, daß ihnen die Sitzverlegung bekannt gewesen ist[773]. Diese Regelung entspricht § 15 Abs. 3 HGB.

h. Haftung als Vorgesellschaft?

Die Behandlung einer zuziehenden Gesellschaft als Vorgesellschaft ist nach dem RLE nicht möglich[774]. Die Gesellschaft wechselt erst mit der Eintragung im Zuzugstaat ihr Gesellschaftsstatut. Vor diesem Zeitpunkt ist die Gesellschaft nach ausländischem Recht zu beurteilen. Sie gleichzeitig als Vorgesellschaft nach deutschem Recht anzusehen käme daher überhaupt nur dann in Betracht, wenn die Gesellschaft vor ihrer Eintragung im deutschen Handelsregister den Verwaltungssitz ins Inland verlegt, somit also den kollisionsrechtlichen Statutenwechsel bereits auslöst. Der RLE nimmt zu dieser Frage ganz bewußt keine Stellung, da die Sitztheorie nicht angetastet werden sollte.

5. Unternehmerische Mitbestimmung

Der Richtlinienentwurf spart den Problempunkt unternehmerische Mitbestimmung gänzlich. Eine Art. 1 Abs. 3 des Entwurfs zur 10. gesellschaftsrechtlichen Richtlinie entsprechende Regelung fehlt. Es steht zu befürchten, daß das Problem der Arbeitnehmermitbestimmung, sofern eine gemeinschaftsrechtliche Lösung nicht erreicht wird, ein erhebliches Hindernis für die Verabschiedung der Richtlinie sein wird[775]. Verschiedene Lösungsmodelle werden diskutiert:

a. Davignon-Bericht: Verhandlungslösung

Im *Davignon-Bericht* wurde eine Verhandlungspflicht zwischen den Sozialpartnern für die Europäische Aktiengesellschaft in den Mittel-

---

773 Art. 12 RLE.

774 Vgl. auch *Schmidt,* ZGR 1999, 25 (29).

775 das befürchtet auch *Neye,* ZIP 1997, 1774.

punkt der Ausführungen der Expertengruppe gestellt[776]. Nur eine solche Lösung erlaube es, der unterschiedlichen Ausgestaltung der nationalen Systeme Rechnung zu tragen und eine Kohärenz zwischen den Systemen, die vor der Gründung der Europäischen Aktiengesellschaft in den an der Gründung beteiligten Gesellschaften bestanden und dem mit der Gründung in Kraft getretenen System Rechnung zu tragen. Zugleich könne dadurch der Modus der Arbeitnehmerbeteiligung an den spezifischen Bedingungen des jeweiligen Unternehmens oder der Branche ausgerichtet werden und sogar ein günstiges soziales Klima hergestellt werden. Um den Vorrang der Verhandlungen zu realisieren, müsse allenfalls ein Rahmen geschaffen werden, der dann zur Geltung komme, wenn es den Parteien nicht gelänge, auf dem Vereinbarungswege die Frage der Mitbestimmung zu lösen. Eine gesetzliche Regelung könne nur eine Auffangregelung darstellen, damit die Tatsache, daß den Verhandlungen Priorität eingeräumt wird, nicht zu einer juristischen Unsicherheit oder zu einem dauernden Hindernis werden. Allerdings bezog sich der von der Expertengruppe gewählte Ansatzpunkt nur auf die Errichtung einer Europäischen Aktiengesellschaft durch die Gründung einer Holding-Gesellschaft, die Fusion oder die Gründung einer gemeinsamen Tochtergesellschaft[777].

Sofern die Verhandlungen nicht zu einem Ergebnis führen, sollte nach dem Entwurf eine Mitbestimmung der Arbeitnehmer in einem Verwaltungsrat oder Aufsichtsrat der Gesellschaft auf der Basis eines gleichberechtigten Status durchgesetzt werden. Die Sachverständigengruppe hatte vorgeschlagen, daß die Arbeitnehmervertretung ein Fünftel der Sitze im Verwaltungsrat bzw. Aufsichtsrat, mindestens aber zwei Mitglieder stellen sollten[778].

Auch dem Davignon Vorschlag war nur wenig Erfolg beschieden. Das lag - wie bereits erwähnt - an dem Widerstand mehrerer Mitgliedstaaten. Sachrechtlich kann er für die Sitzverlegung auch kaum herangezogen werden, da in dem Entwurf der Formwechsel einer inländischen Gesellschaft in eine Europäische Aktiengesellschaft ausdrücklich aus-

776 Abschlußbericht der Sachverständigengruppe "European Systems of Worker Involvemment", S. 11.

777 Abschlußbericht der Sachverständigengruppe, "European Systems of Worker Involvemment", S. 8.

778 Abschlußbericht der Sachverständigengruppe, "European Systems of Worker Involvemment", S. 18.

gespart wurde, wohl gerade deshalb, da auf diesem Weg die "Flucht aus der Mitbestimmung" am einfachsten erscheint[779].

b. Vorschläge der britischen Präsidentschaft

Die Vorschläge der britischen Präsidentschaft für die Europäische Aktiengesellschaft vom April 1998 sahen dagegen ein Verhandlungsgremium vor, dem Arbeitnehmer der Unternehmen in den Mitgliedstaaten angehören sollten. In einem solchen Verhandlungsgremien sollten die kollektivrechtlichen und individualarbeitsrechtlichen Probleme zwischen Arbeitnehmervertretern und Arbeitgebervertretern in den Unternehmen verhandelt werden. Die Verhandlungen sollten bis zu sechs Monaten dauern, aber auch einvernehmlich verlängert werden können. Sämtliche verhandelten Mitbestimmungsmodelle, die zu einem Wegfall oder Verkürzung bisheriger Mitbestimmungsrechte führen, bedürften einer qualifizierten Mehrheit von zumindest zwei Dritteln der Arbeitnehmervertreter in dem jeweiligen Verhandlungsgremium. Scheitern die Verhandlungen, sollte das nationale Modell mit dem „höchsten Mitbestimmungsgrad" für das Unternehmen zur Anwendung kommen[780].

Würde dieser Vorschlag auf den RLE übertragen, wäre das Ergebnis, daß das deutsche Mitbestimmungsmodell zementiert würde. Die unbegrenzte Beibehaltung des deutschen Mitbestimmungsmodell auf eine (dann) ausländische Gesellschaft wäre eine Belastung, die die Attraktivität der Sitzverlegung für inländische Unternehmen wohl gegen Null tendieren ließe. Dies ist keine eine Frage der "Flucht aus der Mitbestimmung". Die dauerhafte Anwendung einer fremden Rechtsordnung auf eine Gesellschaft führt zu einem personellen und strukturellen Aufwand, der kaum praktikabel erscheint[781].

Fraglich ist auch, ob die Zementierung des jeweils "intensivsten" Mitbestimmungsregimes überhaupt gemeinschaftsrechtskonform möglich ist. Art. 43 EGV findet auch auf den europäischen Gesetzgeber Anwendung. Zwar würden die Vorschläge der britischen Präsidentschaft aufgrund der formalen Gleichbehandlung keine offene Diskriminierung deutscher Unternehmen darstellen, die faktische Benachteiligung von

---

779 *Heinze,* AG 1997, 289 (292).

780 *Heinze,* ZGR 1999, 54 (64).

781 *Heinze,* ZGR 1999, 54 (65).

Unternehmen, die aus “strengen” Mitbestimmungsregimes” stammen, läge aber auf der Hand. Vor allem deutsche Unternehmen könnten den Rechtsformwechsel nur unter erheblichen Belastungen vollziehen[782].

c. Begrenzung auf kleine Gesellschaften?

Aus den negativen Erfahrungen mit der Europäischen Aktiengesellschaft wäre rechtspolitisch ein anderes Modell denkbar: Entsprechend der Regelung bei der EWIV könnte die Sitzverlegung nur solchen Gesellschaften zur Verfügung gestellt werden, die nicht mehr als 500 Arbeitnehmer beschäftigen. Wenn dieser Weg gewählt wird, werden die Probleme der Mitbestimmung aus deutscher Sicht von vornherein ausgeblendet. Die große Mehrzahl der in den Mitgliedstaaten gegründeten Unternehmen liegen unterhalb der Grenze der unternehmerischen Mitbestimmung. Für sie darf das Problem der unternehmerischen Mitbestimmung daher nicht zum Hinderungsgrund für die grenzüberschreitende Sitzverlegung werden. In eine ganz ähnliche Richtung geht der Vorschlag, die Richtlinie über die Euro- Betriebsräte als ausreichendes Mitbestimmungsmodell für Betriebe mit über 500, aber nicht mehr als 2000 Arbeitnehmern anzusehen[783]. Voraussetzung wäre, daß das Modell des Euro-Betriebsrates die Aufgaben der Drittel-Parität der §§ 76 ff. BetrVG weitgehend auffängt. Eine Sitzverlegung wäre dann für Gesellschaften mit bis zu 2000 Arbeitnehmern möglich. Aus deutscher Sicht mag dies eine taugliche Regelung sein. Als gemeinschaftsweite Regelung taugt dieses Modell allerdings nicht. Die Mitbestimmungsregime in den einzelnen Mitgliedstaaten sind zu unterschiedlich ausgestaltet, als daß eine Beschränkung auf 500 Arbeitnehmer möglich erscheint.

d. Entsprechende Regelung zu § 325 UmwG?

§ 325 UmwG ordnet zwingend die Fortgeltung der bis zur Spaltung eines Unternehmens in dem übertragenden Unternehmen geltenden Vorschriften über die Unternehmensmitbestimmung für einen Zeitraum von fünf Jahren an. Dies bedeutet, daß bei den betroffenen Rechtsträgern die Aufsichtsräte in derselben Zusammensetzung trotz Wegfalls der tatsächlichen Voraussetzungen fortbestehen. Am Ende des Beibehaltungszeitraums wird die der Aufsichtsrat der aktuellen Mitbestim-

---

782 *Heinze,* ZGR 1999, 54 (65).

783 *Hommelhoff,* WM 1997, 2101 (2105); *Wiesner,* EuZW 1995, 821 (823).

mungslage angepaßt. § 325 Abs. 1 UmwG erfaßt aber nur die Fälle der Abspaltung und Ausgliederung gemäß § 123 UmwG, bietet also für den Fall der formwechselnden Umwandlung keinen mitbestimmungssichernden Bestandsschutz. Zudem ist § 325 Abs. 1 UmwG auch bei Abspaltungen nur auf den übertragenden, nicht aber die übernehmende Gesellschaft anwendbar[784]. § 325 UmwG bietet also durch seinen beschränkten Anwendungsbereich keinen echten Schutz gegen Pläne eines Unternehmens, sich zielgerichtet der unternehmerischen Mitbestimmung zu entziehen.

Dieser Gedanke indiziert wiederum die gemeinschaftsrechtliche Unzulässigkeit einer entsprechenden Regelung für die grenzüberschreitende Sitzverlegung: Der nationale Gesetzgeber ist gehindert, die Fortgeltung der Mitbestimmung im gemeinschaftsrechtlichen Rahmen fortzuschreiben, sofern er im nationalen Fall den Wegfall der unternehmerischen Mitbestimmung sanktionslos hinnimmt[785].

e. Gesetzgeberischer Wettbewerb über das Mitbestimmungsmodell?

Bliebe das Mitbestimmungsproblem ausgeklammert, würde der Europäische Gesetzgeber im Arbeitsrecht die entscheidende Rahmenbedingung zur Schaffung eines direkten Inkorporationswettbewerbs zwischen den Gesellschaftsrechtsordnungen der Mitgliedstaaten schaffen.

Ob Wettbewerb zwischen unterschiedlichen Systemen des kollektiven Arbeitsrechts im Europäischen Binnenmarkt wünschenswert ist, ist Gegenstand einer in den letzten Jahren in der Literatur heftig geführten Auseinandersetzung[786]. Kritiker eines gesetzgeberischen Wettbewerbs weisen gerade im Arbeitsrecht auf die Nachteile hin: Es gelte, in Deutschland einen Delaware Effekt einer systematischen Deregulierung drittschützender Normen gerade im Arbeitsrecht zu verhindern.

---

784 *Dehmer,* UmwG, § 325 Rn. 8; *Lutter- Joost,* UmwG, § 325 Rn. 21.

785 Vgl. EuGH, Urt.v. 12.3.1987, Rs. 178/84, Kommission/Deutschland, Slg. 1987. 1227 (1275) *Roth,* RabelsZ 55 (1991), 623 (650); *ders.* in: *Wouters/Schneider,* Current Issues of Cross-Border Establishments of Companies in the European Union, S. 230 ff.

786 Befürwortend: Großkommentar AktG- *Assmann,* AktG, Einl. Rn. 275; *Conard,* 89 Mich.L.Rev. 50 (1986); *Kötz,* RabelsZ 50 (1986), 1 (12); *Kübler,* KritV 1994, 79 (88); ablehnend: *Goldschmidt,* in: *Pernice* (Hrsg.) Harmonization of Legislation in Federal Systems, 161; *Reher,* Gesellschaftsrecht in Gemeinsamen Märkten, S. 137 ff.;

Ein indirekter Wettbewerb zwischen den Standorten der Gemeinschaft über Neugründungen ist jedoch bereits Wirklichkeit. Die Freiheit des Warenverkehrs und der Dienstleistungsfreiheit hat bereits jetzt zu einer Integration der Produkt- und Dienstleistungsmärkte geführt. Unternehmen befinden sich daher in Wettbewerb mit inländischen und ausländischen Anbietern, sie können Standortvorteile zum Beispiel hinsichtlich der Kapitalrendite gegenüber Mitbewerbern ausspielen. Diese Wettbewerbssituation erzeugt faktischen Druck auf den nationalen Gesetzgeber, er ist aber notwendige Folge des Binnenmarktes.

Das klassische Argument gegen einen Wettbewerb der Gesetzgeber innerhalb der europäischen Gemeinschaft ist der Umstand, daß eine Gesellschaftsrechtsordnung, die andere Ziele als die Verwirklichung von Zielen der Eigenkapitalgeber verfolgt, nicht unbehindert an dem Wettbewerb teilnehmen kann. Wenn ein Systemwettbewerb ausbricht, führt er -einer Pandorra-Büchse gleich- zu einer Abwärtsspirale der zur Durchsetzung dieser Ziele etablierten Schutzmechanismen. Diese Problematik wird fast durchgängig rechtsvergleichend beleuchtet, indem die in den Vereinigten Staaten gemachten Erfahrungen auf die europäische Rechtsordnung übertragen werden. Die herrschende Meinung in der gemeinschaftsrechtlichen Diskussion steht immer noch hinter der für die amerikanische Rechtsordnung von Justice *Brandeis*[787] und später von *Cary* untermauerten These, daß ein Wettlauf der Gesellschaftsrechtssysteme für die Gesamtentwicklung einer gesellschaftsrechtlichen Ordnung schädlich sei[788].

Zugegeben: Ein Gesetzgeber, der Mitbestimmung im Unternehmen als wirtschaftspolitisches Ziel verfolgt, wird seine Rechtsgestaltung nicht allein von dem Interesse des Managements und der Eigenkapitalgeber abhängig machen wollen[789]. Wenn Gesellschaften den Ort zur Inkorporation wählen, der die Interessen der Eigenkapitalgeber und die Interessen des unternehmensleitenden Managements am stärksten berücksichtigt, wird ein Staat wie die Bundesrepublik nur beschränkt an

787 Liggett Co. v. Lee, 288 U.S. 517, 559 (1933): "The race was not one of diligence but of laxity."

788 *Cary,* 83 Yale L.J. 663, 701 (1974): "Delaware is both the sponsor and the victim of a system contributing to the detoriation of corporate standards."

789 *Merkt,* 59 RabelsZ (1995), 445 (558); *Romano,* The Genius of American Corporate Law, S. 129.

diesem Wettbewerb teilhaben können[790]. Entläßt man die Mitgliedstaaten in einen ungehinderten Wettbewerb der Gesetzgebungsorgane, werden diese die Gestaltung des Gesellschaftsrechts an den Interessen der Eigenkapitalgeber und der Unternehmensleitung ausrichten, um Gesellschaften anzulocken[791].

Gerade in den Vereinigten Staaten hat sich aber ein Wettbewerb zwischen föderalen Teilgebieten als Antrieb oder Verstärker von Rationalisierungs- und Erneuerungsbewegungen bewährt, die in den europäischen Rahmenbedingungen an der Schwerfälligkeit und Immobilität des politischen Prozesses zu scheitern pflegen[792]. Die massenhafte Inkorporation im Staate Delaware beruht längst nicht mehr auf Bestimmungen, die einseitig das Management begünstigten, sondern vor allem auf der Rechtssicherheit, die ein mittlerweile weit ausdifferenziertes "case law", eine erfahrene Anwaltschaft und eine im Gesellschaftsrecht hochqualifizierte Richterschaft sämtlichen Betroffenen garantieren[793]. Der Wettbewerb der Gesetzgeber kann damit durchaus in der Lage sein, ein "besseres und effizienteres Mitbestimmungsrecht" hervorzubringen. Vor allem die überregulatorischen Tendenzen, die der Rechtsharmonisierung auf Gemeinschaftsebene anhaften, könnten durch den gesetzgeberischen Wettbewerb der Einzelstaaten zurückgeführt werden. Nur bei Rechtsvielfalt ist es möglich, daß sich in einem parlamentarischen Kräftespiel vor Ort unterschiedliche Lösungen entwickelten, die zu einem Erfahrungsschatz und zu einer Lösungsvielfalt führten, die zur Gesetzgebung erforderlich sind. Der Gesetzgebungswettbewerb hilft auf diese Weise auch gerade bei der Frage des Mitbestimmungsrechts dem Gesetzgeber, dem Postulat der "Legitimation durch Zweckmäßigkeit" zu entsprechen.

Wer von der positiven Wirkung des deutschen Mitbestimmungsmodells überzeugt ist, sollte daher darauf vertrauen, daß es sich in diesem Wettbewerb durchsetzt, und nicht einseitig versuchen, das eigene Modell

---

790 *Bebchuck,* 105 Harv.L.Rev. 1435, 1461 (1992); *Cary*, 83 Yale L.J. 663-683 (1977).

791 Vgl. *Amanda Acquisition Corp. v. Universal Foods Corp.*, 877 F.2d 496 (7th Cir. 1989): "When entrepreneurs want to raise capital for a corporate venture, they must decide where to incorporate. The choice of where to incorporate in turn affects the price investors are willing to pay for shares....States that enact laws that are harmful to investors will cause entrepreneurs to incorporate elsewhere".

792 *Kübler,* KritV 1994, 79 (87); *Merkt,* RabelsZ 59 (1995), 545 (547).

793 *Kübler,* KritV 1994, 79 (87)

den anderen Mitgliedstaaten aufzuzwingen. In der Praxis scheint ohnehin die Auffassung verbreitet zu sein, daß die deutsche Mitbestimmung im Wettbwerb keine schlechten Karten hat[794]. Manche glauben sogar - bestätigt durch jüngste Entwicklungen - eine rechtspolitische Tendenz ausmachen zu können, das Gesellschaftsrecht zunehmend an wirtschafts- und sozialpolitischen Zwecken auszurichten[795].

6. Ergebnis

Im RLE nimmt der Gemeinschaftsgesetzgeber den Regelungsmechanismus der Sitzverlegung als grenzüberschreitender Umwandlung auf. Die Umsetzung eines solchen Entwurfs ließe sich dementsprechend weitestgehend mit bereits bestehenden Mechanismen des nationalen UmwG bewerkstelligen. Allein in Details wären die Vorschriften des UmwG auf den grenzüberschreitenden Sachverhalt anzupassen. Ebenso wie das deutsche Umwandlungsrecht den Verlust der Mitbestimmung in verschiedenen Fällen hinnimmt, sollte auch die grenzüberschreitende Sitzverlegung nicht an einem Wegfall der unternehmerischen Mitbestimmung scheitern.

---

794 Vgl. *Hopt*, Festschrift Everling, 475 (491).

795 *Kohl*, in: Harmonization of Legislation in Federal Systems, S. 135.

§ 15 Zusammenfassung / Thesen

1. Außerhalb der Europäischen Gemeinschaft kann eine grenzüberschreitende Sitzverlegung von Verwaltungs- und Satzungssitz aus der Sicht des deutschen Gesellschaftsrechts zur Zeit nicht vollzogen werden. Eine Auslegung des UmwG verbietet die Anwendbarkeit der Vorschriften über den Formwechsel auf grenzüberschreitende Sachverhalte.

2. Kollisionsrechtlich ist die Sitztheorie außerhalb des Gemeinschaftsrechts nur auf solche Rechtsträger anzuwenden, die ihren Verwaltungssitz im Inland haben, aber nach ausländischem Recht gegründet sind. Die Gesellschaften sind dann in den numerus clausus des deutschen Gesellschaftsrechts einzuordnen. Wenn alle ausländischen Anteilsinhaber von dem ausländischen Gewerbebetrieb Kenntnis hatten, an dem sie eine unternehmerische Beteiligung anstrebten, wird nach inländischen Recht zumeist eine oHG vorliegen. Nach inländischem Recht errichtete Gesellschaften behalten ihre Inländereigenschaft, wenn der Verwaltungssitz ins Ausland verlegt wird, unabhängig davon, ob der Zuzugstaat der Sitztheorie oder der Gründungstheorie folgt. Erfolgt die Sitzverlegung in einen Staat, der die Gesellschaft als Personengesellschaft behandelt, d.h. einen Durchgriff auf die Gesellschafter anordnet, bedarf es für die Sitzverlegung eines Gesellschafterbeschlusses. Innerhalb der Staatsverträge, die zwischenstaatlich die Inkorporationstheorie anordnen, kann der Verwaltungssitz in beide Richtungen frei verlegt werden.

3. Innerhalb des Europäischen Binnenmarktes ist die grenzüberschreitende Sitzverlegung durch den Schutzbereich der Artt. 43, 48 EGV erfaßt. Die Anwendung des UmwG kann die identitätswahrende Sitzverlegung ins Ausland unter Sicherung sämtlicher Allgemeininteressen ermöglichen. § 1 Abs. 2 i.V.m § 192 UmwG ist daher gemeinschaftskonform in diesem Sinne auszulegen bzw. zu erweitern. Der drohende Verlust innerstaatlicher Mitbestimmungsvorschriften steht dem nicht entgegen, da das innerstaatliche Recht diesen Vorgang ebenfalls nicht sanktioniert. § 1 Abs. 1 UmwG ist auf in anderen Ländern der Gemeinschaft gegründete Rechtsträger zu erweitern, so daß eine Anwendung der Umwandlungsvorschriften auch für den Zuzugsfall ermöglicht wird.

4. An der Sitztheorie kann nach der Centros-Entscheidung des EuGH nicht mehr uneingeschränkt festgehalten werden. Eine Nichtanerkennung einer nach ausländischem Recht gegründeten Gesellschaft im Inland würde gegen das Verhältnismäßigkeitsgebot verstoßen. Die Sicherung von Gläubigerinteressen kann durch eine Sonderanknüpfung im Einzelfall verhältnismäßig durchgesetzt werden.

5. Die Harmonisierung der gesellschaftsrechtlichen Frage der grenzüberschreitenden Sitzverlegung ist vor dem Hintergrund des Subsidiaritätsprinzips zulässig und notwendig. Der Entwurf der Kommission für eine 14. gesellschaftsrechtliche Richtlinie löst die Probleme der Transparenz des Verfahrens, den Gläubiger- und Anteilsinhaberschutz verfahrenstechnisch konsequent. Ein Sicherstellungserfordernis für Gläubiger sollte allerdings davon abhängen, daß ihre Forderungen tatsächlich gefährdet sind.

LITERATURVERZEICHNIS

Ahlt, Michael, Europarecht, Examenskurs für Rechtsreferendare, 2. Auflage, München 1996

Albrecht, D., Die Organisationsstruktur multinationaler Unternehmungen, DB 1970, S. 2085

Anzilotti, Dioniso, Società commerciale: trasferimento di sede: nazionalità, Riv. dir. int. 1912, S. 106

Appel, Alexander, Reform und Kodifikation des Liechtensteinischen Internationalen Privatrechts, RabelsZ 61 (1997), S. 510

Ballarino, Tito, Diritto internazionale privato, 2. Aufl. Padova 1996

ders., La società per azioni nella disciplina internazionalprivatistiva, Torino 1994

von Bar, Christian, Internationales Privatrecht, Band 2: Besonderer Teil, München 1991

Baranowski, Karl Heinz, Besteuerung bei Sitzverlegung einer ausländischen Kapitalgesellschaft ins Inland, IWB Fach 3 Gruppe 4 (1989), S. 331

Bartodziej, Peter, Reform des Umwandlungsrechts und Mitbestimmung, ZIP 1994, S. 580

Baumbach, Adolf / Duden, Konrad / Hopt, Klaus J., Handelsgesetzbuch, 29. Auflage, München 1995 (zitiert: Baumbach/Hopt)

Baumbach, Adolf / Hueck, Alfred, GmbH-Gesetz, 16. Auflage, München 1996

Baumbach, Adolf / Lauterbach, Wolfgang / Albers, Jan / Hartmann, Peter, Zivilprozeßordnung, 53. Auflage, München 1995

Bayer, Walter, Der grenzüberschreitende Beherrschungsvertrag, Mannheim 1988

Becht, Bernhardt, Fusion und Spaltung von Kapitalgesellschaften im europäischen Binnenmarkt, Stuttgart, 1996

Bechtel, Wofram, Grenzüberschreitende Sitzverlegung de lege lata, IPRax 1998, 348

ders., Umzug von Kapitalgesellschaften unter der Sitztheorie, Frankfurt 1999

Beck, Ulrich, Kapitalismus ohne Arbeit, Der Spiegel, Heft 20/1996, S. 140

Behrens, Peter, Der Anerkennungsbegriff des Internationalen Gesellschaftsrechts, ZGR 1978, S. 499

ders., Identitätswahrende Sitzverlegung einer Kapitalgesellschaft von Luxemburg in die Bundesrepublik Deutschland, RIW 1986, S. 590

ders., Sind Gesellschaften Niederlassungsberechtigte minderen Rechts?, EuZW 1991, S. 97

ders., Die grenzüberschreitende Sitzverlegung in der EWG, IPRax 1989, S. 354

ders., Die Europäisierung des Gesellschaftsrechts, GmbHR 1993, S. 129

ders., (Hrsg.), Die GmbH im internationalen und europäischen Recht, 2. Auflage 1997 (zitiert: Behrens- Bearbeiter)

ders., Niederlassungsfreiheit und Internationales Gesellschaftsrecht, RabelsZ 52 (1988), S. 499.

ders., EuGH entscheidet über Sitzverlegung von Gesellschaften, EuZW 2000, 385.

Beitzke, Günther, Juristische Personen im Internationalprivatrecht und Fremdenrecht, München, Berlin 1938 (zitiert: Beitzke, Juristische Personen)

ders., Anerkennung und Sitzverlegung von Gesellschaften und juristischen Personen im EWG- Bereich, ZHR 127 (1965), S.1

ders., Kollisionsrecht von Gesellschaften und juristischen Personen, in : Lauterbach, Wolfgang, Vorschläge und Gutachten zur Reform des deutschen internationalen Personen- und Sachenrechts, Tübingen 1972, S. 94 (zitiert: Beitzke, Kollisionsrecht) *ders.*, Einige Bemerkungen zur Rechtsstellung ausländischer Gesellschaften in deutschen Staatsverträgen, in: Festschrift für Martin Luther, München 1976, S. 1

Bellingwout, Jaap W., Die internationale Sitzverlegung juristischer Personen in Bewegung - Der KPMG-Bericht 1993, RIW 1997, S. 550

ders., Company Migration in Motion: The KPMG Report 1993, in: *Wouters, Jan / Schneider, Hildegard* (Hrsg.), Current Issues of Cross-Border Establishment of Companies in the European Union, Antwerpen, Apeldoorn 1995, S. 75

Berndt, Joachim, Die Rechtsfähigkeit US-amerikanischer Kapitalgesellschaften im Inland, JZ 1996, S.187

Bessenich, Balthasar, Die grenzüberschreitende Fusion nach den Bedingungen des IPRG und des OR, Basel Frankfurt, 1991

Bindschedler, Rudolf L., Der Nationalitätswechsel der Aktiengesellschaft, Zürich 1940

Blackburn, Terence L., The Unification of Corporate Laws: The United States, the European Community and the Race to Laxity, 3 Geo.Mason Ind.L.Rev 1 (1994)

Bleckmann, Albert, Die Bindungswirkung der Praxis der Organe und der Mitgliedstaaten der EG bei der Auslegung und Lückenfüllung des Europäischen Gemeinschaftsrechts, in: Bieber, Roland / Ress, Georg, (Hrsg.), Die Dynamik des europäischen Gemeinschaftsrechts, Baden-Baden 1987, S. 161

Blomeyer, Arwed, Anmerkung zum Urteil des OLG Koblenz vom 10.6.1949 - 2 U 136/48, MDR 1950 S. 46

Bödecker, Carsten, Die Kapitalerhaltung im englischen Gesellschaftsrecht, Frankfurt 1994

Boetticher, Axel, Die Anerkennung von Handelsgesellschaften und juristischen Personen im EWG- Bereich, Göttingen 1973

Bogler, Anja, Gesellschafts- und Gesellschafterhaftung bei Auseinanderfallen von Gründungs- und Sitzstaat, DB 1991, S. 848

Bokelmann, Gunther, Das Recht der Firmen und Geschäftsbezeichnungen, 3. Auflage, Freiburg 1986 (zitiert: Bokelmann, Rn.)

Brechmann, Winfried, Die richtlinienkonforme Auslegung: Zugleich ein Beitrag zur Dogmatik der EG-Richtlinie, München 1994

Bungert, Hartwin, Das Recht ausländischer Kapitalagesellschaften auf Gleichbehandlung im deutschen und US-amerikanischen Recht, München 1994

ders., Prozeßkostensicherheitsleistung ausländischer Kapitalgesellschaften und Diskriminierungsverbote des EWG-Vertrages, EWS 1993, S.315

ders., Deutsch-amerikanisches internationales Gesellschaftsrecht, ZVglRWiss 93 (1994), S. 117

ders., Rechtsfähigkeit ausländischer Kapitalgesellschaften und Beweislast, DB 1995, S. 963

ders., Entwicklungen im internationalen Gesellschaftsrecht Deutschlands, AG 1995, S. 489

ders., Zur Rechtsfähigkeit US-amerikanischer Kapitalgesellschaften ohne geschäftlichen Schwerpunkt in den U.S.A., WM 1995, S. 2125

ders., Konsequenzen der Centros-Entscheidung des EuGH für die Sitzanknüpfung des deutschen internationalen Gesellschaftsrechts, DB 1999, 1841

Caeiro, Vers une nouvelle législation portugaise sur les sociétés commercielles, in: Universität des Saarlandes, Vorträge, Reden und Berichte aus dem Europa-Institut - Sektion Rechtswissenschaften, Nr. 66, herausgegeben von Georg Ress, 1986

Cath, Inne G. F., Freedom of Establishment of Companies: A New Step Towards Completion of the Internal Market, 6 Y.B. EuR.L. 246 (1986)

Chedid, Bernhard de, Le transfert du siege des sociétés anonymes, Lausanne 1983

Däubler, Wolfgang, Mitbestimmung und Betriebsverfassung im Internationalen Privatrecht, RabelsZ 39 (1975), S.444

ders., Grenzüberschreitende Fusion und Arbeitsrecht, DB 1988, S. 1850

Dauses, Handbuch des EG- Wirtschaftsrechts, Loseblattsammlung, Stand: Januar 1996, München 1996

Debatin, Helmut, Die grenzüberschreitende Sitzverlegung von Kapitalgesellschaften, GmbHR 1991, S. 164

Dehmer, Hans, Umwandlungsgesetz, Umwandlungssteuergesetz, 2. Auflage, München 1996

Deville, Rainer, Anmerkung zu BayObLG, Beschluß vom 18.7.1985 - Breg. 3 Z 62/85, RIW 1986, S. 298

Dötsch, Ewald, Körperschaftssteuerliche Behandlung der Verlegung des Sitzes bzw. der Geschäftsleitung einer Kapitalgesellschaft über die Grenze, DB 1989, S. 2296

Drobnig, Ulrich, Kritische Bemerkungen zum Vorentwurf eines EWG- Übereinkommens über die Anerkennung von Gesellschaften, ZHR 129 (1967), S. 93

ders., Das EWG- Übereinkommen über die Anerkennung von Gesellschaften und juristischen Personen, AG 1973, S. 90 ff.

ders., Skizzen zur internationalprivatrechtlichen Anerkennung, in: Festschrift für Enst v. Caemmerer, Tübingen 1978, S.687.

ders., Gemeinschaftsrecht und internationales Gesellschaftsrecht: "Daily Mail" und die Folgen, in: v. Bar, Christian (Hrsg.), Europäisches Gemeinschaftsrecht und internationales Privatrecht, Köln, Berlin, Bonn, München 1991, S. 185

Drury, R.R., Migrating Companies, European Law Review 1999, 354

Ebenroth, Carsten Thomas, Die verdeckten Vermögenszuwendungen im transnationalen Unternehmen, Bielefeld 1979

ders., Gaining Access to the Fortress Europe - Recognition of U.S. Corporations in Germany and the Revision of the Seat Rule, 24 Int'l Law. 459 (1990)

Ebenroth, Carsten Thomas / Auer, Thomas, Die ausländische Kapitalgesellschaft & Co. Ein Beitrag zur Zulässigkeit grenzüberschreitender Typenvermischung, DNotZ 1990, S.139

dies., Grenzüberschreitende Verlagerung von unternehmerischen Leitungsfunktionen im Zivil- und Steuerrecht. Neue Optionen durch das DBA Deutschland-USA, RIW Beilage 1 zu Heft 3/1992, S. 1

dies., Anmerkung zu BayObLG, Beschluß vom 7.5.1992 - 3 Z BR 14/92, JZ 1993, S.374

dies., Die Vereinbarkeit der Sitztheorie mit europäischem Recht, GmbHR 1994, S. 16

Ebenroth, Carsten Thomas / Bippius, Birgit, Die Sitztheorie als Theorie effektiver Verknüpfung der Gesellschaft, JZ 1988, S. 677

dies., Die Anerkennungsproblematik im Internationalen Gesellschaftsrecht - am Beispiel des Freunschafts-, Handels- und Schiffahrtsvertrages zwischen der Bundesrepublik Deutschland und den Vereinigten Staaten von Amerika vom 29.10.1954, NJW 1988, S. 2137

dies., Die staatsvertragliche Anerkennung ausländischer Gesellschaften in Abkehr von der Sitztheorie, DB 1988, S.842

Ebenroth, Carsten / Dillon, Gaining the Competitive Edge: Access to the European Market Through Bilateral Commercial Treaties and Taxation Strategies, 28 Tex.J.Int'l L. 269 (1993)

Ebenroth, Carsten Thomas / Eyles, Uwe, Die innereuropäische Verlegung des Gesellschaftssitzes als Ausfluß der Niederlassungsfreiheit? DB 1989, S. 363, 412

dies., Die Beteiligung ausländischer Gesellschaften an einer inländischen Kommanditgesellschaft, DB Beilage 2/1988, S. 1

Ebenroth, Carsten Thomas / Offenloch, Thomas, Kollisionsrechtliche Untersuchung grenzüberschreitender Ausgliederungen, RIW 1997, S. 1

Ebenroth, Carsten Thomas / Sura, Achim, Das Problem der Anerkennung im internationalen Gesellschaftsrecht, RabelsZ 43 (1979), S. 315.

Ebenroth, Carsten Thomas / Wilken, Oliver, Entwicklungstendenzen im deutschen Internationalen Gesellschaftsrecht - Teil 1 und 2, JZ 1991, S. 1014 und S. 1061

Ebke, Werner, Die “ausländische Kapitalgesellschaft & Co. KG” und das europäische Gemeinschaftsrecht, ZGR 1987, S. 245

ders., Anmerkung zu BayObLG, Beschluß vom 7.5.1992, WuB II C., § 3 GmbHG 1.92, S. 1294

ders., Das Schicksal der Sitztheorie nach dem Centros-Urteil des EuGH, JZ 1999, 656

Egli, Heinz, Die Sitzverlegung juristischer Personen im internationalen Privatrecht, Zürich 1965

Ehrike, Ulrich, Die richtlinienkonforme und die gemeinschaftsrechtskonforme Auslegung nationalen Rechts, RabelsZ 59 (1995), S. 598

Eidenmüller, Horst / Rehm, Gerhard M., Gesellschafts- und zivilrechtliche Folgeprobleme der Sitztheorie, ZGR 1997, S. 89

Erman, Walter, Handkommentar zum Bürgerlichen Gesetzbuch, Band 2, 9. Auflage, Münster 1993 (zitiert: Erman- Bearbeiter)

Eschelbach, Thomas, Das Internationale Gesellschaftsrecht in der notariellen Praxis, in: Mittelungen der Rheinischen Notarkammer 1993, 173

Everling, Ulrich, Das Niederlassungrecht im Gemeinsamen Markt, Berlin, Frankfurt 1963

ders., Vertragsverhandlungen 1957 und Vertragspraxis 1987 - dargestellt an den Kapiteln Niederlassungsrecht und Dienstleistungen des EWG- Vertrages, in: Eine Ordnungspolitik für Europa, Festschrift für Hans von der Groeben, Baden Baden 1987, S. 111

ders., Niederlassungsrecht und Dienstleistungsfreiheit der Rechtsanwälte in der Europäischen Gemeinschaft, EuR 1989, S. 338

ders., Das Niederlassungsrecht in der Europäischen Gemeinschaft, DB 1990, S. 1853

ders., Das Niederlassungsrecht in der EG als Beschränkungsverbot - Tragweite und Grenzen, in: Gedächnisschrift für Knobbe - Keuk, Köln 1997, S. 607

Eyles, Uwe, Das Niederlassungsrecht der Kapitalgesellschaften in der Europäischen Gemeinschaft, Baden-Baden 1990.

Falkenhausen, Joachim Freiherr von, Durchgriffshaftung mit Hilfe der Sitztheorie im Internationalen Gesellschaftsrecht, RIW 1987, S. 818

Fikentscher, Wolfgang, Probleme des internationalen Gesellschaftsrechts, MDR 1957, S. 71

Fischer, Gerfried, Haftung für Scheininlandsgesellschaften, IPRax 1991, S. 100

Fischer, Lutz (Hrsg.), Grenzüberschreitende Aktivitäten deutscher Unternehmen und EU-Recht, Köln 1997

Flume, Werner, Allgemeiner Teil des Bürgerlichen Rechts, Erster Band, Die juristische Person, Berlin, Heidelberg, New York

Fritz, Thomas, Die internationale Sitzverlegung von Personengesellschaften im deutschen und französischen Rechtskreis, Konstanz 1982

Fritz, Michael, Die Spaltung von Kapitalgesellschaften. Gesellschaftsrecht, Steuerrecht, Reformvorschläge, Köln 1991

Gansen, Georg, Harmonisierung der Kapitalaufbringung im englischen und deutschen Kapitalgesellschaftsrecht: vergleichende Studie zur Zweiten gesellschaftsrechtlichen Richtlinie, Diss. Frankfurt, 1992.

Ganske, Joachim, Internationale Fusion von Gesellschaften in der Europäischen Gemeinschaft - ein neuer Ansatz, DB 1985, S. 581

Geiger, Rudolf, EG-Vertrag - Kommentar zu dem Vertrag zur Gründung der Europäischen Gemeinschaft, München 1993

Geßler, Ernst / Hefermehl, Wolfgang / Eckardt, Ulrich / Kropff, Bruno, Kommentar zum Aktiengesetz, Band 1: §§ 1 - 75 AktG, München 1984 (zitiert: Geßler/Hefermehl- Bearbeiter)

Geyrhalter, Volker, Niederlassungsfreiheit contra Sitztheorie-Good Bye "Daily Mail"?, EWS 1999, 201

Görk, Stefan, Das EuGH-Urteil in Sachen "Centros" vom 9. März 1999: Kein Freibrief für Briefkastengesellschaften!, GmbHR 1999, 793.

Goutier, Klaus / Knopf, Rüdiger / Tulloch, Anthony, Kommentar zum Umwandlungsrecht, Heidelberg 1996

Grabitz, Eberhard, Das Recht auf Zugang zum Markt, in: Hamburg, Deutschland, Europa, Festschrift für Peter Ipsen, Tübingen 1977, S. 645

Grabitz, Eberhard / Hilf, Meinhard, Kommentar zur Europäischen Union, Vertrag übder die europäische Union, Vertrag zur Gründung der Europäischen Gemeinschaft, Band I, Art. 102 a - 148, Loseblattsammlung, München, 7. Ergänzungslieferung, Stand: September 1994

Grasmann, Günther, System des internationalen Gesellschaftsrecht, Herne, Berlin 1970

Groeben, Hans von der/ Thiesing, Jochen/Ehlermann, Claus Dieter, Kommentar zum EWG Vertrag, Band 1: Art. 1-84, Band 4: Art. 189-248, 4. Auflage, Baden Baden 1991 (zitiert: Groeben/Thiesing/Ehlermann- Bearbeiter, EWGV)

Groß, Wolfgang, Niederlassungsrecht (Art. 3 lit. c, Art. 52 ff. EWG-Vertrag) im Gemeinsamen Markt, AG 1990, S. 530

Großfeld, Bernhard, Die Anerkennung der Rechtsfähigkeit juristischer Personen, RabelsZ 31 (1967), 1

ders., Basisgesellschaften im Internationalen Steuerrecht, Tübingen 1974

ders., Die "ausländische juristsische Person & Co. KG", IPRax 1986, 351

ders., Vom Deutschen zum Europäischen Gesellschaftsrecht, AG 1987, S. 261

ders., Einige Grundfragen des internationalen Unternehmensrechts, Opladen 1987

ders., Die Entwicklung der Anerkennungstheorien im internationalen Gesellschaftsrecht, in: Festschrift für Harry Westermann, Karlsruhe 1974, S. 199

ders., Internationales und Europäisches Unternehmensrecht, Das Organisationsrecht transnationaler Unternehmen, 2. Auflage, Heidelberg 1995 *ders.*, Internationales Umwandlungsrecht, AG 1996, 302

Großfeld, Bernhard / Beckmann, Ralph, Rechtskultur und Internationales Gesellschaftsrecht, ZVglRWiss 91 (1992), S. 551

Großfeld, Bernhard / Erlinghagen, Susanne, Internationales Unternehmensrecht und deutsche unternehmerische Mitbestimmung, JZ 1993, S. 217

Großfeld, Bernhard / Jasper, Dieter, Identitätswahrende Sitzverlegung und Fusion von Kapitalgesellschaften in die Bundesrepublik Deutschland, RabelsZ 53 (1989), 52

Großfeld, Bernhard / Johannemann, Ulf, Mitbestimmter Aufsichtsrat bei ausländischer Konzernspitze, IPRax 1994, 271

Großfeld, Bernhard / König, Thomas, Das Internationale Gesellschaftsrecht in der Europäischen Gemeinschaft, RIW 1992, S. 433

Großkommentar, Kommentar zum Aktiengesetz, Hopt, Klaus / Wiedemann, Herbert (Hrsg.), 1. Lieferung: Einleitung A-D, Bearbeiter: Assmann, Heinz Dieter, 2. Lieferung §§ 1 - 14, Bearbeiter: Brändel, Oliver C., 4. Auflage, Berlin, New York 1992 (zitiert: Großkommentar- Bearbeiter)

Grothe, Helmut, Die "ausländische Kapitalgesellschaft & Co.", Zulässigkeit grenzüberschreitender Grundtypenvermischungen un Anknüpfung des Gesellschaftsstatuts unter besonderer Berücksichtigung des europäischen Gemeinschaftsrechts, Köln, Berlin, Bonn, München, 1989

Haarmann (Hrsg.), Unternehmensstrukturen und Rechtsformen im Internationalen Steuerrecht: aktuelle Schwerpunkte in der Diskussion: Standortwettbewerb, Doppelansässigkeit, Personengeselslchaft, Trust, Köln 1996

Habersack, Mathias, Europäisches Gesellschaftsrecht, München 1999

Hachenburg, Max, Gesetz betreffend die Gesellschaften mit beschränkter Haftung (GmbHG), Großkommentar, Band I: Allgemeine Einleitung: §§ 1-34, 8. Auflage, Berlin, New York 1992 (zitiert: Hachenburg- Bearbeiter, GmbHG)

Hahn, Jürgen, Zukunftsperspektiven im Gesellschaftsrecht - Am Unternehmensinteresse orientierte Rechtsvereinfachung als Aufgabe des Gesetzgebers, in: "Für Recht und Staat" Festschrift für Herbert Helmrich, München 1994, S. 643

Haidinger, Michael, Die ausländische Kapitalgesellschaft & Co. KG, Frankfurt 1990

Hailbronner, Kay, Prüfungspflicht der Mitgliedstaaten zur Vergleichbarkeit ausländischer Diplome und Prüfungszeugnisse, JuS 1991, S. 917

Hailbronner, Kay / Klein, Eckardt / Magiera, Siegfried / Müller-Graff, Peter-Christian, Handkommentar zum Vertrag über die Europäische Union (EUV/EGV), Loseblattsammlung, Band 1, Stand: April 1995, 4. Lieferung, Köln, Berlin, Bonn, München

Haas, Ulrich, Die Betäigungsfreiheit ausländischer Kapitalgesellschaften im Inland, DB 1997, S. 1501

Hausmann, Rainer, Doppelter Sitz von Kapitalgesellschaften nach deutschem Gesellschaftsrecht und internationalen Privatrecht, in: Hausmann, Rainer / Raupach, Arndt, Steuergestaltung durch doppelt ansässige Gesellschaften?, München 1988, S. 13

Heini, Anton / Keller, Max / Siehr, Kurt / Vischer, Frank / Volken, Paul, IPRG-Kommentar zum Bundesgesetz über das internationale Privatrecht (IPRG) vom 1. Januar 1989, Zürich 1993 (zit. *Heini/Keller- Bearbeiter)*

Heinrich, Michael, Die ausländische Juristische Person & Co. KG, Frankfurt 1996

Heinze, Meinhard, Ein neuer Lösungsweg für die Europäische Aktiengesellschaft, AG 1997, S. 289

ders., Arbeitsrechtliche Probleme bei der grenzüberschreitenden Sitzverlegung in der Europäischen Gemeinschaft, ZGR 1999, 54

Hennrichs, Joachim, Formwechsel und Gesamtrechtsnachfolge bei Umwandlungen, Berlin 1995

Herz, Harald, Die Einordnung grenzüberschreitender Kapitalgesellschaften in das geltende System der Einkommensbesteuerung von Gesellschaften, Berlin 1997

Hilf, Meinhard, Die Richtlinie der EG - ohne Richtung, ohne Linie, EuR 1993, S. 1

Hirte, Heribert, Bezugsrechtsausschluß und Konzernbildung, Köln 1986 *ders.*, Einige Gedanken zur Entwicklung des Bezugsrechts in den Vereinigten Staaten, AG 1991, 167

Hommelhoff, Peter, Zivilrecht unter dem Einfluß europäischer Rechtsangleichung: AcP 192 (1992), S. 71

ders., Die Société fermée européenne - eine supranationale Gesellschaftsform für kleine und mittlere Unternehmen im Europäischen Binnenmarkt, WM 1997, S. 2101

Hoor, Gerd, Das Centros-Urteil des EuGH und seine Auswirkungen auf die Anknüpfungen des Gesellschaftsstatuts, NZG 1999, 984

Hopt, Klaus J., Harmonisierung im europäischen Gesellschaftsrecht, ZGR 1992, S. 265

ders., Arbeitnehmervertretung im Aufsichtsrat - Auswirkungen der Mitbestimmung auf corporate govenance und wirtschaftliche Integration in Europa, in: Due, Ole / Lutter, Marcus / Schwarze, Jürgen (Hrsg.), Festschrift für Ulrich Everling, Baden-Baden 1995, Bd. I, S. 475

ders., Europäisches Gesellschaftsrecht - Krise und neue Anläufe, ZIP 1998, S. 96

Hüffer, Uwe, Aktiengesetz, 4. Auflage, München 1999

Hügel, Hanns F., Steuerrechtliche Hindernisse bei der internationalen Sitzverlegung, ZGR 1999, 71

International Fiscal Association (Hrsg.), Cahier de droit fiscal international, Schriften zum internationalen Steuerrecht: National Reports LXXIIa (1987); (zitiert: International Fiscal Association, National Reports- Bearbeiter)

Ipsen, Hans-Peter, Europäisches Gemeinschaftsrecht, Tübingen 1972

Jaeger, Carsten, Die Europäische Aktiengesellschaft-europäischen oder nationalen Rechts, Baden-Baden 1994.

Jarass, Hans D., Die Niederlassungsfreiheit in der Europäischen Gemeinschaft, RIW 1993, S. 1

Jayme, Erik, Internationales Familienrecht heute, in: Festschrift für W. Müller-Freienfels, Baden-Baden 1986

Jerrentrup, Hans-Heinrich, Das Niederlassungsrecht im Gemeinsamen Markt unter besonderer Berücksichtigung der Rechtsprechung des Gerichtshofs der Europäischen Gemeinschaften, Köln 1976

Jung, Adolf, Die Verlegung der Geschäftsleitung und des Sitzes deutscher Kapitalgesellschaften oder von Betriebsstätten ins Ausland unter besonderer Berücksichtigung des französischen und belgischen Niederlassungs- und Steuerrechts (16 KStG), Mannheim 1968

Junge, Werner, Die Zukunft der GmbH in der Europäischen Gemeinschaft, GmbHR 1992, S. 225

Kaligin, Thomas, Das Internationale Gesellschaftsrecht der Bundesrepublik Deutschland, DB 1985, S. 1449

Kallmeyer, Harald, Das neue Umwandlungsgesetz. Verschmelzung, Spaltung und Formwechsel von Handelsgesellschaften, ZIP 1994, S. 1746

ders., Grenzüberschreitende Verschmelzungen und Spaltungen?, ZIP 1996, S. 535

ders., Die Mobilität der Gesellschaften in der Europäischen Union, AG 1998, S. 88

Karl, Fritz, Zur Sitzverlegung deutscher juristischer Personen, AcP 159 (1960), S. 293

Kegel, Gerhard, Die selbstgerechte Sachnorm, in: Gedächnisschrift für Albert A. Ehrenzweig, Karlsruhe 1976, S. 51

ders., Internationales Privatrecht, 7. Auflage München 1995 (zitiert: Kegel, IPR)

Kieninger, Eva Maria, Niederlassungsfreiheit als Rechtswahlfreiheit, ZGR 1999, 724

Kindler, Peter, Niederlassungsfreiheit für Scheinauslandsgesellschaften?, Die Centros Entscheidung und das internationale Privatrecht, NJW 1999, 1993.

Kieser, Markus, Die Typenvermischung über die Grenze- ein Beitrag zum internationalen Gesellschafts- und Insolvenzrecht, Frankfurt 1988

Knobbe-Keuk, Brigitte, Umzug von Gesellschaften in Europa, ZHR 1954 (1990), S. 325

dies., Niederlassungsfreiheit: Diskriminierungs- oder Beschränkungsverbot?, DB 1990, 2573

dies., Die Einwirkung der Freizügigkeit und der Niederlassungsfreiheit auf die beschränkte Steuerpflicht, EuZW 1991, S. 649

Kölner Kommentar, *Zöllner* (Hrsg.), Kommentar zum Aktiengesetz, Band 1: §§ 1-75 AktG, 2. Auflage, Köln, Berlin, Bonn, München 1988

Kommission der Europäischen Gemeinschaften (Hrsg.), Studie über die Verlegung des Sitzes einer Gesellschaft von einem Mitgliedstaat in einen anderen, durchgeführt vom K.P.M.G. European Business Centre Brüssel, Brüssel, Luxemburg 1993

Koppensteiner, Hans-Georg, Internationale Unternehmen im deutschen Gesellschaftsrecht, Frankfurt 1971

Kötz, Hein, Zur Anerkennung der Rechtsfähigkeit nach liechtensteinischem Recht gegründeter juristischer Personen - Anmerkung zum Urteil des OLG Frankfurt am Amin vom 3.6.1964 - 7 U 202/63, GmbHR 1965, S. 69

ders., Rechtsvereinheitlichung - Nutzen, Kosten, Methoden, Ziele, RabelsZ 50 (1986), 1

KPMG-Business Center, Brussels, Studie über die Verlegung des Sitzes einer Gesellschaft von einem Mitgliedstaat in einen anderen, Brüssel 1993

Krause, Thomas, Die Niederlassungsfreiheit von Briefkastengesellschaften, NotBZ 1999, 118

Kreuzer, Karl Friedrich, Die grenzüberschreitende Mobilität von Gesellschaften im Gemeinsamen Markt, Universität des Saarlandes, Europainstitut, Vorträge, Reden und Berichte aus dem Europainstitut - Sektion Rechtswissenschaft- Nr. 295, herausgegeben von Georg Ress und Thorsten Stein, 1993

Kronke, Herbert, Mehrstufiger grenzüberschreitender Konzern und mitbestimmter Aufsichtsrat, IPRax 1995, 377 *ders.*, Deutsches Gesellschaftsrecht und grenzüberschreitende Strukturveränderungen, ZGR 1994, 26

Kropholler, Jan, Internationales Privatrecht, Auf der Grundlage des Werkes von Paul Heinrich Neuhaus: Die Grundbegriffe des Internationalen Privatrechts, 2. Auflage, Tübingen 1994

ders., Europäisches Zivilprozeßrecht, 5. Auflage, Heidelberg 1996

Kruse, Viola, Sitzverlegungen von Kapitalgesellschaften innerhalb der EG - Vereinbarkeit der einschlägigen Regelungen des deutschen Sach- und Kollisionsrechts mit dem EG- Vertrag, Köln, Berlin, Bonn, München 1997

Kübler, Friedrich, Rechtsfortbildung durch Gesetzeswettbewerb? Überlegungen zur Angleichung und Entwicklung des Gesellschaftsrechts in der Europäischen Gemeinschaft, KritV 1994, 79

ders., Institutioneller Gläubigerschutz oder Kapitalmarkttransparenz? Rechtsvergleichende Überlegungen zu den stillen Reserven, ZHR 159 (1995), S. 550

Latty, Elvin R., Pseudo-Foreign Corporations, Yale L.J. 65 (1955/56), S. 137

Larenz, Karl, Methodenlehre der Rechtswissenschaft, 6. Auflage, Berlin 1991

Lerche, Christoph-N., Der Europäische Betriebsrat und der deutsche Wirtschaftsausschuß, Frankfurt 1997

Luchsinger, Thomas, Die Niederlassungsfreiheit der Kapitalgesellschaften in der EG, den USA und der Schweitz, Freiburg (Schweiz) 1992

Lüderitz, Alexander, Internationales Privatrecht, 2. Auflage, Neuwied, Kriftel, Berlin 1992

Lutter, Marcus (Hrsg.), Umwandlungsgesetz, Kommentar, Köln 1996 (zitiert: Lutter- Bearbeiter, UmwG)

ders. (Hrsg.), Die Europäische Aktiengesellschaft - Eine Stellungnahme zur Vorlage der Kommission an den Ministerrat der Europäischen Gemeinschaften über das Statut für Europäische Aktiengesellschaften vom 30. April 1975, 2. Auflage, Köln 1978 *ders.*, Materielle und förmliche Erfordernisse eines Bezugsrechtsausschlusses - Besprechung der Entscheidung BGHZ 71, 40 (Kali & Salz), ZGR 1979, S. 401

ders., Zur inhaltlichen Begründung von Mehrheitsentscheidungen - Besprechung der Entscheidung BGH, WM 1980, 378, in: ZGR 1981, S. 171

ders., Perspektiven eines europäischen Unternehmensrechts, ZGR 1992, S. 435

ders., Europäisches Unternehmensrecht, 4. Auflage, Berlin New York 1996

Lutter, Marcus / Hommelhoff, Peter, GmbH-Gesetz Kommentar, 14. Auflage, Köln 1995 (zitiert: Lutter/Hommelhoff, GmbHG)

Mann, Frederick Alexander, Zum Problem der Staatsangehörigkeit der juristischen Person, in: Festschrift für Martin Wolff, 1952, S. 271

Martens, Klaus-Peter, Der Auschluß des Bezugsrechts; BGHZ 33, 175, in: Festschrift für Robert Fischer, Berlin, New York 1979, S. 437

ders., Die GmbH und der Minderheitenschutz, GmbHR 1984, S. 265

Meilicke, Wienand, Sitztheorie und EWG- Vertrag nach Handels- und Steuerrecht, RIW 1990, S. 449

ders., Zur Vereinbarkeit der Sitztheorie mit der Europäischen Menschenrechtskonvention, BB 1995, Beilage 9

ders., Auswirkungen der "Centros-Entscheidung" auf die 14. EU-Sitzverlegungs-Richtlinie, GmbHR 1999, S. 896

Merkt, Hanno, Das Europäische Gesellschaftsrecht und die Idee des "Wettbewerbs der Gesetzgeber", RabelsZ 59 (1995), S. 545

Meyer, Oliver, Die Besteuerung grenzüberschreitender Verschmelzungen,Berlin 1995

Möllers, Thomas M.J., Doppelte Rechtsfortbildung contra legem, EuR 1998, 20

Moor, Lorenzo, Das italienische internationale Gesellschaftsrecht, Zürich 1997

Müffelmann, Herbert, Entfällt die Mitbestimmung für eine Kommanditgesellschaft bei Einschaltung einer ausländischen Kapitalgesellschaft?, BB 1977, S. 628

Müller-Graff, Peter-Christian, Europäisches Gemeinschaftsrecht und Privatrecht, NJW 1993, S. 13

Münchener Handbuch des Gesellschaftsrechts, (Hrsg:: *Priester, Hans-Joachim / Mayer, Dieter*) Band 1, BGB Gesellschaft Offene Handelsgesellschaft PartG EWIV, München 1995, Band 3, Gesellschaft mit beschränkter Haftung, München 1996 (zitiert: Münchener Handbuch Bd. - Bearbeiter)

Münchener Kommentar, Kommentar zum Bürgerlichen Gesetzbuch, Band 7 EGBGB, IPR, 2. Auflage, München 1990 (zitiert: Münchener Kommentar- Bearbeiter)

Nachbaur, Andreas, Art. 52 EWGV - Mehr als nur ein Diskriminierungsverbot?. EuZW 1991, S. 470

Neuhaus, Paul Heinrich, Die Grundbegriffe des Internationalen Privatrechts, 2. Auflage, Tübungen 1976

Neumayer, Karl, Betrachtungen zum internationalen Konzernrecht, ZvglRWiss 83 (1984), S. 128

Neye, Hans-Werner, Das neue Umwandlungsgesetz vor der Verabschiedung im Bundestag, ZIP 1994, 917

ders., Größere Mobilität für Unternehmen in Europa - 14. EU-Richtlinie zur Sitzverlegung geplant, GmbHR 1997, R 181

ders., Die Vorstellungen der Bundesregierung zum Vorschlag einer 14. Richtlinie, ZGR 1999, 13

Niessen, Hermann, Das Niederlassungsrecht von Gesellschaften nach den Regeln des europäischen Gemeinschaftsrechts, NJW 1986, 1408

Nitschke, Manfred, Die körperschaftlich strukturierte Personengesellschaft, Bielefeld 1970

Nobel, Peter, Europäisierung des Aktienrechts, Diessenhofen (Schweiz) 1974

Nußbaum, Arthur, Deutsches Internationales Privatrecht, Tübingen 1932

Oppermann, Robert, Steuerrechtliche Folgen der Verlegung des Sitzes und des Ortes der Geschäftsleitung von ausländischen Kapitalgesellschaften in das Inland, DB 1988, S. 1469

ders., Europarecht, München 1991

Oppikofer, Ulrich, Der Schutz der schweizerischen Auslandsinvestition, Zürich 1959

Palandt, Otto, Kommentar zum Bürgerlichen Gesetzbuch, 58. Auflage, München 1999 (zitiert: Palandt- Bearbeiter)

Panthen, Thomas, Der "Sitz-" Begriff im Internationalen Gesellschaftsrecht, Frankfurt 1988

Pernice, Ingolf (Hrsg.), Harmonization of Legislation in Federal Systems: Constitutional, Federal and Subsidiarity Aspects - The European Union and the United States of Amerika compared, Baden-Baden 1996

Priester, Hans-Joachim, EU-Sitzverlegung, Verfahrensablauf, ZGR 1999, 36

Raape, Leo, Internationales Privatrecht, 4. Auflage, Frankfurt 1955

Rahm, Rolf, Das Internationale Gesellschaftsrecht Italiens - Entwicklung und Reform, Münster 1990

Reher, Timm, Gesellschaftsrecht in Gemeinsamen Märkten, Baden-Baden 1997

Reindl, Andreas, Companies in the European Community: Are the Conflict of Law Rules Ready for 1992?, Michigan Journal of International Law 11 (1990), 1270

Ress, Hans-Konrad, Der Arrestgrund der Auslandsvollstreckung nach § 917 Abs. 2 ZPO und das gemeinschaftsrechtliche Diskriminierungsverbot, JuS 1995, 967

Rindisbacher, Sabine, Anerkennung gesellschaftsrechtlicher Gebilde im Internationalen Privatrecht, Frankfurt 1996

Risse, Jörg, Anmerkung zu EuGH, Urt. v. 9.3.1999 - Rs. C-212/97 ("Centros Ltd."), MDR 1999, S. 752

Roth, Günther H., Gründungstheorie: Ist der Damm gebrochen?, ZIP 1999, S. 861

Roth, Günther H. / Altmeppen, Holger, Gesetz betreffend die Gesellschaften mit beschränkter Haftung (GmbHG), 3. Auflage, München 1997

Roth, Wulf Henning, Die Freiheiten des EG- Vertrages und das nationale Privarecht, ZEuP 1994, S. 5

ders., Die Niederlassungsfreiheit zwischen Beschränkungs- und Diskriminierungsverbot, in: Gedächnisschrift für Knobbe-Keuk, Köln 1997, S. 729

Rowedder, Heinz / Fuhrmann, Hans / Koppensteiner, Hans Georg / Rasner, Henning / Schmidt-Leithoff, Christian / Rittner, Fritz / Wiedemann, Herbert / Zimmermann, Klaus / Schaal, Hans-Jürgen, Gesetz betreffend die Gesellschaft mit beschränkter Haftung (GmbHG), Kommentar, 3. Auflage, München 1997 (zitiert: Rowedder- Bearbeiter)

Runge, Berndt / Schäfer, Stefanie, Die Bedeutung der Ansässigkeit von Kapitalgesellschaften für das Steuerrecht, IWB Fach 10, Gruppe 2, S. 615

Sack, Rolf, Auswirkungen der Art. 52, 48 EWGV auf das internationale Gesellschaftsrecht - EuGH NJW 1989, S. 2186, JuS 1990, S. 352

Saenger, Ingo, Minderheitenschutz und innergesellschaftliche Klagen bei der GmbH, GmbHR 1997, S. 112

Sagasser, Bernd / Bula, Thomas, Umwandlungen: Verschmelzung - Spaltung - Formwechsel - Vermögensübertragung; Zivil-, Handelsbilanz- und Steuerrecht, München 1995

Sandrock, Otto, Die multinationalen Korporationen im Internationalen Privatrecht, Berichte der Deutschen Gesellschaft für Völkerrecht, Heft 18 (1978), S. 169

ders., Ein Amerikanisches Lehrstück für das Kollisionsrecht der Kapitalgesellschaften, RabelsZ 42 (1978), S. 227

ders., Die Konkretierung der Überlagerungstheorie in einigen zentralen Einzelfragen, in: Festschrift für Günther Beitzke, Berlin, New York, 1979, S. 669

Sandrock, Otto / Austmann, Andreas, Das Internationales Gesellschaftsrecht nach der Daily Mail - Entscheidung des Europäischen Gerichtshofes: Quo vadis, RIW 1989, 249

Schaumburg, Harald, Internationales Umwandlungssteuerecht, GmbHR 1996, S. 501

Schaumburg, Harald / Piltz, Detlev Internationales Umwandlungssteuerrecht, Köln 1997

Schlemmer-Schulte, Sabine, Die Dynamik des Europäischen Gesellschaftsrechts, EWS 1992, 333

Schlosser, Günter, Die Gesellschaftlichen Niederlassungen innerhalb der Europäischen Wirtschaftsgemeinschaft als Problem des internen und des internationalen Privatrechts, Mainz 1965

Schmidt, Karsten, Zur Stellung der oHG im System der Handelsgesellschaften - Eine Untersuchung des gesellschaftsrechtlichen Grundsatzes der unbeschränkten Haftung, Bonn 1972

ders., Gesellschaftsrecht, 2. Auflage, Köln, Berlin, Bonn, Münster 1991

ders., Sitzverlegungsrichtlinie, Freizügigkeit und Gesellschaftsrechtspraxis - Grundlagen - , ZGR 1999,20

Schmidt, Susanne, Grenzüberschreitende Sitzverlegung innerhalb der EG, DWiR 1992, S. 448

Schmitthoff, Clive M., The Harmonization of the European Company Law Scene, in: Schmitthoff (Hrsg.): The Harmonization of the European Company Law, London 1973

Schnichels, Dominik, Reichweite der Niederlassungsfreiheit - Dargestellt am Beispiel des deutschen Internationalen Gesellschaftsrechts, Baden - Baden 1995

Schnyder, Anton K., Europa und das internationale Gesellschaftsrecht der Schweiz, SZW 65 (1993), 9

Schön, Wolfgang, Mindestharmonisierung im europäischen Gesellschaftsrecht, ZHR 160 (1996), S. 221

ders., Gesellschaftsrecht nach Maastricht - Art. 3b und das europäische Gesellschaftsrecht, ZGR 1995, 1

Scholz, Franz, Kommentar zum GmbH-Gesetz mit Nebengesetzen und den Anhängen Konzernrecht sowie Umwandlung und Verschmelzung, Band 1: §§ 1-44, Anh. Konzernrecht, 9. Auflage, Köln 1999 (zitiert: Scholz- Bearbeiter)

Schubert, Mathias, Unternehmensmitbestimmung und internationale Wirtschaftsverflechtung, Berlin 1984

Schwimann, Grundzüge des internationalen Gesellschaftsrechts, GesRZ 1981, S. 142

Sedemund, Jochim / Hausmann, Friedrich Ludwig, Anmerkung zu Centros-Urteil des EuGH, BB 1999, S. 810

Seipen, Christoph von der, Zur Bestimmung des effektiven Verwaltungssitzes im internationalen Gesellschaftsrecht, IPRax 1986, S. 91

Soergel, Hans Theodor, Bürgerliches Gesetzbuch mit Einführungsgesetz und Nebengesetzen, Band 8, Einführungsgesetz, 12. Auflage, Stuttgart, Berlin, Köln, Mainz 1996 (zitiert: Soergel- Bearbeiter)

Sonnenberg, Thomas, Die Änderung des Gesellschaftszwecks, Frankfurt 1990

Sonnenberger, Hans Jürgen, Europarecht und Internationales Privatrecht, ZVglRWiss 95 (1996), 3

Sonnenberger, Hans Jürgen/Großerichter, Helge, Konfliktlinien zwischen internationalem Gesellschaftsrecht und Niederlassungsfreiheit, RIW 1999, S. 721

Staub, Hermann, Großkommentar HGB, hrsg. v. Claus-Wilhelm Canaris, Wolfgang Schilling, Peter Ulmer, 4. Auflage, 1. Lieferung: §§ 1-16, Berlin, New York 1989 (zitiert: Staub- Bearbeiter, HGB)

Staudinger, Julius von, Kommentar zum Bürgerlichen Gesetzbuch mit Einführungsgesetz und Nebengesetzen, Band: Einführungsgesetz zum Bürgerlichen Gesetzbuch (EGBGB), Internationales Privarecht (IPR), Internationales Gesellschaftsrecht, 13. Auflage, Berlin 1993 (zitiert: Staudinger- Großfeld, Internationales Gesellschaftsrecht).

Steiger, Axel, Grenzüberschreitende Fusion und Sitzverlegung von Kapitalgesellschaften innerhalb der EU nach spanischem und portugiesischem Recht, Frankfurt 1996

Steindorff, Ernst, Reichweite der Niederlassungsfreiheit, EuR 1988, S. 19

Stieb, Stephan, Sitz- oder Gründungstheorie: Der Gesetzgeber muß endlich Farbe bekennen! GmbHR 1999, R 257

Stith, Clark D., Federalism and Company Law: A "Race to the Bottom" in the European Community, 79 Geo.L.J. 1581 (1991)

Süss, Theodor, Sitzverlegungen von juristischen Personen vom Inland ins Ausland und umgekehrt, in: Festschrift für Hans Lewald, Basel 1953, S. 603

Taupitz, Jochen, Privatrechtsvereinheitlichung durch die EG: Sachrechts- oder Kollisionsrechtsvereinheitlichung?, JZ 1993, 533-539

Thode, Reinhold, Kurzkommentar zu BayObLG, Beschluß vom 7.5.1992, EWiR § 3 GmbHG 1/92, S. 785

Thömmes, Otmar, Identitätswahrende Sitzverlegung von Gesellschaften in Europa, Der Betrieb 1993, S. 1021

ders., Fortbestehende Beschränkungen der Mobilität und Aktivität von Unternehmen im Binnenmarkt, Jahrbuch der Fachanwälte für Steuerrecht 1993/1994, S.33

Timm, Wolfram, Grundfragen des "qualifiziert faktischen Konzerns" im Aktienrecht, NJW 1987, S. 977

Timmermanns, Christian W.A., Die Europäische Rechtsangleichung im Gesellschaftsrecht, RabelsZ 48 (1984), S. 1

Ulmer, Michael J., Die Anerkennung US-amerikanischer Gesellschaften in Deutschland (zu OLG Düsseldorf, 15.12.1994 - 6 U 59/94), IPRax 1996, 100

Ulmer, Peter, Schutzinstrumente gegen die Gefahren aus der Geschäftstätigkeit inländischer Zweigniederlassungen von Kapitalgesellschaften mit fiktivem Auslandssitz, JZ 1999, 662

Wang, Mario, Die Europäische Aktiengesellschaft in der EWG, Freiburg (Schweiz) 1964

Weber, Claus, Die Dienstleistungsfreiheit nach den Artt. 59 ff. EG-Vertrag - einheitliche Schranke für alle Formen der Dienstleistun?, EWS 1995, S. 292

Weitnauer, Wolfgang, Die europäische grenzüberschreitende Gesellschaft, EWS 1992, S. 165

Werlauff, Erik, The Development of Comunity Company Law, ELRev 1992, S. 207

Wessel, Hanns, Der Sitz der GmbH, BB 1984, S. 1057

Wessel, Susan / Ziegenhain, Hans-Jörg, Sitz- und Gründungstheorie im internationalen Gesellschaftsrecht, GmbHR 1988, S. 423

Widmann, Siegfried / Mayer, Dieter, Kommentar zum Umwandlungsrecht, Band 3, 28 Aktualisierung, Bonn 1995 (zitiert: Widmann/Mayer, Umwandlungsrecht)

Wiedemann, Herbert, Internationales Gesellschaftsrecht, in: Festschrift für Gerhard Kegel, Frankfurt 1977, S. 188

ders., Gesellschaftsrecht: ein Lehrbuch des Unternehmens- und Verbandsrechts, Band 1: Grundlagen, München 1980

ders., Rechtsethische Maßstäbe im Unternehmens- und Gesellschaftsrecht, ZGR 1980, S. 147

Wiedemann, Herbert / Hirte, Heribert, Die Konkretisierung der Pflichten des herrschenden Unternehmens - Besprechung der Heumann-Ogilvy Entscheidung , BGHZ 89, 162, in: ZGR 1986, S.163

Wolfarth, Ernst / Everling, Ulrich / Gleasner, Hans Joachim, Die Europäische Wirtschaftsgemeinschaft, Kommentar zum Vertrag, Berlin, Frankfurt 1960

Wouters, Jan / Schneider, Hildegard (Hrsg.), Current Issues of Cross-Border Establishment of Companies in the European Union, Antwerpen, Apeldoorn 1995, S. 29 (zitiert: Bearbeiter, in: Wouters/Schneider)

Wuermeling, Joachim, Kooperatives Gemeinschaftsrecht. Die Rechtsakte der Gesamtheit der EG-Mitgliedstaaten, Kehl, Straßburg, Arlington 1988

Ziegler, Thomas, Gesellschafts- und steuerrechtliche Probleme der Fusion zwischen deutschen und französischen Aktiengesellschaften, Trier 1997

Zimmer, Daniel, Internationales Gesellschaftsrecht: Das Kollisionsrecht der Gesellschaften und sein Verhältnis zum Internationalen Kapitalmarktrecht und Internationalen Unternehmensrecht, Heidelberg 1996.

Zisowski, Frank, Grenzüberschreitender Umzug von Kapitalgesellschaften. Eine Untersuchung aus steuerrechtlicher Sicht unter Berücksichtigung gesellschaftsrechtlicher Gesichtspunkte, Heidelberg 1994

Zöller, Richard, Kommentar zur Zivilprozeßordnung, 20. Auflage, Köln 1997

Züllig, Robert Emil, Die internationale Fusion im schweizerischen Gesellschaftsrecht - Unter Berücksichtigung des deutschen und italieniesche Rechts, Basel und Stuttgart 1975.

Kolibri 360 GmbH
Ferdinand-Jühlke-Straße 7
99095 Erfurt, Deutschland
produktsicherheit@kolibri360.de

Druck:
CPI Druckdienstleistungen GmbH
im Auftrag der
Kolibri 360 GmbH
Ferdinand-Jühlke-Str. 7
99095 Erfurt